U1017458

最新民事诉讼法

条文解读与适用要点

包冰锋／著

法律出版社 LAW PRESS · CHINA
北京

图书在版编目(CIP)数据

最新民事诉讼法条文解读与适用要点 / 包冰锋著
. -- 北京 : 法律出版社, 2023
ISBN 978 - 7 - 5197 - 8164 - 4

Ⅰ. ①最… Ⅱ. ①包… Ⅲ. ①民事诉讼法 - 法律解释 - 中国②民事诉讼法 - 法律适用 - 中国 Ⅳ. ①D925.105

中国国家版本馆 CIP 数据核字(2023)第 143265 号

最新民事诉讼法条文解读与适用要点
ZUIXIN MINSHI SUSONGFA TIAOWEN JIEDU YU SHIYONG YAODIAN

包冰锋 著

责任编辑 张红蕊
装帧设计 臧晓飞

出版发行 法律出版社
编辑统筹 法规出版分社
责任校对 陈昱希
责任印制 耿润瑜
经　　销 新华书店

开本 A5
印张 13.375　**字数** 400 千
版本 2023 年 10 月第 1 版
印次 2023 年 10 月第 1 次印刷
印刷 固安华明印业有限公司

地址:北京市丰台区莲花池西里 7 号(100073)
网址:www.lawpress.com.cn
投稿邮箱:info@lawpress.com.cn
举报盗版邮箱:jbwq@lawpress.com.cn
销售电话:010 - 83938349
客服电话:010 - 83938350
咨询电话:010 - 63939796
版权所有·侵权必究

书号:ISBN 978 - 7 - 5197 - 8164 - 4　**定价**:58.00 元
凡购买本社图书,如有印装错误,我社负责退换。电话:010 - 83938349

目　　录

中华人民共和国民事诉讼法

第一编　总　　则

第三编 执行程序

第四编　涉外民事诉讼程序的特别规定

中华人民共和国民事诉讼法

（1991年4月9日第七届全国人民代表大会第四次会议通过　根据2007年10月28日第十届全国人民代表大会常务委员会第三十次会议《关于修改〈中华人民共和国民事诉讼法〉的决定》第一次修正　根据2012年8月31日第十一届全国人民代表大会常务委员会第二十八次会议《关于修改〈中华人民共和国民事诉讼法〉的决定》第二次修正　根据2017年6月27日第十二届全国人民代表大会常务委员会第二十八次会议《关于修改〈中华人民共和国民事诉讼法〉和〈中华人民共和国行政诉讼法〉的决定》第三次修正　根据2021年12月24日第十三届全国人民代表大会常务委员会第三十二次会议《关于修改〈中华人民共和国民事诉讼法〉的决定》第四次修正　根据2023年9月1日第十四届全国人民代表大会常务委员会第五次会议《关于修改〈中华人民共和国民事诉讼法〉的决定》第五次修正）

第一编　总　　则

第一章　任务、适用范围和基本原则

第一条　【立法依据】[1]中华人民共和国民事诉讼法以宪法为根据,结合我国民事审判工作的经验和实际情况制定。

条文解读

本条是关于《民事诉讼法》立法依据的规定。

制定《民事诉讼法》有两个立法依据:

一、《宪法》是制定《民事诉讼法》的法律依据

《宪法》是根本法,是民事诉讼程序的基本保障,是《民事诉讼法》最重要的法源。《宪法》作为立法依据为《民事诉讼法》的制定提供指导原理,其所确立的各项诉讼原则和制度是规定《民事诉讼法》相应原则和制度的依据。《宪法》中关于公民基本权利和义务的规定是《民事诉讼法》规定诉讼参与人的诉讼权利和诉讼义务的依据,具体的民事诉讼权利由《民事诉讼法》依据《宪法》予以规定和确认。

---

〔1〕 条文主旨为编者所加,仅供参考,下同。

二、我国民事审判工作的经验和实际情况是制定《民事诉讼法》的实践依据

一是吸收我国民事审判工作的经验。从古至今,我国民事审判工作积累了十分丰富的经验,我国《民事诉讼法》的制定和修改应当吸收过往的成功经验与有效做法。例如,我国《民事诉讼法》所规定的法院调解规则,是我国人民法院审理、解决纠纷的一种重要方式,是长期以来我国民事审判工作的成功经验的总结。早期的"马锡五审判方式"强调依靠群众和调查研究,实行审判与调解相结合,将调解作为审理和解决民事纠纷的主要方式。在1982年颁布的《民事诉讼法(试行)》中,确立了"着重进行调解"的原则,即"人民法院审理民事案件,应当着重进行调解;调解无效的,应当及时判决"。1991年《民事诉讼法》将这一原则修改为"自愿和合法"的调解原则,即"人民法院审理民事案件,应当根据自愿和合法的原则进行调解;调解不成的,应当及时判决"。我国法院调解制度的发展历程,是对调解与判决这两种解决民事纠纷方式不断总结经验并得以正确理解、运用的过程。

二是结合我国的实际情况。结合我国的实际情况,主要是指我国《民事诉讼法》对诉讼权利义务、诉讼原则、诉讼制度、诉讼程序的设计和规定必须符合我国的国情,满足我国民事审判工作的实际需要。民事诉讼立法必须从现实国情出发,从实际出发,要始终把我国改革开放和社会主义现代化建设的伟大实践,作为《民事诉讼法》的立法基础。当然,我们也会借鉴外国的有益经验和文明成果,并采取分析、鉴别的态度,从中汲取一些对我们有益和有用的东西。要使民事诉讼立法真正立足于客观实际,从民事审判工作中最突出的矛盾入手,真正解决实际问题,进一步提高《民事诉讼法》的质量,完善我国的民事审判制度构建。

适用要点

1.《宪法》是《民事诉讼法》的立法依据。《宪法》是国家的根本大法,

是母法，是其他法律制定的依据。我国《立法法》第5条明确规定："立法应当符合宪法的规定、原则和精神，依照法定的权限和程序，从国家整体利益出发，维护社会主义法制的统一、尊严、权威。"《宪法》具有最高的法律效力，一切法律、行政法规、地方性法规、自治条例和单行条例、规章都不得同宪法相抵触。

2. 立足实际情况并不是完全不借鉴域外有益经验和成果，而是要求结合本土情况，将域外有益成果进行本土化改造后予以吸收学习。《立法法》第7条规定："立法应当从实际出发，适应经济社会发展和全面深化改革的要求，科学合理地规定公民、法人和其他组织的权利与义务、国家机关的权力与责任。法律规范应当明确、具体，具有针对性和可执行性。"

案例指引

郑某某与海城市验军管理区大王社区居民委员会农村土地承包合同纠纷案[1]

要旨：根据《民事诉讼法》第1条"中华人民共和国民事诉讼法以宪法为根据，结合我国民事审判工作的经验和实际情况制定"和第2条"中华人民共和国民事诉讼法的任务，是保护当事人行使诉讼权利，保证人民法院查明事实，分清是非，正确适用法律，及时审理民事案件，确认民事权利义务关系，制裁民事违法行为，保护当事人的合法权益，教育公民自觉遵守法律，维护社会秩序、经济秩序，保障社会主义建设事业顺利进行"的规定，人民法院审理民事案件，要依法查明案件事实，正确适用法律，保护民事诉讼各方当事人的合法权益。本案中，原、被告双方当事人对原告实际居住在

[1] 参见辽宁省海城市人民法院（2019）辽0381民初6179号。

被告处以及被告已经于2007年收回之前由原告郑某某承包的6.25亩粮田两项事实没有异议，法院予以确认。经归纳，本案的争议焦点内容为被告于2007年收回原告承包的6.25亩粮田是否具有法律依据，换言之，原告提出的要求被告返还6.25亩粮田的诉讼请求是否具有事实与法律依据的问题。

第二条 【立法任务】中华人民共和国民事诉讼法的任务，是保护当事人行使诉讼权利，保证人民法院查明事实，分清是非，正确适用法律，及时审理民事案件，确认民事权利义务关系，制裁民事违法行为，保护当事人的合法权益，教育公民自觉遵守法律，维护社会秩序、经济秩序，保障社会主义建设事业顺利进行。

条文解读

本条是关于《民事诉讼法》立法任务的规定。

根据本条的规定，《民事诉讼法》有以下几项任务：

一、保护当事人行使诉讼权利，保护当事人的合法权益

诉讼权利是当事人进行诉讼的基础，为保障当事人能够充分地参与诉讼，必须为当事人实施相应的诉讼行为提供充分的保障。为此，我国《民事诉讼法》规定当事人享有广泛的诉讼权利。比如，当事人在诉讼中可以委托诉讼代理人，享有申请回避的权利，有权收集和提供证据，有权进行主张、反驳以及为查明案件事实进行辩论，有权对自己的实体权益和程序权益在法律规定的范围内自由处置。并且，人民法院对当事人行使诉讼权利予以保护和尊重。为使当事人更清楚地了解自己所享有的诉讼权利，更有效地实施诉讼行为，法院应该发挥积极的作用。

二、保证人民法院查明事实，分清是非，正确适用法律，及时审理民事案件

民事诉讼通过当事人之间具有“竞争性”的攻击与防御活动，对争议的案件事实、当事人诉讼请求的正当性及合法性展开辩论活动，最终由法院对事实进行认定，正确适用法律作出判决。因此，保证人民法院查明案件事实，分清是非，正确适用法律作出判决，是《民事诉讼法》的重要任务之一。

“查明案件事实”，是法院正确适用法律、解决民事纠纷的前提。民事诉讼中所说的事实，实际上是通过证据加以证明的案件事实。为了保证人民法院能够查明案件事实，《民事诉讼法》对证据的种类、收集证据的程序与方法、证据的审查与认定等问题作出了详尽的规定。

“分清是非、正确适用法律作出判决”，是民事诉讼所要达到的目标。当事人在确定审理的范围、主张事实和提出证据方面承担责任；法院的任务是在当事人主张的范围内基于当事人提供的诉讼资料，正确适用法律作出判决。

“及时审理民事案件”，目的是从立法上保证法院审理案件的效率性。诉讼的效率价值首先意味着迅速、及时地作出判决。

三、确认民事权利义务关系，制裁民事违法行为

确认当事人的权利义务关系和制裁民事违法行为，是民事诉讼的中心任务。人民法院审理民事案件，就是查明和确认当事人之间的权利义务关系。人民法院确认民事权利义务关系主要通过三种方式：一是原告请求人民法院确认其与被告之间存在或不存在某种民事法律关系；二是当事人请求人民法院判令对方当事人为一定行为；三是当事人请求人民法院改变或消灭其与对方当事人之间现存的民事法律关系。民事违法行为是指违反民事法律规范和侵犯民事权利的行为。其主要包括三类：一是违反合同或者不履行其他义务；二是侵犯国家的、集体的财产；三是侵

犯他人的财产和人身权利。《民事诉讼法》的任务之一就是制裁民事违法行为,保障民事主体的合法权益。

四、宣传社会主义法制,教育公民自觉遵守法律

《民事诉讼法》规定的宣传社会主义法制、教育公民自觉遵守法律的任务,主要是通过以下两种途径来实现的:一是通过案件的具体审理,向参与诉讼的当事人以及参与旁听的群众宣传法律。二是案件的具体判决、裁定公之于众之后,对社会产生一种法制教育效应,人们通过法院的判决了解法律的规定,进而正确选择自己的行为。

适用要点

1. 除在民事诉讼立法中规定当事人享有广泛的诉讼权利以外,还必须强调人民法院对当事人行使诉讼权利予以保护和尊重。比如,在处分原则的相关规定中,法院应当尊重当事人的处分行为,不得干涉。基于处分原则的一般原理,法院应当尊重当事人的诉权,即便当事人主张的法律关系与法院认定的法律关系不一致,法院也应当就当事人主张的法律关系进行实体审理并作出判决,而非裁定驳回起诉。

2. 民事违法行为是违反民事法律规范和侵犯民事权利的行为。其构成要件主要有以下两个:第一,侵犯他人受到民事法律保护的权利和利益;第二,行为具有违法性,即违反民事法律的规定。民事违法行为分为违反合同的行为和侵权行为两大类,前者是指合同当事人没有合法事由不履行或不完全履行合同义务的行为,后者指合同以外的,非法侵犯他人民事权利的行为。

案例指引

刘某某、大连易兴物业服务有限公司物业服务合同纠纷案[1]

要旨:上诉人是否有权请求人民法院确认停车费收入、广告设施收入归全体业主共有。根据《民事诉讼法》第2条之规定:“中华人民共和国民事诉讼法的任务,是保护当事人行使诉讼权利,保证人民法院查明事实,分清是非,正确适用法律,及时审理民事案件,确认民事权利义务关系,制裁民事违法行为,保护当事人的合法权益,教育公民自觉遵守法律,维护社会秩序、经济秩序,保障社会主义建设事业顺利进行。”故《民事诉讼法》的主要任务是分清是非、制裁民事违法行为,保护当事人的合法权益。根据《民法典》第282条的规定:“建设单位、物业服务企业或者其他管理人等利用业主的共有部分产生的收入,在扣除合理成本之后,属于业主共有。”据此,上诉人一审诉请的扣除合理成本后的共有部分收入归全体业主共有,业经法律确认。在上诉人未提供证据证明被上诉人违反法律规定,侵害业主共有权,存在民事违法行为的前提下,其提出的此节诉请实质是对法律规定的确认,且不涉及具体争议内容,并不符合诉的要件,因此,就此节诉请亦应驳回上诉人的起诉,基于上节审理焦点所述原因,法院在本判决中一并处理。

第三条　【适用范围】人民法院受理公民之间、法人之间、其他组织之间以及他们相互之间因财产关系和人身关系提起的民事诉讼,适用本法的规定。

〔1〕参见辽宁省大连市中级人民法院(2021)辽02民终8746号。

条文解读

本条是关于《民事诉讼法》适用范围的规定。

一、法院主管的民事案件应当具备的条件

法院主管的民事案件应当具备以下条件:

第一,争议主体的法律地位平等。争议主体的法律地位是否平等,是确定是否属于法院主管的前提条件。第二,当事人争议的内容具有财产权利义务关系或者具有身份权利义务关系。第三,当事人选择向法院提起诉讼。符合上述条件的民事案件,除法院可以主管以外,其他机构如仲裁机构也可以审理裁决,法院与其他机关、机构对民事案件处理的权限存在一定的交叉,具体由哪一机构、机关主管,取决于当事人的选择。

二、民事诉讼的主体

民事诉讼的主体包括公民、法人和其他组织。公民,是指具有一国国籍并享有该国法律所规定的权利,履行该国法律所规定的义务的自然人。我国公民即指具有中国国籍的人。法人,是指具有民事权利能力和民事行为能力,并能以自己独立的财产承担民事责任的组织。其他组织,是指合法成立,有一定的组织机构和财产,但又不具备法人资格的组织。外国人、无国籍人、外国企业和组织也可以成为民事诉讼的主体,他们在中国境内进行活动,必须遵守中国的宪法和法律。

三、法院主管的民事案件的范围

法院主管的民事案件的范围包括以下几类:

一是由民商事法律、经济法律调整的平等主体之间发生的民商事权益争议。这类案件是法院主管的民事案件的主要组成部分,如合同纠纷、侵权纠纷、涉及知识产权的纠纷、海商事纠纷等。

二是由《民法典》婚姻家庭编、继承编调整的与婚姻家庭关系有关的

纠纷。这类案件具有一定的特殊性,通常会涉及财产和人身两个方面的内容,如离婚案件、收养案件、继承案件等。

三是由《劳动法》调整的劳动关系所产生的纠纷。劳动争议发生后先进行劳动争议仲裁,当事人对劳动争议仲裁不服的,可以向法院提起诉讼。

四是法律规定的其他案件。这类案件主要指选民资格案件和非诉案件,包括宣告公民失踪案件、宣告公民死亡案件、认定公民无民事行为能力案件、认定公民限制民事行为能力案件、认定财产无主案件、确认调解协议案件、实现担保物权案件等,这类案件的审理适用《民事诉讼法》规定的特别程序。

四、应当与《民法典》相衔接

《民事诉讼法》应当与《民法典》相协调,才能更好地保障民事主体的民事权益。《民法典》第 2 条规定:"民法调整平等主体的自然人、法人和非法人组织之间的人身关系和财产关系。"该规定体现出《民法典》对民事主体的三元划分,包括自然人、法人和非法人组织。自然人,是指因出生而获得生命,并取得民事主体资格的人类个体,是自然形成的主体。法人,是指由法律赋予民事主体资格的组织,是为了自然人利益最大化而在法律上拟制的主体。非法人组织,是指未获得法人资格,但是在长期社会生活实践中被逐步认可,并且在法律实践中被承认具有某种程度的民事程序法和实体法上享有权利、承担义务与责任资格的组织。同时,《民法典》对作为调整对象的两大关系的顺序进行了调整,将人身关系放在财产关系的前面,这一调整凸显了《民法典》的人文主义色彩。

适用要点

1.《民事诉讼法》的民事主体划分为公民、法人和其他组织;《民法典》对民事主体进行了三元划分,包括自然人、法人和非法人组织。

2.《民事诉讼法》将财产关系放在人身关系之前;《民法典》将人身关系放在财产关系之前。

案例指引

德国亚欧交流有限责任公司与绥芬河市青云经贸有限公司合作协议纠纷案[1]

要旨:根据我国《民事诉讼法》的相关规定,涉外合同或者涉外财产权益纠纷的当事人,可以用书面协议选择与争议有实际联系的地点的法院管辖。双方当事人在合同管辖条款中约定合同签订地法院作为纠纷的管辖法院,符合法律规定,该管辖条款有效。对于双方当事人在原合同基础上签订补充协议,且补充协议签订地点与原合同的签订地点不同的情况,如果补充协议没有对管辖条款作修改,那么原合同中的管辖条款对双方当事人仍具有约束力。原合同中约定管辖的条款的效力不因补充协议的签订而改变,当事人之间发生的合同纠纷应当由原合同签订地法院管辖,补充协议的签订地法院无权行使管辖权。本案纠纷为管辖权异议,属于程序问题,解决案件的程序问题应适用法院地法即我国《民事诉讼法》。对此,我国《民事诉讼法》第3条有明确规定,即"人民法院受理公民之间、法人之间、其他组织之间以及他们相互之间因财产关系和人身关系提起的民事诉讼,适用本法的规定"。

第四条　【空间效力】凡在中华人民共和国领域内进行民事诉讼,必须遵守本法。

---

[1] 参见最高人民法院(2006)民四终字第8号。

条文解读

本条是关于本法空间效力的规定。

本法的空间效力，是指本法适用的空间范围，也即本法在哪些地方有效。本法的空间效力是由国家主权原则确定的，即在我国领域，包括我国的领土、领海和领空以及领土延伸的范围。领土，是指中华人民共和国疆界内的所有陆地，包括大陆和岛屿；领海，是指与陆地邻接的一定宽度的领海，中华人民共和国领海的宽度为从领海基线量起12海里；领空，是指领土、领水上空的那部分空间，是国家领土不可分割的重要组成部分。此外，中华人民共和国领域还包括一部分延伸意义上的领土，如航行于国外的中华人民共和国的船舶和飞行器、我国驻外国的使领馆。

无论该民事纠纷是否发生在我国领域内，无论诉讼主体是中国公民、法人和其他组织还是外国人、无国籍人、外国企业和组织，只要在我国领域内进行民事诉讼活动，都必须遵守本法。我国《民事诉讼法》适用下列人员和组织：(1)中国公民、法人和其他组织；(2)居住在我国领域内的外国人、无国籍人以及在我国登记的外国企业和组织；(3)申请在我国进行民事诉讼的外国人、无国籍人以及外国的企业和组织。

适用要点

我国是统一的多民族国家，少数民族地区拥有自己独特的民族文化，形成了自己的民族特质，民族自治地方的人民代表大会根据《宪法》和《民事诉讼法》的原则，结合当地民族的具体情况，可以制定变通或者补充规定并在当地适用。值得注意的是，在我国香港、澳门特别行政区内进行的民事诉讼活动，应当适用当地有关民事诉讼的法律，而不适用本法。

案例指引

威尔士公司、英国东化有限公司等公司债券交易纠纷案〔1〕

要旨:凯飞精细公司于2003年9月2日在中华人民共和国辽宁省大连市成立,现股东为林某某和东化公司。东化公司于2004年4月11日在英属维尔京群岛登记成立,该公司成立时沈某某为公司董事,2007年8月20日王某、贾某的丈夫初某亦成为该公司董事。2011年12月13日初某去世。2012年11月13日,沈某某将所持东化公司的股份全部转让给贾某。威尔士公司于2012年3月7日在英属维尔京群岛登记成立,王某为该公司董事。本案系公司债券交易纠纷之诉。《民事诉讼法》第4条规定,"凡在中华人民共和国领域内进行民事诉讼,必须遵守本法"。故关于民事诉讼程序的法律,应适用中华人民共和国法律。

第五条 【涉外民诉同等原则、对等原则】外国人、无国籍人、外国企业和组织在人民法院起诉、应诉,同中华人民共和国公民、法人和其他组织有同等的诉讼权利义务。

外国法院对中华人民共和国公民、法人和其他组织的民事诉讼权利加以限制的,中华人民共和国人民法院对该国公民、企业和组织的民事诉讼权利,实行对等原则。

第六条 【审判权】民事案件的审判权由人民法院行使。

人民法院依照法律规定对民事案件独立进行审判,不受行政机关、社会团体和个人的干涉。

第七条 【审理原则】人民法院审理民事案件,必须以事实为根据,以法律为准绳。

〔1〕 参见辽宁省高级人民法院(2020)辽民终758号。

第八条 【诉讼权利平等原则】民事诉讼当事人有平等的诉讼权利。人民法院审理民事案件,应当保障和便利当事人行使诉讼权利,对当事人在适用法律上一律平等。

第九条 【调解原则】人民法院审理民事案件,应当根据自愿和合法的原则进行调解;调解不成的,应当及时判决。

第十条 【审判制度】人民法院审理民事案件,依照法律规定实行合议、回避、公开审判和两审终审制度。

第十一条 【语言文字】各民族公民都有用本民族语言、文字进行民事诉讼的权利。

在少数民族聚居或者多民族共同居住的地区,人民法院应当用当地民族通用的语言、文字进行审理和发布法律文书。

人民法院应当对不通晓当地民族通用的语言、文字的诉讼参与人提供翻译。

第十二条 【辩论原则】人民法院审理民事案件时,当事人有权进行辩论。

条文解读

本条是关于民事诉讼中的辩论原则的规定。

在我国,辩论原则包括以下几个方面的内容:

一、辩论权是当事人进行辩论的基本权能

辩论原则的最重要内容是当事人能够享有和行使辩论权。它建立在当事人诉讼地位平等的基础上,原告提出诉讼请求,应当陈述事实并用证据证明其真实性;被告有权就原告提出的请求、事实、证据进行反驳和答辩,证明原告诉讼请求的不合法性或主张事实的不真实性。双方当事人

通过辩论，澄清争议案件的事实，明确双方的民事权利义务关系。当事人包括第三人对诉讼请求有陈述事实和理由的权利，也有对对方当事人的陈述和诉讼请求进行反驳和答辩的权利，以维护自己的合法权益。

二、辩论权贯穿于诉讼的全过程

除特别程序外，在第一审程序、第二审程序和审判监督程序中，均贯穿着辩论原则，允许当事人行使辩论权。当事人不仅可以在各程序的开庭审理阶段行使辩论权，在开庭前的准备阶段也可以行使辩论权。

三、当事人行使辩论权的范围包括实体问题、法律适用问题和程序问题

在民事诉讼中，当事人行使辩论权的范围包括以下三个方面：一是对案件的实体问题进行辩论，例如，所争议的实体法律关系是否存在，原告的诉讼请求和被告的答辩能否成立，有无事实根据等；二是对案件所涉及的程序问题进行辩论，例如，原、被告是否为本案的正当当事人，诉讼代理人是否合法，受诉人民法院对本案是否享有管辖权等；三是对适用法律问题进行辩论，当事人可以就案件所适用的法律规范提出自己的见解。对以上问题的辩论，应当是当事人之间存在争议的问题，当事人不存在争议的问题无须辩论。

四、辩论包括口头和书面两种形式

双方当事人进行辩论的形式，主要是口头形式的辩论（又称言词辩论），也包括书面辩论。言词辩论主要在开庭审理过程中进行，《民事诉讼法》专门规定了庭审辩论的阶段；书面辩论主要适用于庭审阶段之外，如原告提交起诉状，被告提交答辩状，就是一种书面辩论形式。言词辩论的优势在于双方信息沟通的直接性与及时性，当事人可以及时阐明自身主张或辩驳他人主张。书面形式具有一定的不灵活性，但其优点在于语言表述更为准确。

五、人民法院在诉讼过程中应当保障当事人充分行使辩论权

保障当事人充分行使辩论权主要体现在以下两个方面:一是使当事人了解对方的观点和根据,给当事人必要的准备答辩的时间。起诉状、答辩状以及上诉状要及时送达,保障双方当事人有充分的时间进行信息交流、组织庭前的证据交换等。二是保证当事人当面质证的机会,对当事人的质证内容和质证顺序作详细规定,保障当事人举证质证的权利。

六、经当事人辩论所形成的"材料"应当是法院作出判决的依据

当事人对案件所涉及的事实和证据进行辩论所形成的"辩论材料",是作为判断事实并最终作出判决的基础材料。任何事实和证据都必须经过当事人的辩论,才能作为定案的依据;凡是未在当事人辩论中显示的内容,都不得进入法院审查判断的范围。

适用要点

1. 当事人在开庭前的准备阶段也能行使辩论权。审判人员应当为当事人提供行使辩论权的机会,既要为当事人在开庭审理之前提供书面辩论的机会,为被告答辩提供时间保障;又要为当事人在庭审中提供平等的言词辩论机会。

2. 当事人可以就案件所适用的法律规范提出自己的见解。同时,审判人员应恰当地组织和引导当事人的辩论活动,既不能限制当事人的辩论,也不能放任自流,使当事人能够紧紧围绕案件争议焦点进行辩论。在辩论过程中,审判人员应当保持中立地位,既不能参与当事人的辩论,也不能发表带有倾向性的意见。

案例指引

江西省南昌百货总公司、湖南赛福尔房地产开发公司与南昌新洪房地产综合开发有限公司合资、合作开发房地产合同纠纷案[1]

要旨：首先，一、二审判决认定百货公司享有争议房产1－3层的产权，系根据双方当事人签订的合同、房地产登记部门颁发的有效产权证等证据并结合现行法律规定作出的判定，并非根据另案执行裁定进行认定。其次，即便一、二审判决确系依据另案执行裁定认定百货公司、赛福尔公司对争议房产享有权益，由于上述裁定未被撤销，属有效法律文书，依据有效法律文书认定案件事实并无不当；至于上述执行裁定内容的合法性问题不是本案审查的范围，新洪公司如对以上裁定的合法性存在质疑，应通过执行异议监督程序寻求救济，在本案中不予评判。最后，在本案一、二审诉讼过程中，对于争议房产产权的实体问题，新洪公司已经充分发表了其抗辩主张，对于其所提出的抗辩观点，一、二审法院均作了详尽的分析和评判，其辩论权并未受到限制。

第十三条 【诚信原则和处分原则】民事诉讼应当遵循诚信原则。

当事人有权在法律规定的范围内处分自己的民事权利和诉讼权利。

---

〔1〕 参见最高人民法院(2011)民申字第777号。

条文解读

本条是关于民事诉讼中诚信原则和当事人处分原则的规定。

一、关于诚信原则

民事诉讼诚信原则直接源于民法中诚信原则的确立和适用。《民法典》第7条规定:“民事主体从事民事活动,应当遵循诚信原则,秉持诚实,恪守承诺。”基于《民法典》将原先诚实信用原则的表述修改为“诚信原则”,为了与《民法典》保持一致,2021年《民事诉讼法》修正时,也将诚实信用原则的表述修改为“诚信原则”。民事诉讼中的诚信原则,是指法院、当事人以及其他诉讼参与人在审理民事案件时必须公正、诚实和善意。民事诉讼领域规定诚信原则,是实现诉讼公正的要求,是平衡因社会地位、经济地位的差异导致诉讼失衡的有力工具。

(一)诚信原则对当事人的适用

诚信原则首先表现为对当事人在诉讼中意思自治的限制,具体表现在以下几个方面:

其一,当事人真实陈述的义务。当事人真实陈述的义务简称为“真实义务”,真实义务通常被认为是诚信原则的主要内容。当事人作虚假陈述对法院不具有约束力。如果对于当事人所作的虚假陈述法院也要认定的话,必然会违反诉讼形式上的公正以及实体上的公正。因此,在确立诚信原则之后,当事人在诉讼中所作的虚假自认的事实,对法院不产生相应的拘束力,也即法院不承认自认事实的效力。

其二,当事人促进诉讼的义务。当事人负有促进诉讼的义务,是诚信原则的基本要求之一,这一义务要求当事人在诉讼中不得实施迟延或拖延诉讼行为,或干扰诉讼的进行,应协助法院有效率地进行诉讼,完成审判。这一义务具体体现在:不得迟延提出攻击和防御方法;不得故意申请无理由的回避(回避权的滥用);不得故意拆分诉讼标的,以规避相应的诉讼程序(如通过拆分诉讼标的使之适用于小额诉讼,由此获得小额诉讼程序带来的利益);等等。

其三,禁止当事人以欺骗的方法形成不正当诉讼状态。按照诚信原则,当事人不得以欺骗方法形成不正当的诉讼状态,从而获得法规的不正当适用或不适用。例如,原告通过编造虚假的管辖原因事实,从而获得有利于自己的管辖,构成滥用管辖权。根据诚信原则的要求,采取不正当手段获取的对自己有利的诉讼状态,其诉讼行为应当视为无效。

其四,禁止当事人反悔及矛盾行为。禁止当事人反悔及矛盾行为重在保障对方当事人的利益,当事人给予充分的信任而为的行为应当受到法律的保护,不允许当事人事后反悔或采取矛盾的行为损害对方当事人的正当利益。例如,当事人在诉讼中实施了与之前(诉讼中或诉讼外)诉讼行为相矛盾的行为;在对方当事人信赖的前提下,作出违反承诺的行为;等等。

其五,当事人诉讼权能的滥用与丧失。虽然诉讼制度给予了当事人某些权能,但如果当事人没有诚信地行使该权能,也就不能承认该权能行使的利益。在一方当事人长时间不行使诉讼上的权利时,为了保护另一方当事人基于对其不行使权利的有理由的信任而为与这一权利有关联的其他诉讼行为,可以不允许一方当事人行使该权利而妨碍另一方当事人的利益。例如,迟延提出攻击防御方法的行为不予允许。

(二)诚信原则对法院的适用

法院在审理民事案件活动中应当本着诚实、善意的原则进行审判,具体包括以下几项内容:其一,禁止滥用自由裁量权。诚信原则要求法官在处理程序问题和实体问题时,应当以事实为根据,以法律为准绳;在需要实施自由裁量权时,应当根据具体情况本着诚实、善意的心态作出决定。其二,尊重当事人的程序权利,为当事人创造平等的诉讼条件。法官在诉讼中应当平等地对待双方当事人,与双方保持同等的诉讼距离,并为双方提供平等的行使诉讼权利的机会。其三,尊重当事人程序主体地位,禁止实施突袭性裁判。为避免形成突袭裁判,在诉讼过程中,法院应当保障当事人充分辩论的机会。

二、关于处分原则

处分原则,是指在民事诉讼中,当事人有权按照自己的意志支配、决定自己的实体权利和诉讼权利。处分原则的核心内容是可以自行决定是否行使或者如何行使自己的实体权利和诉讼权利。当事人对实体权利和诉讼权利的处分可分为积极处分和消极处分。当事人主动行使某种实体权利和诉讼权利为积极处分,如起诉、提起上诉、变更或追加诉讼请求等;当事人不行使某种实体权利和诉讼权利为消极处分,如放弃上诉等。处分原则的重点在于对当事人诉讼权利自由支配的肯定和保障。在诉讼中,当事人对实体权利的处分总是通过其诉讼权利的处分来实现的。

按照我国《民事诉讼法》的规定,处分原则具体体现在以下几个方面:

1. 诉讼程序的开始、终结原则上由当事人决定

诉讼只能因当事人行使起诉权而开始,没有当事人向人民法院提起民事诉讼,人民法院不能依职权开始民事诉讼程序。在当事人撤回起诉或撤回上诉时,诉讼即告结束。当事人撤诉虽然受到一定的限制,但是除非当事人提出撤诉申请(法律有例外规定的除外),否则法院不能依职权将当事人提出的合法成立的诉讼予以撤销。"不告不理"原则就是处分原则的体现。

2. 诉讼请求的范围由当事人自行决定

诉讼请求的范围由当事人自行决定,当事人没有提出的事项法院不能对其作出裁判,即由当事人决定审判对象。从动态的角度看,当事人在一审起诉时,没有提出的请求事项,人民法院不能裁判,已经撤回的请求,人民法院也不能裁判。在二审上诉时,上诉人没有上诉的事项,二审法院不能裁判;已经撤回的上诉请求,人民法院也不能裁判。

3. 当事人可以在诉讼中变更、撤回和追加诉讼请求

原告可以放弃已经提出的诉讼请求,被告可以承认原告的诉讼请求。当事人双方可以在诉讼中就民事争议的解决达成和解或调解协议。

4. 当事人有权决定是否申请强制执行

对发生法律效力的判决、裁定、调解书或其他具有执行力的法律文书，当事人有权决定是否申请强制执行。在执行过程中，申请执行人有权撤回其申请，也有权决定达成和解协议。

三、诚信原则与处分原则的关系

《民事诉讼法》将诚信原则与处分原则规定在同一条文中，而且将诚信原则规定在第 1 款、将处分原则规定在第 2 款，其立法者的意图在于，将诚信原则作为限制当事人处分的基本规范。处分原则体现了当事人与法院在诉讼中的相互关系，主要内容是保证当事人在诉讼中的主体地位，并对法院审判权形成制约，其实质是使诉讼最大可能地按照当事人的意愿进行，法院受此约束。但是，过分注重尊重当事人的意愿，可能会导致当事人对权利的滥用，从而造成诉讼违背实质正义。因此，诚信原则作为法院适度干预当事人诉讼行为的调节器，可促进诉讼按照立法者的意图进行。

适用要点

1. 诚信原则适用于法院、当事人以及其他诉讼参与人。民事诉讼诚信原则直接源于民法中的诚实信用原则，民事诉讼活动同样应当遵循这一原则。一方面，它保障当事人有权在法律规定的范围内行使和处分自己的民事权利和诉讼权利；另一方面，它要求当事人在不损害他人和社会公共利益的前提下，善意、审慎地行使自己的权利。

2. 享有处分权的主体是当事人，其他诉讼参与人不享有处分权。当事人处分权行使的范围包括对程序利益和实体利益的处分。在程序方面，当事人对诉讼的进行和终结享有决定权；在实体方面，当事人可自主决定审理的对象和范围。处分原则要求当事人在合法的范围内处分自己的民事诉讼权利，并且行使这一原则不能损害国家、集体和他人的权益。

案例指引

蛙埠日报社诉于某某劳动争议纠纷案[1]

要旨:该案例涉及放弃诉权约定的效力问题。本案中,于某某在申请解除劳动关系时表示:“本人自愿放弃提起劳动争议的诉讼权利。”关于放弃诉权约定的效力问题,存在两种观点:一种观点认为,于某某自愿放弃诉权,根据私法自治原则及当事人享有的处分权,其无权再就双方劳动争议提起仲裁和诉讼;另一种观点认为,双方关于于某某自愿放弃诉权的约定无效,于某某可以提起劳动争议仲裁和诉讼。笔者赞同第二种观点,理由如下:诉权具有公法属性,私法自治原则仅能涉及民事权利义务,放弃诉权约定不属于民事法律调整的范围,没有使其产生拘束力的法律依据。并不是所有的诺言均具有法律效力,欲使诺言产生法律效力需于法有据。现实生活中不可避免地存在当事人非自愿、非真实地放弃诉权的表示,如果认可当事人放弃诉权的效力将会使一些非正义得不到救济。我国《民事诉讼法》第 13 条第 2 款规定:“当事人有权在法律规定的范围内处分自己的民事权利和诉讼权利。”该条款赋予当事人以处分权,但处分权应当依法行使。放弃诉权行使的对象应该是人民法院,且需经法院准许。

第十四条　【法律监督权】人民检察院有权对民事诉讼实行法律监督。

第十五条　【支持起诉】机关、社会团体、企业事业单位对损害国家、集体或者个人民事权益的行为,可以支持受损害的单位或者个人向人民法院起诉。

---

[1] 参见安徽省蚌埠市中级人民法院(2015)蚌民一终字第 01089 号。

第十六条 【在线诉讼】经当事人同意，民事诉讼活动可以通过信息网络平台在线进行。

民事诉讼活动通过信息网络平台在线进行的，与线下诉讼活动具有同等法律效力。

条文解读

本条是关于民事诉讼中在线诉讼的规定。

本条对在线诉讼作了一般性规定，经当事人同意可以通过信息网络平台在线进行诉讼，并且将在线诉讼的效力与线下诉讼等同。人民法院、当事人及其他诉讼参与人等可以依托电子诉讼平台，通过互联网或者专用网络在线完成立案、调解、证据交换、询问、庭审、送达等全部或者部分诉讼环节。

在线诉讼是人民法院深入贯彻习近平法治思想，践行网络强国战略的重要成果，是构建完善"中国特色、世界领先"的互联网司法模式的关键举措，积极回应人民群众互联网时代司法新需求，对保障当事人合法诉讼权益，增强人民群众诉讼便利，提升审判质量效率，推动司法审判模式划时代变革具有重大意义。"探索构建适应互联网时代需求的新型管辖规则、诉讼规则，推动审判方式、诉讼制度与互联网技术深度融合"是《人民法院第五个五年改革纲要(2019—2023)》确定的重点改革任务。杭州、北京、广州三家互联网法院利用先发优势，探索构建全流程在线审理机制，推动大数据、区块链、人工智能等新技术在审判执行领域深度运用。各地法院依托"中国移动微法院"诉讼平台，逐步推广适用在线诉讼，实现审判模式转型升级。尤其在新冠肺炎疫情防控期间，在线诉讼显示出强大的活力，为统筹推进疫情防控和经济社会发展作出了积极贡献。

2021 年 6 月 16 日，最高人民法院发布《人民法院在线诉讼规则》，这是最高人民法院颁布的首部指导全国法院开展在线诉讼工作的司法解释，于2021年8月1日起施行。《人民法院在线诉讼规则》首次提出在线诉讼应当坚持“公正高效”“合法自愿”“权利保障”“便民利民”“安全可靠”五项基本原则。明确在线诉讼的适用案件范围，包括各类民事、行政、特别程序和执行案件，对于刑事速裁程序和减刑、假释案件等也可以在部分环节适用在线诉讼。在线诉讼适用以当事人同意、案件适宜在线办理、诉讼主体具备相应技术能力为基本条件，充分尊重当事人审理方式选择权，确保案件审理的质量效率。在坚持安全可靠的前提下，明确了电子化材料“视同原件”的效力，对经人民法院审核通过的电子化材料，可以直接在诉讼中使用，不必再提交原件。

理解在线诉讼的内涵和效力，应当注意把握以下几个问题：

一是关于在线诉讼的启动。强调尊重和保障当事人及其他诉讼参与人对诉讼方式的选择权，未经当事人及其他诉讼参与人同意或者主动选择，人民法院不得强制和变相强制适用在线诉讼。

二是关于在线诉讼的表现形式。在线诉讼包括从立案到执行的各个诉讼环节，但不要求所有流程均必须在线办理。实践中，司法案件各有其特点，有的适合在线解决，有的适合线下审理，必须遵循规律、实事求是。无论是“全部诉讼环节在线”，还是“部分诉讼环节在线”，都属于在线诉讼的表现形式。

三是关于在线诉讼的网络载体。在线诉讼可以通过互联网和专用网络两种方式进行。民事诉讼案件的在线诉讼活动主要通过互联网完成，人民法院应当在确保数据和系统安全的前提下，实现内外网系统数据互通。刑事案件一般通过专用网络进行，以满足刑事案件审理的技术保障要求。

四是关于在线诉讼的开展方式。在线诉讼活动主要依托电子诉讼平台开展。考虑到目前全国法院信息化建设的规模和进程尚不均衡，该条中的“信息网络平台”还是一个泛指概念，既包括最高人民法院统一指导建设的电子诉讼平台，也包括各地法院结合工作需要自行建设的平台，是各类服务于在线诉讼工作平台的集合。

五是关于在线诉讼的效力。在线诉讼的效力等同于线下诉讼的效力,线上与线下可以及时进行转换,二者效力一致。具体体现在通过网络平台进行的诉讼行为的效力等同于线下进行的诉讼行为的效力、线上电子签名与线下签名具有同等效力等方面。

适用要点

1. 并非全部诉讼环节在线才属于在线诉讼,部分诉讼环节在线也属于在线诉讼。以在线诉讼的适用环节数量为标准,在线诉讼主要可分为全流程型与阶段型两种适用类型。全流程型是指诉讼活动实现了案件从起诉、立案到庭审、宣判、执行等诉讼环节全部在线完成。阶段型是指在民事诉讼过程中,部分诉讼环节采取在线化的方式进行,但也有部分环节依然采取传统的线下诉讼方式进行。

2. 信息网络平台是各类服务于在线诉讼工作平台的集合体。电子诉讼系统平台是在线诉讼活动得以有效运行的重要基础,我国在线诉讼实践探索中存在“统一系统平台模式”和“多元系统平台模式”两种类型。“统一系统平台模式”主张应当在全国四级法院范围内建立统一的电子诉讼系统平台,将其作为各级法院适用在线诉讼的网络平台。“多元系统平台模式”是各地法院探索适用在线诉讼中开发推出的多元化电子诉讼系统平台,在不同系统平台中运行和适用在线诉讼。

案例指引

周某某、韩某某民间借贷纠纷案[1]

要旨:法院认为,原告周某某与被告韩某某之间存在民间借贷合同关系,该合同合法有效,被告未能充分履行还本付息义务,应承担相应的责

〔1〕 参见江苏省宝应县人民法院(2021)苏1023民初3670号。

任。原告要求被告归还借款本金50000元,于法有据,法院予以支持。至于利息,因司法解释对民间借贷利息作出调整,故2020年8月19日之前尚欠利息,法院支持按月息2%计算,此后的利息,法院支持按年息15.4%计算。据此,依照《合同法》第60条、第206条、第207条,《最高人民法院关于审理民间借贷案件适用法律若干问题的规定》第25条、第31条,《最高人民法院关于适用〈中华人民共和国民法典〉时间效力的若干规定》第1条,《人民法院在线诉讼规则》第1条,《民事诉讼法》第64条之规定,判决如下:被告韩某某于本判决生效之日起十日内偿还原告周某某借款50000元及利息(以50000元为基数,按月利率2%,自2019年1月12日算至2020年8月19日;按年息15.4%,自2020年8月20日算至实际还款之日止);驳回原告周某某的其他诉讼请求。如果未按本判决指定的期间履行给付金钱义务,应当依照《民事诉讼法》第253条之规定,加倍支付迟延履行期间的债务利息。

第十七条　【变通规定】民族自治地方的人民代表大会根据宪法和本法的原则,结合当地民族的具体情况,可以制定变通或者补充的规定。自治区的规定,报全国人民代表大会常务委员会批准。自治州、自治县的规定,报省或者自治区的人民代表大会常务委员会批准,并报全国人民代表大会常务委员会备案。

第二章 管　　辖

第一节　级别管辖

第十八条　【基层法院管辖】基层人民法院管辖第一审民事案件，但本法另有规定的除外。

条文解读

本条是关于基层人民法院管辖的第一审民事案件的规定。

第一审民事案件原则上都应当由基层人民法院管辖，该条文明确了绝大部分民事案件都由基层人民法院管辖，更具体一点来说，由基层人民法院的民事审判庭管辖。基层人民法院包括县人民法院、市人民法院、自治县人民法院以及市辖区人民法院。基层人民法院根据地区、人口和案件情况可以设立若干人民法庭，人民法庭属于基层人民法院的组成部分。在我国人民法院的组织系统中，基层人民法院数量最多、分布范围最广，审判人员的数量也最多，并且相较中级、高级人民法院没有审理上诉案件的任务。因此，将第一审民事案件原则上都交给基层人民法院承担比较符合法院工作均衡负担原则。除此之外，基于民事纠纷的发生地、当事人住所地或者争议的财产所在地都与基层人民法院辖区相关联的原因，由基层人民法院作为第一审法院，既能够便利当事人提起诉讼，又方便人民法院及时解决争议。“制度的设立，应当与制度所解决的问题相适应。如果要在所有的不同等级的法院之间进行分工,不同等级的法院,应当根据其审判能力与职责的不同,分别受理不同性质或疑难程度不同的第一审案件。从一般意义上讲,高等级的法院较低等级的法院审判能力更强,所担负的职责更重,因此所管辖的案件也要比低等级的法院所管辖的案件重要。出于此考虑,法律上可以确定一般的民事案件由低等级的法院作为一审法院,而案情复杂或涉及利益重大的案件由相对高一点等级的法院作为一审法院。这样的思维逻辑,在我国的民事诉讼立法中得到了充分的体现。"〔1〕

适用要点

1. 根据各地的不同情况,各省基层人民法院管辖的第一审民事、经济纠纷案件是不同的。根据最高人民法院批准的各高级人民法院辖区内各级人民法院级别管辖标准的规定,基层人民法院的级别管辖标准是不同的。

2. 级别管辖并不是完全固定的,在一定条件下存在调整的可能性。

案例指引

湖北宜化集团有限责任公司、贵州绿水青山能源有限公司等股权转让纠纷案〔2〕

要旨:在本案中,宜化集团公司诉请解除《产权交易合同》,并不是处分《产权交易合同》项下的相关财产,故应以其具体的诉讼请求金额来确定诉讼标的金额,并据以确定级别管辖。双方所提及的案件裁定书不是

〔1〕 潘剑锋:《第一审民事案件原则上应由基层法院统一行使管辖权》,载《法律适用》2007年第6期。

〔2〕 参见湖北省宜昌市中级人民法院(2021)鄂05民终2403号。

指导性案例，且裁定的理由也不一致，相关问题存在争议。现在，鉴于司法解释对合同纠纷的级别管辖没有新规定，故该批复所阐释的法理仍具有指导意义。宜化集团公司在一审的主要诉讼请求是解除《产权交易合同》，并请求绿水青山公司支付违约金和经济赔偿共计19947872.75元。故，本案应以其具体的诉讼请求金额来确定诉讼标的金额，并据以确定级别管辖。依照《最高人民法院关于调整高级人民法院和中级人民法院管辖第一审民商事案件标准的通知》(法发〔2015〕7号)第2条、《最高人民法院关于调整高级人民法院和中级人民法院管辖第一审民事案件标准的通知》(法发〔2019〕14号)第1条的规定，宜昌市西陵区人民法院对本案具有管辖权，并不违背《民事诉讼法》第17条、第18条关于级别管辖的规定。

第十九条 【中级法院管辖】中级人民法院管辖下列第一审民事案件：

(一)重大涉外案件；

(二)在本辖区有重大影响的案件；

(三)最高人民法院确定由中级人民法院管辖的案件。

第二十条 【高级法院管辖】高级人民法院管辖在本辖区有重大影响的第一审民事案件。

第二十一条 【最高法院管辖】最高人民法院管辖下列第一审民事案件：

(一)在全国有重大影响的案件；

(二)认为应当由本院审理的案件。

第二节 地 域 管 辖

第二十二条 【一般地域管辖】对公民提起的民事诉讼，由被告住所地人民法院管辖；被告住所地与经常居住地不一致的，由经常居住地人民法院管辖。

对法人或者其他组织提起的民事诉讼，由被告住所地人民法院管辖。

同一诉讼的几个被告住所地、经常居住地在两个以上人民法院辖区的，各该人民法院都有管辖权。

条文解读

本条是关于一般地域管辖的规定。

一般地域管辖，是指以当事人住所地与法院管辖区域的关系来确定具体的管辖法院。一般地域管辖的原则是“原告就被告”，即民事诉讼由被告所在地的人民法院管辖。采用“原告就被告”的原则，有利于人民法院调查取证、核实证据，使其能够迅速查明案情，正确、及时地处理民事纠纷；有利于传唤被告出庭应诉；有利于管辖法院采取财产保全和先予执行措施；如果被告败诉，还有利于执行的便利。此外，“原告就被告”原则还可以防止原告滥用诉权，同时也能够节约司法资源，有利于诉讼经济。

本条第 1 款规定，“对公民提起的民事诉讼，由被告住所地人民法院管辖；被告住所地与经常居住地不一致的，由经常居住地人民法院管辖”。所谓“住所地”，指的是公民的户籍所在地。户籍的认定应当以向户籍管理机关登记的正式户口为准。具体而言，必须是长期户口，而非临时户口。据此，只有当公民的住所地与其经常居住地一致时，被告的住所地人民法院才对案件具有管辖权。

人民法院对经常居住地的认定,必须同时具备以下三个条件:(1)经常居住地是住所地以外的地方。住所地是公民长久固定的住所,也是公民的户籍所在地,并得到公安机关的承认和登记,具有稳定性。而经常居住地则是住所地以外的地方,有较大的流动性。(2)经常居住地具有连续性,这种连续性主要表现在居住时间上的持续。根据相关司法解释,公民只有在某地连续居住1年以上,该地才能被认定为公民的经常居住地。如果只是偶尔居住,即使所跨时间超过1年,也不能认定该地为经常居住地。(3)经常居住地是住所地以外最后连续居住1年以上的地方。公民在住所地以外连续居住逾1年的地方不止一个的,离开住所地最后连续居住满1年以上的地方认定为经常居住地。

本条第2款规定,"对法人或者其他组织提起的民事诉讼,由被告住所地人民法院管辖"。"法人或者其他组织的住所地"指的是其主要营业地或者主要办事机构所在地。如果被告是不具有法人资格的其他组织形式,又没有办事机构,则应由被告注册登记地人民法院管辖。

本条第3款规定,"同一诉讼的几个被告住所地、经常居住地在两个以上人民法院辖区的,各该人民法院都有管辖权"。公民、法人或者其他组织,属于同一诉讼中的几个被告,其住所地、经常居住地又不在同一人民法院辖区的,上述各人民法院对该案均有管辖权。当事人可以选择其中一个人民法院起诉,由最先立案的人民法院管辖。这在民事诉讼理论上又称共同管辖。

适用要点

相关司法解释还明确列举了几种根据"原告就被告"原则确定管辖法院的诉讼:(1)双方当事人都被监禁或者被采取强制性教育措施的,由被告原住所地人民法院管辖。被告被监禁或者被采取强制性教育措施1年以上的,由被告被监禁地或者被采取强制性教育措施地人民法院管辖。(2)追索赡养费、抚养费、扶养费案件的几个被告住所地不在同一辖区的,可以由原告住所地人民法院管辖。(3)夫妻一方离开住所地超过1年,另一方起诉离婚的案件,可以由原告住所地人民法院管辖。夫妻双方离开住所地超过1年,一方起诉离婚的案件,由被告经常居住地人民法院管辖;没有经常居住地的,由原告起诉时被告居住地人民法院管辖。(4)中国公民双方在国外但未定居,一方向人民法院起诉离婚的,应由原告或者被告原住所地人民法院管辖。

案例指引

张某1与张某抚养费纠纷案[1]

要旨:本案为抚养费纠纷,应适用一般地域管辖有关规定确定管辖法院。《民事诉讼法》第22条规定,对公民提起的民事诉讼,由被告住所地人民法院管辖;被告住所地与经常居住地不一致的,由经常居住地人民法院管辖。适用前述规定认定公民的经常居住地,需从以下三个方面予以考虑:其一,被告必须在该地住满一年;其二,一年时间必须是连续的,不能中断;其三,到起诉时为止,被告还在该地居住。具体到本案,从两地法院查明的情况看,至张某1起诉时,尚无法确定张某是否仍在福建省厦门市湖里区居住。因此,本案应由被告张某户籍地法院即安徽省淮北市相山区人民法院管辖。

第二十三条　【一般地域管辖的例外规定】下列民事诉讼,由原告住所地人民法院管辖;原告住所地与经常居住地不一致的,由原告经常居住地人民法院管辖:

[1] 参见最高人民法院(2020)最高法民辖91号。

（一）对不在中华人民共和国领域内居住的人提起的有关身份关系的诉讼；

（二）对下落不明或者宣告失踪的人提起的有关身份关系的诉讼；

（三）对被采取强制性教育措施的人提起的诉讼；

（四）对被监禁的人提起的诉讼。

条文解读

本条是关于一般地域管辖的例外规定。

一般地域管辖的“原告就被告”原则，在某些特殊情况下无法适用，或者适用后可能会对原告起诉或者对法院裁判带来较大的不便。基于这样的原因，本条规定在几种例外的情形下，由原告住所地人民法院管辖；原告的住所地与经常居住地不一致的，由经常居住地人民法院管辖。这些例外情况如下：

1. 对不在中华人民共和国领域内居住的人提起的有关身份关系的诉讼。身份关系，指的是个人之间发生的与人身有关的法律关系，典型的如因婚姻、血缘、收养等而产生的夫妻关系、亲子关系或者收养关系等。身份关系由于其具有严格的人身属性，因此不可替代、不能转让。对于符合不在中国领域内居住、与身份有关的诉讼案件，由原告住所地或者经常居住地人民法院管辖。

2. 对下落不明或者宣告失踪的人提起的有关身份关系的诉讼。在被告下落不明或者已经宣告失踪的情况下，由于根本无法确定其住所地或者经常居住地，由原告住所地或者经常居住地人民法院管辖，可以方便原告行使诉权。

3. 对被采取强制性教育措施的人提起的诉讼。被采取强制性教育措施的人一般情况下需要离开住所地或者经常居住地，集中在某个特定场所接受教育、矫治，其人身自由会受到一定的限制。如果在这种情况下原告向被告被采取强制性教育措施地所在的人民法院起诉，其实是十分不便的，因此法律规定由原告住所地或者经常居住地人民法院管辖更为合适。

4. 对被监禁的人提起的诉讼。被监禁的人包括已决犯和未决犯。由于被监禁的人丧失了人身自由，并且脱离了住所地或者经常居住地，因此不便于原告向被告监禁地人民法院起诉。另外，由被告监禁地人民法院管辖很可能增加被告监禁地人民法院的工作负担。因此，法律规定原告住所地或者经常居住地人民法院为有管辖权的法院是比较恰当的。

适用要点

司法解释规定了一般地域管辖的几种情况：(1)被告被注销户籍的，依照《民事诉讼法》第23条规定确定管辖；原告、被告均被注销户籍的，由被告居住地人民法院管辖。(2)当事人的户籍迁出后尚未落户，有经常居住地的，由该地人民法院管辖；没有经常居住地的，由其原户籍所在地人民法院管辖。(3)不服指定监护或者变更监护关系的案件，可以由被监护人住所地人民法院管辖。(4)双方当事人均为军人或者军队单位的民事案件，由军事法院管辖。

案例指引

陈某某等与杨某民间借贷纠纷案[1]

要旨：根据《民事诉讼法》第22条第1款"对公民提起的民事诉讼，由被告住所地人民法院管辖；被告住所地与经常居住地不一致的，由经

〔1〕 参见北京市第二中级人民法院(2021)京02民辖终796号。

常居住地人民法院管辖”的规定，经常居住地系针对被告而言，并非针对原告。

第二十四条 【合同纠纷管辖】因合同纠纷提起的诉讼，由被告住所地或者合同履行地人民法院管辖。

第二十五条 【保险合同纠纷管辖】因保险合同纠纷提起的诉讼，由被告住所地或者保险标的物所在地人民法院管辖。

第二十六条 【票据纠纷管辖】因票据纠纷提起的诉讼，由票据支付地或者被告住所地人民法院管辖。

第二十七条 【公司诉讼管辖】因公司设立、确认股东资格、分配利润、解散等纠纷提起的诉讼，由公司住所地人民法院管辖。

第二十八条 【运输合同纠纷管辖】因铁路、公路、水上、航空运输和联合运输合同纠纷提起的诉讼，由运输始发地、目的地或者被告住所地人民法院管辖。

第二十九条 【侵权纠纷管辖】因侵权行为提起的诉讼，由侵权行为地或者被告住所地人民法院管辖。

第三十条 【交通事故管辖】因铁路、公路、水上和航空事故请求损害赔偿提起的诉讼，由事故发生地或者车辆、船舶最先到达地、航空器最先降落地或者被告住所地人民法院管辖。

第三十一条 【海损事故管辖】因船舶碰撞或者其他海事损害事故请求损害赔偿提起的诉讼，由碰撞发生地、碰撞船舶最先到达地、加害船舶被扣留地或者被告住所地人民法院管辖。

第三十二条 【海难救助费用管辖】因海难救助费用提起的诉讼，由救助地或者被救助船舶最先到达地人民法院管辖。

第三十三条 【共同海损管辖】因共同海损提起的诉讼，由船舶最先到达地、共同海损理算地或者航程终止地的人民法院管辖。

第三十四条 【专属管辖】下列案件，由本条规定的人民法院专属管辖：

（一）因不动产纠纷提起的诉讼，由不动产所在地人民法院管辖；

（二）因港口作业中发生纠纷提起的诉讼，由港口所在地人民法院管辖；

（三）因继承遗产纠纷提起的诉讼，由被继承人死亡时住所地或者主要遗产所在地人民法院管辖。

条文解读

本条是关于专属管辖的规定。

专属管辖，是指法律明确规定某些特定类型的案件只能由特定法院管辖的制度。专属管辖具有排他性、排除性和限制性的特征，主要表现为：(1)排他性是针对其他法院产生的效力，专属管辖的案件专属于特定法院管辖，其他法院无权管辖。(2)排除性是针对当事人而言的效力，当事人不得通过协议的方式变更专属管辖案件的管辖法院。(3)限制性是针对牵连管辖(合并管辖)而言的效力。牵连管辖也称合并管辖，是指对某案件有管辖权的法院基于牵连关系取得了原本不属于自己管辖的案件的管辖权，其常见情况包括原告增加诉讼请求和被告提出反诉。牵连管辖在事实上扩大了受诉法院的管辖范围，但是该扩大不可突破专属管辖的限制，即人民法院不得因牵连性取得专属于其他法院管辖案件的管辖权。

根据本条的规定，以下三种类型的案件适用于专属管辖制度。

一、因不动产纠纷提起的诉讼，由不动产所在地人民法院管辖

不动产是指不能够移动或者勉强移动后将导致其性能或价值降低或

丧失的财产，如土地、房屋、山林、草原、滩涂等。根据《最高人民法院关于适用〈中华人民共和国民事诉讼法〉的解释》（以下简称《民诉法解释》）第28条的规定，不动产纠纷是指因不动产的权利确认、分割、相邻关系等引起的物权纠纷。同时，农村土地承包经营合同纠纷、房屋租赁合同纠纷、建设工程施工合同纠纷、政策性房屋买卖合同纠纷均按照不动产纠纷确定管辖。

在不动产纠纷诉讼中，人民法院通常需要对不动产的情况进行勘验调查，其调查过程势必需要亲临不动产所在地。若受诉法院与不动产所在地距离甚远，将导致调查取证困难，为诉讼效率增添不必要的负担，影响当事人的合法权益得到及时维护。因此，根据不动产自身难以移动的属性，法律规定不动产纠纷诉讼由不动产所在人民法院专属管辖，既有助于受诉法院的勘验调查，及时查明事实，同时又便于裁判生效后的执行。在判断不动产所在地时，以登记与否作为区分，不动产已登记的，以不动产登记簿记载的所在地为不动产所在地；不动产未登记的，以不动产实际所在地为不动产所在地。

二、因港口作业中发生纠纷提起的诉讼，由港口所在地人民法院管辖

港口是水陆交通的集结点和枢纽，是船舶停泊、装卸货物、上下旅客、补充给养的场所。港口作业是指船舶进出港口进行调度、装卸货物、排除障碍等活动。因此，在港口作业中，既可能因装卸、保管货物等事项发生纠纷，同时也可能因污染、损害港口设施、致人损害等引发侵权纠纷。本条第2项规定，因港口作业中发生纠纷提起的诉讼，由港口所在地人民法院管辖。所谓港口所在地，即港口管理机构所在地。与不动产纠纷采取专属管辖的目的一样，港口作业纠纷也因纠纷常发生于港口，由港口所在地法院专属管辖，便于人民法院调查取证，查明事实，及时裁判。与不动产纠纷不同的是，港口作业中发生的纠纷一般原

本由海事法院管辖。[1] 但考虑到海事法院数量和辖区范围有限,因此立法进一步明确,如果发生纠纷的港口不在海事法院辖区的,由港口作业地的地方人民法院管辖。

三、因继承遗产纠纷提起的诉讼,由被继承人死亡时住所地或者主要遗产所在地人民法院管辖

遗产是指死者生前的个人财产,包括动产和不动产。继承遗产纠纷是指继承人或者受遗赠人之间因为遗产继承而发生的纠纷。因此类纠纷提起的诉讼,由被继承人死亡时住所地或者主要遗产所在地人民法院管辖。

一方面,遗产纠纷通常与继承开始的时间、继承人与被继承人生前的关系、遗产的范围和分配等问题密切相关,因此,为方便查清上述事项,立法规定以被继承人死亡时住所地专属管辖。若被继承人有多个住所地的,以其死亡时的住所地为准。另一方面,被继承人可能有多处遗产的,此时可由主要遗产所在地人民法院管辖,以便于确定遗产的范围、清理和分配的方式等。总体而言,立法为继承遗产纠纷的诉讼当事人提供了两种管辖法院,当被继承人死亡时住所地与主要遗产所在地一致时,则该地人民法院为管辖法院。当二者不一致时,当事人可以任选其一作为管辖法院。在对主要遗产所在地的认定上,以遗产的数量和价值作为判断标准,如遗产既有动产,又有不动产,且不动产价值较高的,以不动产所在地为主要遗产所在地;如果遗产为多项动产,通常以价值高的动产所在地作为主要遗产所在地。值得注意的是,当主要遗产为不动产时,此时依旧以遗产纠纷诉讼来确定管辖法院,而非依据本条第 1 项的不动产纠纷确定管辖法院。

---

〔1〕 根据《最高人民法院关于海事法院受理案件范围的规定》,港口作业纠纷属于海事侵权纠纷案件,应由该港口所在地的海事法院管辖。《海事诉讼特别程序法》第 7 条规定:"下列海事诉讼,由本条规定的海事法院专属管辖:(一)因沿海港口作业纠纷提起的诉讼,由港口所在地海事法院管辖;(二)因船舶排放、泄漏、倾倒油类或者其他有害物质,海上生产、作业或者拆船、修船作业造成海域污染损害提起的诉讼,由污染发生地、损害结果地或者采取预防污染措施地海事法院管辖;(三)因在中华人民共和国领域和有管辖权的海域履行的海洋勘探开发合同纠纷提起的诉讼,由合同履行地海事法院管辖。"

适用要点

1. 不动产的权利确认、分割、相邻关系等纠纷属于专属管辖范围。不动产物权纠纷属于专属管辖范围。物权包括所有权、用益物权、担保物权和占有,与之相联系的不动产所有权纠纷、不动产用益物权纠纷(如房屋租赁合同纠纷)、不动产担保物权纠纷以及不动产占有物权纠纷均属于专属管辖范围。

2. 农村土地承包经营合同纠纷、房屋租赁合同纠纷、建设工程施工合同纠纷、政策性房屋买卖合同纠纷属于专属管辖范围。政策性房屋包括经适房、安居房等有政策支持的房屋,涉及当地政策,由不动产所在地管辖更为合适;农村土地承包经营合同纠纷、房屋租赁合同纠纷涉及占有物权与收益物权性质,由不动产所在地法院管辖符合立法本意;建设工程施工合同纠纷涉及评估、鉴定、勘验、拍卖等事项,由不动产所在地法院管辖更为适宜。

3. 建设工程合同纠纷包括:建设工程勘察合同纠纷、建设工程设计合同纠纷、建设工程施工合同纠纷、建设工程价款优先受偿权纠纷、建设工程分包合同纠纷、建设工程监理合同纠纷、装饰装修合同纠纷、铁路修建合同纠纷、农村建房施工合同纠纷。

案例指引

北京天禾空间展示有限公司与上海汉能薄膜发电有限公司装饰装修合同纠纷案[1]

要旨:本案争议的焦点问题是案涉纠纷是否应按照不动产纠纷确定管辖。《最高人民法院关于适用〈中华人民共和国民事诉讼法〉的解释》第28条中规定,农村土地承包经营合同纠纷、房屋租赁合同纠纷、建设工

---

〔1〕 参见最高人民法院(2020)最高法民辖93号。

程施工合同纠纷、政策性房屋买卖合同纠纷，按照不动产纠纷确定管辖。本条规定的建设工程施工合同纠纷，不限于《民事案件案由规定》的建设工程合同纠纷项下的第四级案由“建设工程合同纠纷”，还应当包括该项下的建设工程价款优先受偿权纠纷、建设工程分包合同纠纷、建设工程监理合同纠纷，装饰装修合同纠纷等其他与建设工程施工相关的纠纷。本案案由为装饰装修合同纠纷，应按照不动产纠纷确定管辖，属专属管辖情形，由不动产所在地法院管辖。案涉合同中的协议管辖条款因违反专属管辖规定而无效，上海市嘉定区人民法院对本案无管辖权。案涉工程位于安徽省芜湖市镜湖区长江路66号，安徽省芜湖市镜湖区人民法院对本案有管辖权。

第三十五条 【协议管辖】合同或者其他财产权益纠纷的当事人可以书面协议选择被告住所地、合同履行地、合同签订地、原告住所地、标的物所在地等与争议有实际联系的地点的人民法院管辖，但不得违反本法对级别管辖和专属管辖的规定。

条文解读

本条是关于协议管辖的规定。

协议管辖，又称约定管辖、合意管辖，是指当事人在纠纷发生前或发生后，以协议方式约定案件的管辖法院。广义的协议管辖包括明示协议管辖与默示协议管辖，狭义的协议管辖仅指明示协议管辖，本条规定指代的是狭义的协议管辖。协议管辖在本质上属于诉讼契约，协议管辖行为是一种以发生诉讼法效果为目的的诉讼行为。协议管辖是民事诉讼处分原则在管辖制度上的重要体现，反映了对当事人选择案件管辖法院意愿的尊重。它不但为当事人进行诉讼提供了方便，而且还有利于抑制和克服地方保护主义，保证案件的公正审理，保障当事人的合法权益。

根据本条规定，协议管辖必须同时具备以下几个要件：

其一，协议管辖适用于合同纠纷和其他财产权益纠纷，身份关系不适用协议管辖。其二，协议管辖仅适用于合同纠纷中的第一审案件，对第二审案件和再审案件，当事人不得以协议方式选择管辖法院。其三，协议管辖是要式行为，必须采用书面形式。当事人可以在订立合同时约定协议管辖，将协议管辖作为合同的条款内容，也可以在合同订立后、诉讼发生前以书面形式约定协议管辖。合同转让的，合同的管辖协议对合同受让人有效，但转让时受让人不知道有管辖协议，或者转让协议另有约定且原合同相对人同意的除外。其四，当事人必须在法律规定的范围内选择管辖法院。双方当事人对于合同纠纷案件，只能在被告住所地、合同履行地、合同签订地、原告住所地、标的物所在地等与争议有实际联系的地点的法院中选择案件的管辖法院。管辖协议约定两个以上与争议有实际联系的地点的人民法院管辖，原告可以向其中一个人民法院起诉。其五，双方当事人对管辖法院的协议选择，不得违反《民事诉讼法》对级别管辖和专属管辖的规定。亦即，协议管辖不可以违反上下级法院之间受理第一审民事案件的法定分工与权限，也不可以对某些已经被法律强制性规定给特定法院管辖的案件的管辖权进行约定。

另外，从本条规定可以推知一个前提性要件，订立管辖协议的当事人须具有诉讼行为能力，无诉讼行为能力的当事人与他人达成的管辖协议不发生诉讼法上的效果。

适用要点

1. 当事人因同居或者在解除婚姻、收养关系后发生财产争议，约定管辖的，可以适用本条规定确定管辖。

2. 经营者使用格式条款与消费者订立管辖协议，未采取合理方式提请消费者注意，消费者主张管辖协议无效的，法院应当予以支持。

案例指引

招商银行股份有限公司无锡分行与中国光大银行股份有限公司长春分行委托合同纠纷管辖权异议案[1]

要旨：江苏省高级人民法院认为，《民事诉讼法》第34条规定“合同或者其他财产权益纠纷的当事人可以书面协议选择被告住所地、合同履行地、合同签订地、原告住所地、标的物所在地等与争议有实际联系的地点的人民法院管辖，但不得违反本法对级别管辖和专属管辖的规定”。法律赋予了当事人选择管辖法院的权利，但该选择必须是基于当事人的真实意思表示，如当事人一方提供的协议不真实，则该协议对对方不生效。本案中，原告招行无锡分行依据《委托定向投资协议》中约定的“双方同意将争议提交招行无锡分行所在地法院诉讼解决”条款而主张一审法院对该案有管辖权，但经吉林公正司法鉴定中心和无锡市公安局物证鉴定所鉴定，该协议尾部加盖的光大银行长春分行的印章及其法定代表人王守坤的名章均与送检的样本印文非同一印章盖印形成，该鉴定结论真实、合法，可作为证据采信，根据该鉴定结论可证明《委托定向投资协议》系张某伪造光大银行长春分行的公章、法定代表人印章所签订，非该行的真实意思表示，该协议对该行不生效力。

第三十六条　【共同管辖】两个以上人民法院都有管辖权的诉讼，原告可以向其中一个人民法院起诉；原告向两个以上有管辖权的人民法院起诉的，由最先立案的人民法院管辖。

〔1〕 参见最高人民法院（2015）民二终字第428号。

第三节 移送管辖和指定管辖

第三十七条 【移送管辖】人民法院发现受理的案件不属于本院管辖的,应当移送有管辖权的人民法院,受移送的人民法院应当受理。受移送的人民法院认为受移送的案件依照规定不属于本院管辖的,应当报请上级人民法院指定管辖,不得再自行移送。

第三十八条 【指定管辖】有管辖权的人民法院由于特殊原因,不能行使管辖权的,由上级人民法院指定管辖。

人民法院之间因管辖权发生争议,由争议双方协商解决;协商解决不了的,报请它们的共同上级人民法院指定管辖。

第三十九条 【管辖权转移】上级人民法院有权审理下级人民法院管辖的第一审民事案件;确有必要将本院管辖的第一审民事案件交下级人民法院审理的,应当报请其上级人民法院批准。

下级人民法院对它所管辖的第一审民事案件,认为需要由上级人民法院审理的,可以报请上级人民法院审理。

条文解读

本条是关于管辖权转移的规定。

管辖权转移,是指经上级人民法院决定或者同意,将案件的管辖权由上级人民法院转交给下级人民法院,或者由下级人民法院转交给上级人民法院的制度。管辖权的转移实质上是对级别管辖的变通与补充。本条共两款内容,分别规定了两种类型的管辖权转移:

一、自下而上的管辖权转移

自下而上的管辖权转移，是指将案件的管辖权由下级人民法院转移至上级人民法院。具体包括两种情况：一是上级人民法院依职权提审下级人民法院有管辖权并已经受理的案件；二是因特殊情况，下级法院将其管辖并已经受理的案件报请上级人民法院审理。此种特殊原因一般包括：本院不便审理，如当事人为本院工作人员的案件；遇到新型案件，案情复杂，影响较大，受诉法院审理确有困难等。因此，为保证审判质量，立法赋予上级人民法院有权审理下级人民法院具有管辖权的案件。第一种“提审型”的管辖权上移只需上级人民法院作出决定，案件管辖权即发生转移；第二种“报请型”的管辖权上移必须取得上级法院同意，才发生管辖权的转移。

二、自上而下的管辖权转移

自上而下的管辖权转移，是指上级人民法院将自己管辖的第一审民事案件交由下级人民法院审理。发生此类型管辖权转移的原因有以下几种：一是上级人民法院认为案情简单；二是交由下级人民法院审理可以便利当事人参与诉讼；三是交由下级人民法院审理能够方便人民法院查明案件，节约司法资源。实践中，可能出现通过任意下放管辖权的方式，实现规避级别管辖的违法现象。因此，立法规定，此种“下移型”的管辖权转移必须满足严格的条件，即上级人民法院认为“确有必要”，且必须“报请其上级人民法院批准”。当取得上级人民法院批准后，应以裁定方式，将案件交由下级人民法院审理。根据《民诉法解释》第42条第1款的规定，可以交下级人民法院审理的案件主要包括：(1)破产程序中有关债务人的诉讼案件；(2)当事人人数众多且不方便诉讼的案件；(3)最高人民法院确定的其他类型案件。

值得注意的是，管辖权转移与移送管辖都属于通过裁定方式来确定管辖的情形，但二者有着本质不同，主要体现为：(1)性质不同。管辖权转移是将案件的管辖权进行移转,并非转移案件;移送管辖仅仅是将案件进行移送,并非管辖权的转移。(2)适用条件不同。管辖权转移的前提是受诉法院本身具有案件的管辖权,而移送管辖中,受诉法院本就没有案件的管辖权。(3)作用不同。管辖权转移是级别管辖的变通与补充,是为了更好地审理案件,从而在上下级法院之间移转案件管辖权;移送管辖的作用在于纠错,将本无案件管辖权却已被人民法院受理的案件,转交给有管辖权的法院进行审理,以弥补管辖权错误,通常发生于同级人民法院之间。(4)程序不同。管辖权转移,除上级人民法院提审案件外,均需由上级人民法院决定或同意;移送管辖中,无须取得受移送法院的同意即可完成移送管辖。

适用要点

对于管辖权转移的时间,《民事诉讼法》没有明确规定。一般而言,管辖应当在案件审查起诉阶段予以确定。但是,案件是否复杂,或者是否存在其他需转移管辖权的情形,往往需要经过庭审才可查明。因此,当出现此种情况时,应该允许进行管辖权转移,交由更加适合审判的人民法院进行审理。但当案件已经作出实体判决,则无撤销判决另行转移管辖权之必要。也就是说,可以进行管辖权转移的截止时间应当规定为实体判决作出之前。

案例指引

何某某诉海科公司等清偿债务纠纷案〔1〕

要旨:关于本案的管辖问题。最高人民法院规定山东省高级人民法院一审民事案件的受理标的额为3000万元以上,一审法院依此规定立

〔1〕 参见最高人民法院(2003)民一终字第46号。

案，并不违反最高人民法院的规定，且依据《民事诉讼法》之规定，上级人民法院有权审理下级人民法院管辖的第一审民事案件，也可以把本院管辖的第一审民事案件交下级人民法院审理。一审法院受理本案亦于法有据。所以，海科公司关于本案应由山东省东营市中级人民法院审理的主张，理由不能成立。

第三章　审 判 组 织

第四十条　【一审审判组织】人民法院审理第一审民事案件，由审判员、人民陪审员共同组成合议庭或者由审判员组成合议庭。合议庭的成员人数，必须是单数。

适用简易程序审理的民事案件，由审判员一人独任审理。基层人民法院审理的基本事实清楚、权利义务关系明确的第一审民事案件，可以由审判员一人适用普通程序独任审理。

人民陪审员在参加审判活动时，除法律另有规定外，与审判员有同等的权利义务。

条文对照

2021 年《民事诉讼法》	2023 年《民事诉讼法》
第四十条　人民法院审理第一审民事案件，由审判员、陪审员共同组成合议庭或者由审判员组成合议庭。合议庭的成员人数，必须是单数。 适用简易程序审理的民事案件，由审判员一人独任审理。基层人民法院审理的基本事实清楚、权利义务关系明确的第一审民事案件，可以由审判员一人适用普通程序独任审理。	**第四十条**　人民法院审理第一审民事案件，由审判员、**人民**陪审员共同组成合议庭或者由审判员组成合议庭。合议庭的成员人数，必须是单数。 适用简易程序审理的民事案件，由审判员一人独任审理。基层人民法院审理的基本事实清楚、权利义务关系明确的第一审民事案件，可以由审判员一人适用普通程序独任审理。

续表

2021 年《民事诉讼法》	2023 年《民事诉讼法》
陪审员在执行陪审职务时，与审判员有同等的权利义务。	**人民**陪审员在**参加审判活动**时，**除法律另有规定外**，与审判员有同等的权利义务。

条文解读

本条是关于人民法院审理第一审民事案件的审判组织和人民陪审员权利的规定。2021 年修正的《民事诉讼法》于本条第 2 款增加了“基层人民法院审理的基本事实清楚、权利义务关系明确的第一审民事案件，可以由审判员一人适用普通程序独任审理”的规定。为了规范用语、避免歧义，保持与《人民陪审员法》中的称谓一致，2023 年修正的《民事诉讼法》将“陪审员”的表述修改为“人民陪审员”。同时将第 3 款中“陪审员在执行陪审职务时”的表述进一步规范化为“人民陪审员在参加审判活动时，除法律另有规定外”。本条共 3 款，其内容分别如下：

一、一审合议庭的组成

本条第 1 款规定了一审民事案件原则上应当适用合议制进行审理。合议制是指由 3 名以上的审判人员，或者审判员与人民陪审员共同组成审判庭代表法院行使审判权，对案件进行审理和裁判的审判组织形式。合议制是我国民事诉讼的基本制度，是民主集中制在民事审判工作中的具体体现和运用。较之独任制，合议制能更全面可靠地对案情作出评价，同时，合议制的监督功能也可为裁判的正确性提供组织保障。根据本款规定，第一审的合议庭组成有两种类型：一是由审判员与人民陪审员共同组成；二是仅由审判员组成。人民法院具体采取何种形式的合议庭，通常由法院根据案情需要进行选择。对于合议庭成员的人数，立法明确为单数但未规定具体人数。实践中，民事案件的合议庭人数以 3 人为最常见的情形。人数必须为单数,主要是为避免若为偶数人数组成合议庭时,可能出现无法形成多数意见的困境。当然,值得注意的是,在合议庭组成人员为单数的前提下,因同时出现多种意见以至于仍无法形成最终意见时,可由院长提请审判委员会讨论决定。

二、独任制的适用

相较2017年《民事诉讼法》,2021年《民事诉讼法》对本条第2款的修改,突破了一审普通程序适用合议制的基本原则。在“基本事实清楚、权利义务关系明确”的民事案件中,可以由法官一人适用普通程序独任审理案件,扩大了独任制的适用范围。本款规定的“前身”为2020年1月15日最高人民法院颁布的《民事诉讼程序繁简分流改革试点实施办法》(以下简称《繁简分流办法》)第16条,即“基层人民法院适用小额诉讼程序、简易程序审理的案件,由法官一人独任审理。基层人民法院审理的事实不易查明,但法律适用明确的案件,可以由法官一人适用普通程序独任审理”。试点地区对基层人民法院由法官一人适用普通程序独任审理部分民事案件开展的前期试点探索工作,为从法律规范层面出台本款规定奠定了实践基础。

适用本款规定,应当注意两个方面:一方面,延续此前规定,明确在简易程序中必须适用独任制。简易程序与普通程序均是第一审程序,简易程序是普通程序的简化,它的适用符合我国幅员辽阔、人口众多的基本国情,对便利民众、提高诉讼效率、降低诉讼成本发挥着重要作用。独任制,是指由一名审判员对案件进行审理并作出裁判的审判组织形式。因为仅有一人审理,为保障裁判质量,因此通常其适用范围为基本事实清楚、权利义务关系明确的简单案件。简易程序案件的范围即为简单案件,因此与独任制的适用具有天然契合性。独任制与简易程序的结合,可在保障公正裁判的同时,最大限度地节约司法资源,便利当事人。因此,本款规定,简易程序以独任制审理为基本原则。另一方面,在普通程序中,原则上适用合议制。随着案件大量下沉、基层法院纠纷解决量激增,“案多人少”等问题愈发凸显，亟待立法予以回应。同时，民事案件适用普通程序与简易程序二者区分的本质在于案件的复杂程度和影响因素。在此逻辑基础上，在适用普通程序的简单案件中采取独任制审理方式，本质上并不违背基本法理。从前期试点工作的反馈来看，也确实取得了良好的实践效果。因此，从整体上看，适当扩大独任制的适用范围是必要的，也是可行的。在普通程序中适用独任制，将实现基层法院司法配置的多样化，员额法官从宝贵的审判资源中解放出来，集中精力与时间审理重大、疑难案件，最终有助于维护人民群众利益、提升司法公信力。当然，需要强调的是，一审普通程序中适用独任制必须以“基本事实清楚、权利义务关系明确”为前提，不得以损害当事人程序保障和减损裁判质量为代价，对简单的案件，须在确保公正的基础上实现对效率的兼顾。对何为“基本事实清楚、权利义务关系明确”，可参照简易程序的适用标准。亦即，根据《民诉法解释》第256条的规定，“基本事实清楚”是指当事人对争议的事实陈述基本一致，并能提供相应的证据，无须人民法院调查收集证据即可查明事实；“权利义务关系明确”是指能明确区分责任的承担者和权利的享有者。

三、人民陪审员的权利和义务

本条第3款规定了人民陪审员在参加审判活动时的权利和义务。人民陪审员制度，是指国家审判机关审判案件时吸收非职业法官作为人民陪审员，人民陪审员与职业法官或职业审判员一起审判案件的一种司法制度。2018年4月，我国第一部关于人民陪审员制度的专门法律《人民陪审员法》正式颁布施行，标志着我国陪审制发展进入了历史新阶段。通过吸纳普通民众参与庭审，邀请具备专业技能的人民陪审员辅助裁判，有利于提高司法的公正性和裁判的科学性，是实现司法民主的重要途径。

本款规定了人民陪审员在参加审判活动时与审判员享有同等的权利和义务，主要包括两个方面的内容：一方面，人民陪审员与审判员地位平等,可平等地参与案件审理、评议、裁判全程。根据案件性质的不同,有权对事实认定、法律适用独立发表意见,并独立行使表决权。部分情况下,对法律适用可以发表意见,但不参加表决。人民陪审员同合议庭其他组成人员意见分歧的,应当将其意见写入笔录。审判员应当对人民陪审员履行相应的指引、提示义务,但不得妨碍人民陪审员对案件的独立判断。另一方面,人民陪审员也应与审判员一样,遵循案件回避等义务,不得私下会见当事人或案件代理人,不得接受与案件有关的利益,不得泄露与案件有关的国家秘密、商业秘密或个人隐私。通过肯定人民陪审员与审判员具有同等的权利义务,彰显立法机关希冀消除实践中大量存在的“陪而不审、审而不议、议而不言”乱象的立法目的。

2023 年《民事诉讼法》第 40 条第 3 款修正了以往绝对化的表述,与《人民陪审员法》第 2 条在表述上保持一致,在规定参加审判活动的人民陪审员与审判员享有同等权利义务的同时,明确可能存在例外法定情形。“法律另有规定”一般是指特别法的规定,即本法以外的其他法律规范的规定,避免其他法律规范中存在特殊规定时,条文之间发生冲突。

适用要点

《人民陪审员法》第 15 条第 1 款规定了人民法院审判第一审刑事、民事、行政案件,由人民陪审员和法官组成合议庭进行审判的三种情形,主要包括:(1)涉及群体利益、公共利益的;(2)人民群众广泛关注或者其他社会影响较大的;(3)案情复杂或者有其他情形,需要由人民陪审员参加审判的。这些案件审理过程中要求人民陪审员的参与,原因在于案件结果与民众利益关系重大。此外,也可能因涉及较强的专业性和技术性,从而邀请人民陪审员参加审判,有助于增加案件裁判的科学性与公正性。

案例指引

昝某某诉中国人民财产保险股份有限公司浙江省分公司保险纠纷案[1]

要旨:原告昝某某与被告中国人民财产保险股份有限公司浙江省分公司(以下简称人保浙江分公司)保险合同纠纷一案,人民法院立案后,根据《民事诉讼法》第40条第2款之规定,依法适用普通程序,因本案基本事实清楚、权利义务关系明确,因此由审判员一人适用普通程序独任公开开庭审理。

第四十一条 【二审、重审、再审审判组织】人民法院审理第二审民事案件,由审判员组成合议庭。合议庭的成员人数,必须是单数。

中级人民法院对第一审适用简易程序审结或者不服裁定提起上诉的第二审民事案件,事实清楚、权利义务关系明确的,经双方当事人同意,可以由审判员一人独任审理。

发回重审的案件,原审人民法院应当按照第一审程序另行组成合议庭。

审理再审案件,原来是第一审的,按照第一审程序另行组成合议庭;原来是第二审的或者是上级人民法院提审的,按照第二审程序另行组成合议庭。

条文解读

本条是关于人民法院二审、重审及再审审判组织的规定。2021年

[1] 参见北京市朝阳区人民法院(2022)京0105民初3528号。

《民事诉讼法》赋予人民法院在二审程序中适用独任制审理的合法性。亦即，第一审适用简易程序审理结案或者不服民事裁定提起上诉的第二审民事案件，事实清楚、权利义务关系明确的，经双方当事人同意，可以由审判员一人独任审理。其修改的基础源于《繁简分流办法》第18条的规定，即"第二审人民法院审理上诉案件应当组成合议庭审理。但事实清楚、法律适用明确的下列案件，可以由法官一人独任审理：（一）第一审适用简易程序审理结案的；（二）不服民事裁定的"。

本条共包括4款，其内容分别如下：

一、二审的合议庭

本条第1款规定有两点内容：第一，人民法院审理第二审民事案件时，原则上应当采取合议制。第二，二审合议庭必须由审判员组成，且人数为单数。亦即，二审与一审程序不同，二审审判组织以合议制为原则，且合议庭组成人员不能有陪审员参与。这种不同的原因在于二审程序的特殊性。二审程序除需审理当事人的上诉请求、作出裁判外，同时还兼具对一审审判活动的监督、纠错和指导功能。基于二审程序的此种性质和任务，同时考虑到我国两审终审制的程序设计，为确保案件审理结果的正当性与合理性，因此规定只能由审判员组成合议庭进行审理。合议庭的组成人数仍为奇数。

二、二审的独任庭

本条第2款为2021年修正《民事诉讼法》所增加的条款，是以第1款所确立的二审以合议制为原则基础上的例外规定。亦即，如果一审案件是适用简易程序审理，或二审裁判对象是民事裁定的案件，且符合事实清楚、权利义务关系明确的二审民事案件，此时无须组成合议庭，可以由审判员一人独任审理。本款同样体现了2021年修正《民事诉讼法》以提升效率为主题、全面简化审判组织、力争解决案件积压的目的。对二审中放宽独任制的适用，本款将范围限定为一审以简易程序审理的上诉案件及裁定类上诉案件。原因在于：一方面，这两类案件案情相对简单，权利义务关系比较明确，审理难度不大。另一方面，据统计，目前不服民事裁定的上诉中，第二审作出维持裁判比例超过95%，绝大多数为简单案件，可以由法官一人审理。[1]

三、发回重审的合议庭

本条第3款是关于重审案件审判组织的规定。对于上诉案件，二审法院经过审理，发现存在原判决认定基本事实不清的，或者原判决遗漏当事人或者违法缺席判决等严重违反法定程序的，裁定撤销原判决，发回原审人民法院重审。对于发回重审的案件，原审人民法院应当按照第一审程序重新审理。因此，重审案件在程序上等同于第一审案件，合议庭也应符合一审合议制的有关规定。合议庭的组成可由审判员单独构成，也可由审判员与陪审员共同组成。但与一般一审合议制程序不同的是，对于发回重审的案件，必须另行组成合议庭，以避免由原合议庭重审时先入为主，使错误无法纠正的情况发生。

四、再审的合议庭

本条第4款是关于再审案件审判组织的规定。再审程序，是指人民法院对已经发生法律效力的裁判，在该判决确有错误时，依照法定程序再次进行审理以纠正其错误的审判程序。根据本款规定，再审案件的审级取决于作出原生效裁判法院的审级，即原审是第一审的，再审则按照第一审程序审理；原审是第二审的，再审案件按照第二审程序审理。合议庭则对照不同的审级，按照相应程序进行组成，原审程序中，合议庭组成有陪审员参与的，再审程序的合议庭同样可由陪审员组成。再审程序合议庭组成的特别之处与重审案件一样，再审时合议庭必须另行组成，原参与案

---

〔1〕 参见刘峥、何帆、李承运：《〈民事诉讼程序繁简分流改革试点实施办法〉的理解与适用》，载《人民法院报》2020年1月17日，第005版。

件审理的审判员或陪审员均不得参与再审审判，目的在于保障裁判的公正性。

适用要点

对于二审中适用独任制审理的案件，立法限定为一审以简易程序审理的上诉案件及裁定类上诉案件，但这并不意味着这两类案件的二审程序必然适用独任制审理。当这两类案件案情复杂，权利义务关系并不明确，法官在审理过程中发现不宜独任审理的情形时，仍应当将案件交由合议庭审理。

案例指引

张某某与徐某某健康权纠纷案〔1〕

要旨：上诉人张某某因与被上诉人徐某某健康权纠纷一案，不服济南市历下区人民法院（2020）鲁0102民初1449号民事判决，向山东省济南市中级人民法院提起上诉。济南市中级人民法院于2020年6月16日立案后，根据《全国人民代表大会常务委员会关于授权最高人民法院在部分地区开展民事诉讼程序繁简分流改革试点工作的决定》及《民事诉讼程序繁简分流改革试点实施办法》第18条、第20条的规定，依法适用第二审程序，由审判员一人独任审理。

第四十二条　【不得独任审理的情形】人民法院审理下列民事案件，不得由审判员一人独任审理：

（一）涉及国家利益、社会公共利益的案件；

〔1〕 参见山东省济南市中级人民法院（2020）鲁01民终6668号。

（二）涉及群体性纠纷，可能影响社会稳定的案件；
（三）人民群众广泛关注或者其他社会影响较大的案件；
（四）属于新类型或者疑难复杂的案件；
（五）法律规定应当组成合议庭审理的案件；
（六）其他不宜由审判员一人独任审理的案件。

条文解读

本条是关于不得适用独任制进行审理的规定。

在2021年修改《民事诉讼法》之前，立法未曾统一明定独任审理的适用范围，仅散见于各条文之中。例如，2017年《民事诉讼法》第160条规定："简单的民事案件由审判员一人独任审理……"第178条规定："依照本章程序[1]审理的案件，实行一审终审。选民资格案件或者重大、疑难的案件，由审判员组成合议庭审理；其他案件由审判员一人独任审理。"2015年《民诉法解释》第454条规定，"适用公示催告程序审理案件，可由审判员一人独任审理；判决宣告票据无效的，应当组成合议庭审理"。2021年《民事诉讼法》首次通过明文列举方式，规定不得适用独任制审理的案件类型，原因在于相较于合议制的审判组织形式，独任制存在审判人员个人认知局限、主观片面的弊端。因此，在追求提升效率、扩大独任制适用范围的同时，立法机关兼顾公正，限定了不得由审判员独任审理的案件，以避免独任制扩大适用的极端化，保障裁判质量。

《繁简分流办法》第17条规定了基层人民法院必须适用合议制的情形，主要包括：(1)涉及国家利益、公共利益的；(2)涉及群体性纠纷，可能影响社会稳定的；(3)产生较大社会影响，人民群众广泛关注的；(4)新类型或者疑难复杂的；(5)与本院或者上级人民法院已经生效的类案判决可

〔1〕 指特别程序。

能发生冲突的;(6)发回重审的;(7)适用审判监督程序的;(8)第三人起诉请求改变或者撤销生效判决、裁定、调解书的;(9)其他不宜采用独任制的案件。本条在借鉴该条的基础上,进行了进一步提炼与整理,最终归纳出六种案件类型,并设有兜底条款。总体上看,主要可概括为以下四类:(1)涉及国家、社会利益的案件。国家、社会利益高于一切,对于涉及国家与社会重大利益的案件,必须以合议制为审判组织形式,确保裁判质量,维护国家、社会利益。(2)可能影响社会稳定,可能产生广泛社会影响的案件。维护社会安定和谐,是改革开放和现代化建设的重要保证,也是构建和谐社会的基本要求。切实维护人民群众的合法权益,是促进社会安定和谐的出发点和落脚点,因此,对于涉及众多群众利益,社会影响广泛的案件不宜适用独任制。(3)新型及疑难案件。这类案件对法官司法能力、审判经验要求较高,判决还可能对法律统一适用产生影响,不宜适用独任制。(4)已有立法明确规定必须组成合议庭审理的案件。此种类型涵盖了发回重审、适用审判监督程序等涉及案情复杂、存有较大争议、可能冲击裁判安定性的案件,因此由合议庭审理更为适当。

适用要点

不得适用独任制的案件类型,与《人民陪审员法》第 15 条、第 16 条规定的需要人民陪审员参审的案件类型具有重合性。根据《人民陪审员法》第 15 条、第 16 条的规定,下列案件需由人民陪审员参与审理:(1)涉及群体利益、公共利益的;(2)人民群众广泛关注或者其他社会影响较大的;(3)案情复杂或者有其他情形,需要由人民陪审员参加审判的;(4)可能判处 10 年以上有期徒刑、无期徒刑、死刑,社会影响重大的刑事案件;(5)根据《民事诉讼法》《行政诉讼法》提起的公益诉讼案件;(6)涉及征地拆迁、生态环境保护、食品药品安全,社会影响重大的案件;(7)其他社会影响重大的案件。此外,《最高人民法院关于完善人民法院司法责任制的若干意见》第 24 条第 1 款、《最高人民法院关于完善人民法院审判权力和责任清单的指导意见》第8条规定的应当纳入院庭长个案监督范围的“四类案件”类型,原则上都应当适用合议制审理。具体包括:(1)涉及群体性纠纷,可能影响社会稳定的;(2)疑难、复杂且在社会上有重大影响的;(3)与本院或者上级法院的类案判决可能发生冲突的;(4)有关单位或者个人反映法官有违法审判行为的。[1]

案例指引

上诉人中航工业湖南资产经营管理有限公司与被上诉人中国华融资产管理股份有限公司江苏省分公司、原审被告中航工力智能机械江苏有限公司、姜某、于某某债权转让合同纠纷案[2]

要旨:江苏省南京市中级人民法院认为,根据《最高人民法院关于适用〈中华人民共和国民事诉讼法〉的解释》第257条的规定,发回重审的案件、适用审判监督程序的案件,不适用简易程序。《繁简分流办法》第17条规定:“基层人民法院审理的案件,具备下列情形之一的,应当依法组成合议庭,适用普通程序审理:……(六)发回重审的;(七)适用审判监督程序的……”本案系适用审判监督程序发回重审的案件,一审法院应当组成合议庭,适用普通程序审理。一审法院适用普通程序独任审理,审判组织的组成不合法,属于《民事诉讼法》第170条第1款第4项规定的严重违反法定程序的情形。依照《民事诉讼法》第170条第1款第4项规定,裁定撤销江苏省南京市鼓楼区人民法院(2018)苏0106民初11577号民事判决;本案发回江苏省南京市鼓楼区人民法院重审。

[1] 参见《民事诉讼程序繁简分流改革试点问答口径(一)》第24条。

[2] 参见江苏省南京市中级人民法院(2020)苏01民终5650号。

第四十三条　【独任制异议及转换】人民法院在审理过程中，发现案件不宜由审判员一人独任审理的，应当裁定转由合议庭审理。

当事人认为案件由审判员一人独任审理违反法律规定的，可以向人民法院提出异议。人民法院对当事人提出的异议应当审查，异议成立的，裁定转由合议庭审理；异议不成立的，裁定驳回。

条文解读

本条是关于独任制转换为合议制以及当事人对独任审理提出异议的规定。

本条的立法基础是《繁简分流办法》第19条。《繁简分流办法》第19条规定："由法官一人独任审理的第一审或者第二审案件，审理过程中出现本办法第十七条第（一）至（五）项或者第（九）项所列情形之一的，人民法院应当裁定组成合议庭审理，并将合议庭组成人员及相关事项书面通知双方当事人。由独任审理转为合议庭审理的案件，审理期限自人民法院立案之日起计算，已经作出的诉讼行为继续有效。双方当事人已确认的事实，可以不再举证、质证。"本条在总结借鉴《繁简分流办法》第19条规定的基础上，最终共设两款内容，分别规定了独任制转换为合议制及当事人对人民法院适用独任制提出异议的程序规则，其主要内容如下：

一、人民法院在审理过程中，发现案件不宜由审判员一人独任审理的，应当裁定转由合议庭审理

除有已明确必须适用独任制或合议制的立法情形外，对合议制与独任制的适用通常由法官根据案情决定。在实践中，可能出现的情形为在案件受理阶段，人民法院尚未对案件进行实质审理时，初步认为案情符合独任制的适用条件。但是，随着案件审理过程的展开，发现案件比较复

杂,并非为可适用独任审理的简单案件。此时,应当作出裁定,转由合议制的审判组织形式进行审理,以确保案件裁判质量,维护当事人的合法权益。需要注意的是,结合本法第 40 条第 2 款的规定,当案件由简易程序转换为普通程序审理后,若符合独任制适用条件,并且不符合第 42 条必须适用合议制情形的,可以在普通程序中继续采取独任制审理。简易程序转为普通程序并不必然导致独任制转换为合议制,独任制转换为合议制不受审理程序的限制,是否转换的核心仍在于案件性质。判断案件是否属于由独任制转换为合议制审理的情形主要应参考本法第 42 条的规定。

对于独任制转换为合议制的程序规则,本法规定必须以裁定方式进行处理。其具体操作流程,可参考《民事诉讼程序繁简分流改革试点问答口径(一)》的规定。亦即,案件审理过程中出现需要转换审判组织的情形,转换可以由独任法官自行提出,也可以由院庭长依个案监督职权提出,但独任法官不能任意驳回。经审查需要转换的,由合议庭以裁定的方式作出转换裁定。裁定可以采用书面或者口头形式,作出裁定后应当将合议庭组成人员及相关事项以书面形式通知双方当事人。对于之前适用小额诉讼程序或简易程序审理的,裁定中应当一并明确审理程序的转换。独任制转换为合议制后,即使审理过程中原有的审判组织转换情形消失,也应当继续由合议庭审理。[1]

二、当事人认为案件由审判员一人独任审理违反法律规定的,可以向人民法院提出异议。人民法院对当事人提出的异议应当审查,异议成立的,裁定转由合议庭审理;异议不成立的,裁定驳回

本条第 2 款是关于当事人对适用独任制审判组织形式审理案件不满,提出异议的规定。适用独任制的普通程序案件有确定的适用范围和条件,实践中是否依法合理适用,涉及当事人的重大程序利益,应当允许

〔1〕 参见《民事诉讼程序繁简分流改革试点问答口径(一)》第 23 ~ 26 条。

当事人提出异议。结合本法第41条的规定，由于二审中存有可适用独任制的情形，因此，本条所规定的当事人异议范围包括一审及二审程序。对于异议程序的具体操作，结合《民事诉讼程序繁简分流改革试点问答口径（二）》第19条、第20条的精神来看，需注意以下几点：第一，关于异议的请求。当事人的异议请求，仅限于案件是否应当适用独任制审理，而不包括是否应当适用普通程序。根据《民事诉讼法》及其司法解释的规定，对人民法院已经确定适用普通程序审理的案件，当事人不得就审理程序再提出异议。第二，关于异议的事由。当事人对一审程序不符合独任制提出异议的事由包括以下两个方面：一是案件符合立法规定的应当适用合议制的情形；二是案件不符合在普通程序中适用独任制的案件情形，即不满足"基本事实清楚、权利义务关系明确"的适用条件。当事人对二审程序不符合独任制提出异议的事由包括三个方面：一是案件符合《繁简分流办法》第19条规定，应当适用合议制审理；二是案件不符合二审独任制"事实清楚、法律适用明确"的适用条件；三是案件不符合二审独任制适用范围，不属于"第一审适用简易程序审理结案"和"不服民事裁定"案件。第三，关于异议的程序。人民法院应当在《一审普通程序独任审理通知书》或《二审案件独任审理通知书》中，或者在作出转为独任制普通程序审理的裁定时，告知当事人提出异议的权利。当事人应当在独任法官适用普通程序开庭审理前提出异议。异议由独任法官负责审查。经审查，异议成立的，由合议庭作出组成合议庭审理的裁定；异议不成立的，口头告知当事人，并记入笔录。[1]

适用要点

对于已经开庭审理的二审独任制案件，依法转为合议庭审理后，并不要求一律再次开庭。案件是否需要再次开庭，应当由合议庭根据法律规

〔1〕 参见《民事诉讼程序繁简分流改革试点问答口径（二）》第19条、第20条。

定,结合案件具体情况确定。整体上,案件存在下列情形的,应当再次开庭:(一)开庭后,当事人又提出新的事实、证据和理由,申请再次开庭审理的;(二)案件审理过程中产生较大社会影响,人民群众广泛关注的;(三)案件属于新类型或者疑难复杂,合议庭认为有必要通过再次开庭查明相关案件事实的。〔1〕

当出现独任制转换为合议制的情形时,案件审理期限主要由程序决定,不应当因审判组织转换而变更,审判组织转化后的审理期限仍然自立案之日起计算。诉讼效果方面,为维护程序安定,已经发生的先行诉讼行为和诉讼效果应当维持其效力,合议庭在承接案件后存在疑虑的,可以重新组织开庭。〔2〕

案例指引

中天建设集团有限公司与郭某某等买卖合同纠纷案〔3〕

要旨:上诉人中天建设集团有限公司(以下简称中天公司)因与被上诉人郭某某、被上诉人荣盛房地产发展股份有限公司霸州分公司买卖合同纠纷一案,不服北京市大兴区人民法院(2019)京0115民初16955号民事判决,向北京市第二中级人民法院提起上诉。北京市第二中级人民法院立案后,依法适用独任制公开开庭进行了审理。经审查认为,由法官一人独任审理的第二审民事案件,在审理过程中因出现新情况属于疑难复杂类型案件的,符合最高人民法院《繁简分流办法》第19条规定的由独任审理转为合议庭审理的情形。依照《民事诉讼法》第154条第11项规定,裁定如下:本案转为合议庭审理。

---

〔1〕 参见《民事诉讼程序繁简分流改革试点问答口径(二)》第21条。

〔2〕 参见刘峥、何帆、李承运:《〈民事诉讼程序繁简分流改革试点实施办法〉的理解与适用》,载《人民法院报》2020年1月17日,第5版。

〔3〕 参见北京市第二中级人民法院(2020)京02民终832号。

第四十四条 【审判长】合议庭的审判长由院长或者庭长指定审判员一人担任；院长或者庭长参加审判的，由院长或者庭长担任。

第四十五条 【评议原则】合议庭评议案件，实行少数服从多数的原则。评议应当制作笔录，由合议庭成员签名。评议中的不同意见，必须如实记入笔录。

第四十六条 【依法办案】审判人员应当依法秉公办案。

审判人员不得接受当事人及其诉讼代理人请客送礼。

审判人员有贪污受贿，徇私舞弊，枉法裁判行为的，应当追究法律责任；构成犯罪的，依法追究刑事责任。

第四章　回　　避

第四十七条　【回避情形】审判人员有下列情形之一的，应当自行回避，当事人有权用口头或者书面方式申请他们回避：

（一）是本案当事人或者当事人、诉讼代理人近亲属的；

（二）与本案有利害关系的；

（三）与本案当事人、诉讼代理人有其他关系，可能影响对案件公正审理的。

审判人员接受当事人、诉讼代理人请客送礼，或者违反规定会见当事人、诉讼代理人的，当事人有权要求他们回避。

审判人员有前款规定的行为的，应当依法追究法律责任。

前三款规定，适用于法官助理、书记员、司法技术人员、翻译人员、鉴定人、勘验人。

条文对照

2021 年《民事诉讼法》	2023 年《民事诉讼法》
第四十七条　审判人员有下列情形之一的，应当自行回避，当事人有权用口头或者书面方式申请他们回避： （一）是本案当事人或者当事人、诉讼代理人近亲属的；	**第四十七条**　审判人员有下列情形之一的，应当自行回避，当事人有权用口头或者书面方式申请他们回避： （一）是本案当事人或者当事人、诉讼代理人近亲属的；

续表

2021 年《民事诉讼法》	2023 年《民事诉讼法》
（二）与本案有利害关系的； （三）与本案当事人、诉讼代理人有其他关系，可能影响对案件公正审理的。 审判人员接受当事人、诉讼代理人请客送礼，或者违反规定会见当事人、诉讼代理人的，当事人有权要求他们回避。 审判人员有前款规定的行为的，应当依法追究法律责任。 前三款规定，适用于书记员、翻译人员、鉴定人、勘验人。	（二）与本案有利害关系的； （三）与本案当事人、诉讼代理人有其他关系，可能影响对案件公正审理的。 审判人员接受当事人、诉讼代理人请客送礼，或者违反规定会见当事人、诉讼代理人的，当事人有权要求他们回避。 审判人员有前款规定的行为的，应当依法追究法律责任。 前三款规定，适用于**法官助理**、书记员、**司法技术人员**、翻译人员、鉴定人、勘验人。

条文解读

本条是关于回避情形的规定。

一、回避的对象

本条规定，民事诉讼中回避的对象包括审判人员、法官助理、书记员、司法技术人员、翻译人员、鉴定人和勘验人。其中，2023 年《民事诉讼法》新增了法官助理和司法技术人员作为回避对象。另外，根据《民诉法解释》第 48 条的规定，回避的对象中的审判人员包括参与本案审理的人民法院院长、副院长、审判委员会委员、庭长、副庭长、审判员和人民陪审员。同时，《民诉法解释》第 49 条规定，书记员和执行员的回避参照审判人员回避的有关规定执行。之后，《民诉法解释》中同样应当规定法官助理、司法技术人员的回避参照审判人员的有关规定执行。

作为 2023 年修正的《民事诉讼法》中关于回避的新增适用对象，司法技术人员和法官助理均为司法辅助人员。其中，司法技术人员这一主体较为陌生。此前，在《人民法院组织法》第51条中有关于司法技术人员的规定，“人民法院根据审判工作需要，可以设司法技术人员，负责与审判工作有关的事项”。具体而言，司法技术人员是指根据法官指派，以其专业知识辅助法官突破专业壁垒，使法官更准确地判断有关专业技术证据的真实性、可信性和证明力的司法辅助人员。随着社会的不断发展，民事诉讼中，尤其是现代型诉讼中常常面临一些专业技术难题，在医疗、环境、信息技术等诉讼类型中最为典型。此类专业技术难题对判断争议焦点、发现案件真实有着至关重要的作用，法官囿于知识与经验，难以对此类专业性问题作出准确、合理的判断。因此，法院可指派司法技术人员以其具有的专业知识，就特定事项提供专业意见，从而厘清诉争案件中的专业性问题。

在知识产权案件中，司法技术人员即技术调查官，此前曾有广泛适用。2014年最高人民法院所发布的《关于知识产权法院技术调查官参与诉讼活动若干问题的暂行规定》第1条明确规定，技术调查官属于司法辅助人员。作为法官的助手，技术调查官协助法官理解和查明案件的专业技术问题，为技术类案件的审理提供专业的支持。因此，可将司法技术人员与鉴定人员区分开来，司法技术人员是人民法院通过社会公开招聘的法院工作人员，而鉴定人员是人民法院所委托的鉴定机构的工作人员。此外，司法技术人员与鉴定人员所作出的意见性质也有所不同，司法技术人员所提出的相关技术审查意见并非法定证据类型，仅是其向法官作出的解释、说明和建议；而鉴定人员所作的鉴定报告是法定证据类型。

二、回避的事由

从本条规定来看，可将回避的事由分为原发性回避事由和继发性回避事由。

(一)原发性回避事由

原发性回避事由指的是回避的事由在诉讼开始之前就已经存在，而且是客观存在的事实，主要涉及三种关系：一是亲属关系；二是利害关系；三是其他可能影响案件公正审理的关系。首先，最常见的回避依据是由亲属关系引发的回避事由，其同时也是立法最为关注的回避事由。从《民事诉讼法》的规定来看，不仅审判人员、法官助理、书记员、司法技术人员、翻译人员等与当事人存在亲属关系需要回避，而且审判人员、法官助理、书记员、司法技术人员、翻译人员等与诉讼代理人存在亲属关系也需要回避。其次，“利害关系”的判定容易界限不清、疆域不明。将利害关系作为回避事由，主要包括两个方面：一是审判人员、法官助理、书记员、司法技术人员、翻译人员等与案件或当事人之间存在一定的实体性利益关系，如相互之间存在债权债务关系；享有共同权利或承担共同的义务；与其中一方有直接的上下级隶属关系；等等。二是审判人员、法官助理、书记员、司法技术人员、翻译人员等曾参与过案件处理的某一个程序，具有职务性利害关系。最后，其他可能影响案件公正审理的关系。“与本案当事人、诉讼代理人有其他关系”，主要是指关系密切的同学、同事、朋友等，或者曾经与当事人有过恩怨，只要具有影响公正审判可能的关系都被界定在此范围内。

（二）继发性回避事由

继发性回避事由指的是审判人员在诉讼过程中实施的违反法律规定的行为，该行为可能发生不公正或妨碍公正审判的情形。继发性回避事由的发生一般都是人为因素导致的，审判人员的行为使当事人对他的公正性产生了合理的怀疑，进而也产生了该审判人员回避的必要性。本条所列举的情形，如接受请客送礼、私下会见等，都是违反法律禁止性规定的行为，也是我国司法实践中审判人员比较常见的违法行为。对此，当事人都有权申请其回避。

三、回避的方式

回避包括两种方式：一是自行回避，二是申请回避。除上述两种回避方式外，最高人民法院在司法解释中增设了职权回避制度。自行回避指的是审判人员或其他人员在人民法院受理案件后，基于法律的规定，认为自己审理或参与审理某一案件不合适时，自行请求放弃审理或参与审理该案的工作，更换其他审判人员或其他人员审判或参与审判活动的制度。申请回避指的是当事人及其法定代理人认为审判人员及其他人员有法律规定的应当回避事项的，向法院提出回避申请，法院审查确认后更换审判人员或其他人员的制度。申请回避是法律赋予当事人及其法定代理人的一项诉讼权利。职权回避指的是法院受理案件后，审判人员存在回避的原因，但当事人没有申请回避，审判人员或其他人员也没有提出自行回避请求，法院依职权作出决定，责令审理该案件的审判人员及其他人员回避的制度。

四、回避的决定程序

民事诉讼回避决定程序指的是在民事诉讼中，因审理案件的审判人员或相关人员可能与案件或案件当事人存在某种关系，当事人提出相关人员退出案件审理的申请，有权机关经过审查，对是否同意当事人的申请作出决定的规则和制度。民事诉讼回避决定程序具有以下四个方面的特点：第一，对申请回避和自行回避，法院院长拥有主要的决定权，其有权决定审判人员是否回避。若由院长本人担任审判人员审理案件，其回避由审判委员会决定。第二，当事人对回避决定不服的救济方式是可以申请复议，但复议仅限 1 次。第三，法院经复议可以采取决定的形式对当事人的复议申请作出处理。第四，决定一经作出即发生法律效力。

适用要点

疑难、复杂、重大案件中的审判人员，应当包含审判委员会委员。因此，参与该案的审判委员会委员如有应当回避的情形，也属于回避的对象，回避制度同样适用。另外，证人、当事人自行聘请的专家辅助人不属于回避的对象。

案例指引

加某、拉某等宅基地使用权纠纷案[1]

要旨：再审申请人加某称：原审认定事实不清，适用法律错误，应当依法撤销并改判。其中，再审申请人提出被申请人香某的子女斗某系一审法院河南县人民法院立案庭庭长，虽然斗某不是本案的直接承办法官或合议庭成员，但其与本案的诉讼结果有着直接的利害关系，亦属于利害关系人，应当属于回避的范畴，故申请黄南州中级人民法院提审或指令其他法院审理。

法院认为，根据《民事诉讼法》第47条的规定，河南县人民法院工作人员斗某虽系本案当事人香某的近亲属，但其并非本案的案件承办人或合议庭成员，未参与该案件的办理程序，不属于《民事诉讼法》第47条以及《民诉法解释》第43条、第44条关于审判人员回避的范畴。由河南县人民法院继续审理该案并不影响案件的公正处理，故对加某申请黄南州中级人民法院提审或指令其他法院审理的请求不予支持。

第四十八条　【回避申请】当事人提出回避申请，应当说明理由，在案件开始审理时提出；回避事由在案件开始审理后知道的，也可以在法庭辩论终结前提出。

被申请回避的人员在人民法院作出是否回避的决定前，应当暂停参与本案的工作，但案件需要采取紧急措施的除外。

---

〔1〕 参见青海省黄南藏族自治州中级人民法院(2022)青23民再2号。

第四十九条　【回避的决定】院长担任审判长或者独任审判员时的回避，由审判委员会决定；审判人员的回避，由院长决定；其他人员的回避，由审判长或者独任审判员决定。

条文解读

本条是关于回避决定权人的规定。

回避所反映的核心内容是审判人员及相关人员的中立性，这种中立性要求有关人员不能与案件存在利害关系，对当事人不能有偏见。回避申请是当事人的一项重要诉讼权利，人民法院对当事人提出的回避申请应当慎重对待。与此相对，当事人行使回避申请的权利时需要承担说明理由以及必须在一定的期间内行使两项义务。(1)说明理由。其内容包括需要回避的具体人员、回避的事由、证据及证据线索。说明理由既可以口头方式提出，也可以书面方式提出。(2)申请回避期间。回避申请必须在一定的期间内行使，审判长或者独任审判员在开庭审理时宣布审判人员、书记员等人员的名单后，应当主动询问当事人是否申请回避。当事人申请回避，一般应当在案件开始审理时提出。在特殊情况下，如果当事人是在审理开始后发现回避事由的，或者回避事由是在审理开始后发生的，也可以在法庭辩论终结前提出。

当事人的回避申请应当经过人民法院审查，人民法院经过审查之后，根据审查情况作出是否同意相关人员回避的决定。被申请回避的人员，在人民法院作出是否回避的决定前，应当暂停参与本案的工作。但是案件需要采取紧急措施的除外。典型情况如作出诉讼保全并交付执行的案件，为避免造成难以挽回的损失，即使存在当事人申请相关审判人员的回避的情形，相关审判人员也不应停止本案的工作，仍可以采取相应的紧急措施。

为了加强法院审判工作改革力度和队伍建设，充分发挥独任审判的职能作用，确保司法公正，提高审判效率，2021年《民事诉讼法》增加了独任审判员这一可被申请回避的对象，体现了对当事人回避申请权利的尊重和保护。同时，2021年《民事诉讼法》也明确了独任审判员可以对其他人员决定回避，体现了立法的严谨性和完整性。回避决定权的行使主体是受理案件的人民法院，但由于被申请回避的人员不同，决定了其回避的权限也不同。本条规定的院长，既包括正职院长，也包括副职院长；审判人员包括各级人民法院院长、副院长、审判委员会委员、庭长、副庭长、审判员和助理审判员；其他人员主要指书记员、翻译人员、鉴定人、勘验人等。

人民法院对当事人提出的回避申请，应当在申请提出的3日内，以口头或者书面形式作出决定。申请人对决定不服的，可以在接到决定时申请复议一次。复议期间，被申请回避的人员，不应停止参与本案的工作。人民法院对复议申请，应当在3日内作出复议决定，并通知复议申请人。

适用要点

一、副院长担任审判长的回避申请，也应当由审判委员会决定。

二、审判委员会讨论院长回避问题时，由副院长主持，院长不得参加。

案例指引

张某某与四川科技出版社有限公司著作权纠纷案[1]

要旨：法院在审查张某某与四川科技出版社有限公司著作权纠纷申请再审一案中，张某某提出申请认为，本案合议庭审判长周某曾在北京市高级人民法院审理的其与四川科技出版社等著作权纠纷案中担任审判员。该案合议庭在

〔1〕 参见最高人民法院(2014)民申字第2046号。

审判过程中存在故意违背法律、枉法裁判的情形。其担心周某担任本案审判长会影响本案公正审查，故申请周某回避。经审查，法院认为，张某某的申请不符合《民事诉讼法》第44条的规定，现决定驳回张某某的回避申请。

第五十条 【回避申请决定程序】人民法院对当事人提出的回避申请，应当在申请提出的三日内，以口头或者书面形式作出决定。申请人对决定不服的，可以在接到决定时申请复议一次。复议期间，被申请回避的人员，不停止参与本案的工作。人民法院对复议申请，应当在三日内作出复议决定，并通知复议申请人。

第五章　诉讼参加人

第一节　当　事　人

第五十一条　【诉讼当事人】公民、法人和其他组织可以作为民事诉讼的当事人。

法人由其法定代表人进行诉讼。其他组织由其主要负责人进行诉讼。

条文解读

本条是关于民事诉讼当事人的规定。

民事诉讼当事人，是指因民事上的权利义务关系发生纠纷，以自己的名义进行诉讼，要求法院行使民事裁判权并受人民法院生效裁判拘束的人。民事诉讼中的当事人有广义和狭义之分，狭义的当事人，仅指原告和被告，广义的当事人还包括共同诉讼人和第三人。这里的当事人，指的是狭义的当事人。需要注意的是，在不同的诉讼程序和阶段，当事人的称谓有所不同。具体来说，在第一审普通程序和简易程序中，起诉和被诉的主体被称为原告和被告。在第二审程序中，原一审中的当事人被称为上诉人和被上诉人。在审判监督程序中，如果适用第一审程序再审，原审的原告和被告仍被称为原告和被告；如果适用第二审程序再审，原审的上诉人和被上诉人仍被称为上诉人和被上诉人。在特别程序中，通常被称为申请人，但在选民资格案件中，被称为起诉人。在督促程序中，被称为申请人和被申请人。在公示催告程序中，被称为申请人和利害关系人。在执行程序中，被称为申请执行人和被执行人。当事人的不同称谓，一方面表明其所处的诉讼程序和阶段有所不同，另一方面也表明其具有不同的诉讼地位和诉讼权利义务。

公民、法人和其他组织的民事诉讼主体资格，是公民、法人和其他组织能够享有民事诉讼权利、承担民事诉讼义务的资格。根据本条的规定，享有民事诉讼主体资格的当事人包括公民、法人和其他组织 3 种。所谓公民，根据《宪法》第 33 条第 1 款的规定，凡具有中华人民共和国国籍的人都是中华人民共和国公民。所谓法人，根据《民法典》第 57 条的规定，是指具有民事权利能力和民事行为能力，依法独立享有民事权利和承担民事义务的组织。法人应当具备下列条件：(1)依法成立；(2)有自己的名称、组织机构和住所；(3)有必要的财产或者经费；(4)能够独立承担民事责任。所谓其他组织，是指合法成立、有一定的组织机构和财产，但又不具备法人资格的组织。

适用要点

根据《民诉法解释》的规定，法人的法定代表人以依法登记的为准，但法律另有规定的除外。依法不需要办理登记的法人，以其正职负责人为法定代表人；没有正职负责人的，以其主持工作的副职负责人为法定代表人。法定代表人已经变更，但未完成登记，变更后的法定代表人要求代表法人参加诉讼的，人民法院可以准许。其他组织，以其主要负责人为代表人。如果在诉讼中法人的法定代表人变更的，则由新的法定代表人继续进行诉讼，并应向人民法院提交新的法定代表人身份证明书。原法定代表人进行的诉讼行为有效。

案例指引

北京市朝阳区自然之友环境研究所、中华环保联合会与中国石油天然气股份有限公司、中国石油天然气股份有限公司吉林油田分公司环境污染公益诉讼案[1]

要旨：依法设立并领取营业执照、有一定组织机构和财产的法人分支机构可以作为民事诉讼的当事人。但对于原告在起诉法人分支机构时是否可以一并起诉设立该分支机构法人的问题，相关法律和司法解释并未予以明确，结合《民事诉讼法》赋予其他组织当事人资格的目的在于保护其他组织和相对方的民事权利、及时解决纠纷，并无限制当事人一并起诉设立分支机构法人的意旨，故除法律法规另有规定外，该事项应属原告起诉时可以选择的程序事项。本案系自然之友、中华环保联合会就中石油吉林分公司污染环境的行为提起的环境民事公益诉讼。石油产业是典型的资源能源型产业，石油产业链的开采、冶炼、运输到终端销售环节均极易造成环境污染和生态破坏，这就要求石油企业在追求经济利益的同时，必须采取有效措施预防、治理环境污染和生态破坏，最大限度地维护环境公共利益，促进经济、社会和环境协调发展。中石油公司作为中央直接管理的大型石油企业，应当自觉承担并监督其分支机构自觉承担相应的生态环境保护责任。自然之友、中华环保联合会因环境污染提起环境民事公益诉讼，将中石油吉林分公司和中石油公司列为共同被告，对督促中石油公司进一步加强对其分支机构的监管，积极承担维护环境公共利益的社会责任，具有积极的推动作用。二审法院以另案再审审查裁定作为在先裁判驳回自然之友和中华环保联合会对中石油公司的起诉，缺乏充分的法律依据，亦不利于实现环境公益诉讼制度目的，应予纠正。

---

〔1〕 参见最高人民法院（2018）最高法民再177号。

第五十二条 【诉讼权利义务】当事人有权委托代理人，提出回避申请，收集、提供证据，进行辩论，请求调解，提起上诉，申请执行。

当事人可以查阅本案有关材料，并可以复制本案有关材料和法律文书。查阅、复制本案有关材料的范围和办法由最高人民法院规定。

当事人必须依法行使诉讼权利，遵守诉讼秩序，履行发生法律效力的判决书、裁定书和调解书。

第五十三条 【和解】双方当事人可以自行和解。

第五十四条 【诉讼请求、反诉】原告可以放弃或者变更诉讼请求。被告可以承认或者反驳诉讼请求，有权提起反诉。

第五十五条 【共同诉讼】当事人一方或者双方为二人以上，其诉讼标的是共同的，或者诉讼标的是同一种类、人民法院认为可以合并审理并经当事人同意的，为共同诉讼。

共同诉讼的一方当事人对诉讼标的有共同权利义务的，其中一人的诉讼行为经其他共同诉讼人承认，对其他共同诉讼人发生效力；对诉讼标的没有共同权利义务的，其中一人的诉讼行为对其他共同诉讼人不发生效力。

条文解读

本条是关于共同诉讼的规定。

当事人一方或者双方为二人以上的诉讼为共同诉讼，共同诉讼是诉讼主体的合并。原告为二人以上的，称为共同原告；被告为二人以上的，称为共同被告。二人以上的一方或双方当事人称为共同诉讼人。根据本条规定，共同诉讼分为必要共同诉讼和普通共同诉讼。

一、必要共同诉讼

必要共同诉讼，是指争议的诉讼标的是同一的共同诉讼。必要共同诉讼又分为固有必要共同诉讼和类似必要共同诉讼。从共同诉讼的必要性以及合一确定（诉讼资料统一和程序进行统一）的必要性出发，固有必要共同诉讼有共同诉讼之必要且须合一确定；类似必要共同诉讼有合一确定的必要，但无共同诉讼之必要。[1]

（一）固有必要共同诉讼

固有必要共同诉讼，是指当事人一方或者双方为人以上，其诉讼标的是同一的共同诉讼。必要共同诉讼要求共同诉讼人必须一同起诉或应诉，未一同起诉或应诉的，应予追加，人民法院也必须合并审理，且作出合一判决。其特征为：(1)诉讼标的唯一，数人对诉讼标的享有共同权利、承担共同义务；(2)诉讼实施权不可分，数人必须共同实施诉讼行为方为有效；(3)若该数人未共同参诉，则当事人不适格，法院必须强制其余人进入诉讼或者驳回起诉。

根据司法解释，下列情形的当事人应认定为固有必要共同诉讼：(1)继承。在继承遗产的诉讼中，部分继承人起诉的，人民法院应通知其他继承人作为共同原告参加诉讼；被通知的继承人不愿意参加诉讼又未明确表示放弃实体权利的，人民法院仍应将其列为共同原告。(2)借用。借用业务介绍信、合同专用章、盖章的空白合同书或者银行账户的，出借单位和借用人为共同诉讼人。(3)被监护人侵权。无民事行为能力人、限制民事行为能力人造成他人损害的，无民事行为能力人、限制民事行为能力人和其监护人为共同被告。(4)共有。共有财产权受到他人侵害，部分共有权人起诉的，其他共有权人为共同诉讼人。(5)个体工商户。营业执照上登记的经营者与实际经营者不一致的，以登记的经营者和实际经营

---

〔1〕 参见［日］高桥宏志：《重点讲义民事诉讼法》，张卫平、许可译，法律出版社2007年版，第186页。

者为共同诉讼人。(6)个人合伙。在诉讼中,未依法登记领取营业执照的个人合伙的全体合伙人为共同诉讼人。(7)法人分立。企业法人分立的,因分立前的民事活动发生的纠纷,以分立后的企业为共同诉讼人。

(二)类似必要共同诉讼

类似必要共同诉讼,是指数人对作为诉讼标的的法律关系,有选择一同起诉或应诉抑或分别起诉或应诉的权利,虽然不要求必须一同起诉或应诉,但一旦选择共同诉讼,则必须对共同诉讼人的诉讼标的合一确定的共同诉讼。类似必要共同诉讼制度的意义在于缓解固有必要共同诉讼要求所有共同诉讼人必须一同起诉、应诉所带来的紧张关系。其特征为:第一,共同诉讼人各自具有独立实施诉讼的权能,各共同诉讼人可以单独起诉或应诉。第二,在单独实施的诉讼中,法院所作出的裁判对其他没有参与诉讼的利害关系人有拘束力。第三,如果其他人作为共同诉讼人参加诉讼,共同诉讼人的地位与固有必要共同诉讼相同,同样适用固有必要共同诉讼人相互关系的处理原则。

二、普通共同诉讼

普通共同诉讼,是指当事人一方或者双方为2人以上,其诉讼标的为同一种类,人民法院认为可以合并审理并经当事人同意的诉讼。构成同种类的诉讼标的的类型主要有以下3种:(1)基于同类事实或法律上的同类原因形成的同种类诉讼标的;(2)基于同一事实或法律上的原因形成的同种类诉讼标的;(3)基于数人对同一权利义务的确认形成的同种类诉讼标的。

普通共同诉讼的一方当事人对诉讼标的没有共同的权利或义务,是一种可分之诉,只是因为他们的诉讼标的属于同一种类,法院为审理方便,才将他们作为共同诉讼审理。例如,某房屋出租人对承租人甲、乙、丙提起支付欠租之诉,三承租人与房屋出租人分别订立租赁合同,他们欠租的情况和数额各不相同,相互之间也并无共同权利义务,只是由于他们与房屋出租人均发生欠租纠纷,出租人又都对他们提起诉讼,才将他们作为共同被告。

普通共同诉讼必须具备以下条件:(1)诉讼标的是同一种类;(2)人民法院认为可以合并审理;(3)当事人同意合并审理;(4)属于同一诉讼程序,归属同一人民法院管辖;(5)符合合并审理的目的。

适用要点

必要共同诉讼与普通共同诉讼存在以下区别:(1)诉讼标的的性质不同。必要共同诉讼人对诉讼标的享有共同的权利或承担共同的义务,其诉讼标的是共同的或同一的;普通共同诉讼的诉讼标的仅仅是同一种类。(2)共同诉讼人之间的相关性与独立性不同。在必要共同诉讼中,采取承认的原则,视全体共同诉讼人为一个整体,其中一人的诉讼行为经其他共同诉讼人同意,对其他共同诉讼人发生效力;在普通共同诉讼中,每个共同诉讼人都处于独立的地位,其诉讼行为对其他共同诉讼人不发生效力,只对自己发生效力。(3)审判方式和审判结果不同。必要共同诉讼是一种不可分之诉,共同诉讼人必须一同起诉或者一同应诉,法院必须合并审理并作出合一判决,且判决内容不得相左;普通共同诉讼是一种可分之诉,共同诉讼人既可以一同起诉或者一同应诉,也可以分别起诉或应诉。法院既可以合并审理,也可以分开审理。合并审理时应经共同诉讼人同意,并分别作出判决,确认每个共同诉讼人与对方当事人之间的权利义务关系。

案例指引

甘肃华远实业有限公司等与兰州银行股份有限公司庆阳分行等金融借款合同纠纷案[1]

要旨:当事人依据多个法律关系合并提出多项诉讼请求,虽各个法律关系之间具有一定事实上的关联性,但若并非基于同一事实或者诉讼标

〔1〕 参见最高人民法院(2019)最高法民终77号。

的并非同一或同类，经人民法院释明后，当事人仍不分别起诉的，可以裁定驳回起诉。依据相关规定，可以合并审理的诉讼主要包含三种情况：一是系基于同一事实提起的诉讼；二是系诉讼标的同一或者同类的共同诉讼；三是系本诉和反诉。

本案中，判断华远公司等6人的起诉是否符合合并审理的条件，应从华远公司等6人的起诉是否系基于同一事实以及是否构成共同诉讼两方面进行评判。华远公司等6人的起诉不构成共同诉讼，依据《民事诉讼法》的规定，共同诉讼包含必要共同诉讼和普通共同诉讼。必要共同诉讼是指诉讼标的共同的诉讼，是不可分之诉，共同诉讼人必须一并参加诉讼，否则为当事人不适格。本案3个借款法律关系互相独立，构成独立的诉讼标的，且各个诉讼标的之间不存在牵连，完全可以单独起诉，不属必要共同诉讼。普通共同诉讼是诉讼标的是同一种类，人民法院认为可以合并审理并经当事人同意合并审理的诉讼。本案所涉3个借款法律关系虽属同类，但各个借款法律关系涉及的主体不同、担保法律关系不同，且华远公司等6人基于不同法律关系所提出的诉讼请求各不相同，所指向的主体也有所不同，故本案亦不属普通共同诉讼，不符合合并审理的条件。

第五十六条　【人数确定的代表人诉讼】当事人一方人数众多的共同诉讼，可以由当事人推选代表人进行诉讼。代表人的诉讼行为对其所代表的当事人发生效力，但代表人变更、放弃诉讼请求或者承认对方当事人的诉讼请求，进行和解，必须经被代表的当事人同意。

第五十七条 【人数不确定的代表人诉讼】诉讼标的是同一种类、当事人一方人数众多在起诉时人数尚未确定的，人民法院可以发出公告，说明案件情况和诉讼请求，通知权利人在一定期间向人民法院登记。

向人民法院登记的权利人可以推选代表人进行诉讼；推选不出代表人的，人民法院可以与参加登记的权利人商定代表人。

代表人的诉讼行为对其所代表的当事人发生效力，但代表人变更、放弃诉讼请求或者承认对方当事人的诉讼请求，进行和解，必须经被代表的当事人同意。

人民法院作出的判决、裁定，对参加登记的全体权利人发生效力。未参加登记的权利人在诉讼时效期间提起诉讼的，适用该判决、裁定。

条文解读

本条是关于当事人人数不确定的代表人诉讼的规定。

一、人数不确定的代表人诉讼的条件

人数不确定的代表人诉讼，是指在起诉时共同诉讼人的人数不能确定，由向法院登记的权利人推选出代表人，代替全体共同诉讼人参加诉讼的代表人诉讼。它的条件是：

1. 当事人一方人数众多，并于起诉时尚未确定。这是与人数确定的代表人诉讼的根本区别。这里的人数众多，一般是指 10 人以上。由于起诉时具体人数尚无法确定，只能由代表人进行诉讼。

2. 多数当事人之间的诉讼标的系同一种类。即全体当事人的受害事实有相同的法律问题或事实问题，使他们处于相同的地位，具有相同的利害关系。实际上，只有普通共同诉讼才能适用人数不确定的代表

人诉讼。

3. 代表人必须是众多当事人一方的成员，具有当事人能力和诉讼能力，且能够代表该方当事人的合法权益。

二、人数不确定的代表人诉讼的程序

（一）立案受理

人数不确定的代表人诉讼往往由侵权行为引起，应当由侵权行为地或者被告住所地的人民法院行使管辖权。由于代表人诉讼的当事人人数众多，侵权行为地分散在众多人民法院管辖区之内，因此，代表人诉讼的管辖可以由被告住所地人民法院管辖。人民法院在接到起诉状后，经审查有管辖权，并且符合人数不确定的代表人诉讼的构成要件和起诉条件的，应当作为代表人诉讼立案受理。由于当事人人数不确定的代表人诉讼，起诉时人数尚不能确定，无法确定案件受理费，因此可不预交诉讼费，结案时按照诉讼标的额由败诉人承担。未参加登记的权利人向人民法院申请执行的，按规定交纳申请执行费。

（二）发布公告

人民法院在受理多数人诉讼时，发现起诉时一方当事人人数尚未确定的，应当发出公告，说明案件情况和诉讼请求，通知权利人在一定期间内向人民法院登记。这里的权利人，是指主观上认为自己享有权利的人。公告的方式，可以根据纠纷涉及的范围具体确定，如在法院公告栏张贴公告，在报纸、电视等媒体上发布。公告的期限，由法院根据具体案件的情况确定，但最少不得少于30日。

（三）登记

登记是为了确定当事人，以便为诉讼做准备。在公告期间内，权利人应当向发布公告的案件管辖法院登记，并证明其与对方当事人的法律关系和所受到的损害。证明不了的，不予登记，但当事人可以另行起诉。由于登记本身不引起诉讼的发生，只表明自己为案件当事人的身份，因此权利人未在公告期内登记的，仅表明他不作为本次诉讼的当事人，对其实体权利并不会产生不利影响。

(四)产生代表人

代表人只能在向人民法院进行了权利登记的那部分当事人中产生。其产生方式依次为:第一,推选。由向人民法院进行了权利登记的那部分当事人推选出诉讼代表人。第二,协商。在推选不出诉讼代表人时,可由人民法院提出人选与当事人协商。第三,指定。协商不成的,也可以由人民法院在当事人中指定代表人。

(五)裁判

代表人的诉讼行为对其所代表的当事人发生效力,但代表人变更、放弃诉讼请求或者承认对方当事人的诉讼请求,进行和解,必须经被代表的当事人同意。人民法院作出判决、裁定,对参加登记的全体权利人发生效力。未参加登记的权利人在诉讼时效期间提起诉讼的,适用该判决、裁定。由此可知,在人数不确定的代表人诉讼中,裁判的效力表现为两个方面:第一,对于已经登记的全体权利人具有直接的约束力;第二,对于未参加登记的权利人有预决效力。即未参加登记的权利人在诉讼时效期间内提起诉讼,人民法院认为其诉讼请求成立的,裁定适用已经作出的判决、裁定,而不需要另行裁判。所谓适用该判决、裁定,是指适用该判决、裁定中人民法院认定的事实和理由,以及判决中确定的确认、给付的原则,至于具体确认、给付多少,则视权利人的具体情况而定。根据《民法典》的规定,向人民法院请求保护民事权利的诉讼时效期间一般为 3 年。

适用要点

如未登记的权利人另行提起诉讼,是向原代表人诉讼案件的受理法院提出,还是有管辖权的法院均可受理?对于这一问题,现行立法并无明确规定。综合避免矛盾判决、提高司法效率及便于执行等因素,宜由原代表人诉讼受理法院管辖。法院受理后,应主要围绕其与对方当事人的法律关系和代表人诉讼是否属于同一种类及具体的损害等问题进行审查,而不必进行全案审查。如权利人请求成立的，裁定适用原代表人诉讼的判决、裁定。根据《民事诉讼法》的规定，该裁定不能上诉。

案例指引

上海海隆置业有限公司、米某等342名业主诉温州东信公司等房屋租赁合同纠纷案[1]

要旨：在必要共同诉讼中，部分当事人的生存状态及其继承人的身份情况难以及时、准确查明，且在诉讼过程中可能发生新的死亡情形的，为人数不确定的必要共同诉讼。对此，可以参照《民事诉讼法》关于人数不确定的普通共同诉讼的规定，发布公告，通知当事人或其继承人限期进行登记，推选诉讼代表人或自己参加诉讼，并在已起诉的当事人中，为未参加登记的当事人指定诉讼代表人。推选或指定代表人后，原当事人不再列入当事人序列，代表人的诉讼行为对其所代表的当事人发生效力，裁判结果及于全体被代表的当事人。

第五十八条　【民事公益诉讼】对污染环境、侵害众多消费者合法权益等损害社会公共利益的行为，法律规定的机关和有关组织可以向人民法院提起诉讼。

人民检察院在履行职责中发现破坏生态环境和资源保护、食品药品安全领域侵害众多消费者合法权益等损害社会公共利益的行为，在没有前款规定的机关和组织或者前款规定的机关和组织不提起诉讼的情况下，可以向人民法院提起诉讼。前款规定的机关或者组织提起诉讼的，人民检察院可以支持起诉。

[1] 参见上海市第一中级人民法院(2020)沪01民终6966号。

条文解读

本条是关于民事公益诉讼的规定。

一、民事公益诉讼的适格原告

根据本条规定，能够提起民事公益诉讼的适格原告，一般仅限于法律规定的机关和有关组织。在没有相关机关或者这些机关或组织不提起诉讼的情况下，人民检察院可以作为民事公益诉讼的原告向人民法院提起诉讼。需要强调的是，这里的"法律"仅限于全国人大及其常委会制定的法律。例如，《消费者权益保护法》第47条规定："对侵害众多消费者合法权益的行为，中国消费者协会以及在省、自治区、直辖市设立的消费者协会，可以向人民法院提起诉讼。"据此，国家及各省级消费者协会可以作为原告提起消费民事公益诉讼。又如，《海洋环境保护法》第89条第2款规定："对破坏海洋生态、海洋水产资源、海洋保护区，给国家造成重大损失的，由依照本法规定行使海洋环境监督管理权的部门代表国家对责任者提出损害赔偿要求。"因此，海洋、水产等行政主管机关可以根据上述规定，对造成海洋污染的企业提起民事诉讼，要求其承担治理污染恢复环境的费用。

从我国现行管理体制和减少滥诉风险的角度出发，为了使民事公益诉讼制度在我国既能适度开展，又能有序进行，目前提起民事公益诉讼的主体不宜过宽。行政主管部门等有关机关作为公共利益的主要维护者和公共事务的管理者，作为诉讼主体较为合适，如此既可以促使其依法积极行政，也可以利用诉讼救济的方式弥补其行政手段的不足。提起公益诉讼的机关原则上应当与案件涉及的公共利益相关联，如对污染海洋行为提起公益诉讼的机关应当是环境保护部门、海洋主管部门等相关机关，工商管理部门等不涉及海洋环境管理的机关不能提起涉及环境污染的公益诉讼。考虑到我国的职能性机关较多，为了避免引起混乱，本条规定"法律规定的机关"可以提起诉讼。亦即，可以提起公益诉讼的机关，要有明确的法律依据。对可以提起公益诉讼的组织也应作一定的条件限制,如由特别法对设立时间、设立宗旨、组织结构、经费情况等作一定限制,并要求经过特定机关的专门许可,这也是日本、德国等国家的通常做法。这种限制既可利用现有社会资源有效保护公共利益,同时也可通过这些组织的筛选和前置性工作有效控制"滥诉"和"恶意诉讼"。提起公益诉讼的组织原则上也应当与所起诉的事项有一定关联,如针对污染环境的行为,原则上应当由环保组织提起;针对侵害众多消费者利益的行为,原则上由消费者协会提起。哪些组织适宜提起公益诉讼,可以在制定相关法律时进一步明确规定,还可以在司法实践中逐步探索。

二、民事公益诉讼的适用范围

2012 年《民事诉讼法》规定,污染环境和侵害众多消费者合法权益两类案件可以适用民事公益诉讼。一是污染环境等公害案件。在我国,伴随着工业化、城市化进程的不断加快和人口的大量增加,环境污染问题越来越严重,出现了淡水资源危机、水土流失严重、土壤沙漠化、森林资源减少等一系列环境问题。虽然我国《环境保护法》中有关于环境保护的明确规定,但环境保护和公害治理的效果仍不理想,司法救济尚不到位,主要原因之一是诉讼程序设置不科学,公益诉讼难以真正得到司法救济。为此,将环境保护案件列入民事公益诉讼的范畴中,可以有效地保护环境资源。二是侵害众多消费者合法权益的案件。在消费者权益立法保护上,《消费者权益保护法》与其他有关消费者权益保护的法律规定相互衔接,可以充分保护消费者的利益。公益诉讼主要针对侵害不特定的消费者群体的利益、明显具有社会危害性的不法经营行为。

2017 年《民事诉讼法》新增了检察机关提起公益诉讼的规定,但范围限定于检察机关在履行职责中发现的破坏生态环境和资源保护、食品药品安全领域侵害众多消费者合法权益等损害社会公共利益的行为。2018 年最高人民法院和最高人民检察院联合发布《关于检察公益诉讼案件适用法律若干问题的解释》,并于 2020 年进行了修正。修正后的《关于检察公益诉讼案件适用法律若干问题的解释》第13条对检察机关提起公益诉讼的案件范围进行了扩张,包括破坏生态环境和资源保护,食品药品安全领域侵害众多消费者合法权益,侵害英雄烈士等的姓名、肖像、名誉、荣誉等损害社会公共利益的行为。2021年最高人民检察院发布《人民检察院公益诉讼办案规则》,对检察机关提起公益诉讼的范围进行了再一次扩大,将侵犯未成年人合法权益并因此导致社会公共利益受到损害的案件纳入民事检察公益诉讼的适用范围。

适用要点

"公共利益"是一个比较模糊的概念,直接涉及公益诉讼标的的范围,即何种利益引起的争议可进行公益诉讼。公共利益范畴的核心内容就是其公共性,基本内涵是指在特定社会历史条件下,从私人利益中抽象出来能够满足共同体中全体或大多数社会成员的公共需要,经由公共程序并以政府为主导所实现的公共价值。尽管"公共利益"是一个不易准确界定的概念,但有一点可以肯定:当下,全球几乎所有国家都把生态保护、环境治理及可持续发展视为一类公共利益。在诉讼中,只要争议直接涉及私人利益(公民、法人等单位),私人即与该争议具有"直接利害关系",该类诉讼就不能纳入公益诉讼范畴。例如,在海洋环境污染中,既有沿海渔民遭受养殖、捕捞损失,也有海洋环境损害。尽管渔民成千上万,但其养殖、捕捞等损失的赔偿请求仍属于一般民事诉讼范畴。只有法律规定的国家机关或者有关组织请求赔偿环境损失(如清污费、恢复生态治理费用、资源损失等)才能纳入公益诉讼。一起环境污染所引起的纠纷,可能既有私益诉讼,也有公益诉讼,在司法实践中应当注意区分。

案例指引

江西省上饶市人民检察院诉张某某等三人故意损毁三清山巨蟒峰民事公益诉讼案[1]

要旨：破坏自然遗迹和风景名胜的行为，属于“破坏生态环境和资源保护”的公益诉讼案件范围，检察机关依法可以提起民事公益诉讼。对独特景观的生态服务价值损失，可以采用“条件价值法”进行评估，确定损害赔偿数额。

第五十九条　【第三人与第三人撤销之诉】对当事人双方的诉讼标的，第三人认为有独立请求权的，有权提起诉讼。

对当事人双方的诉讼标的，第三人虽然没有独立请求权，但案件处理结果同他有法律上的利害关系的，可以申请参加诉讼，或者由人民法院通知他参加诉讼。人民法院判决承担民事责任的第三人，有当事人的诉讼权利义务。

前两款规定的第三人，因不能归责于本人的事由未参加诉讼，但有证据证明发生法律效力的判决、裁定、调解书的部分或者全部内容错误，损害其民事权益的，可以自知道或者应当知道其民事权益受到损害之日起六个月内，向作出该判决、裁定、调解书的人民法院提起诉讼。人民法院经审理，诉讼请求成立的，应当改变或者撤销原判决、裁定、调解书；诉讼请求不成立的，驳回诉讼请求。

〔1〕　参见江西省高级人民法院（2020）赣刑终44号。

条文解读

本条是关于民事诉讼第三人和第三人撤销之诉的规定。

一、民事诉讼第三人

本条第 1 款、第 2 款是关于民事诉讼第三人的规定。

民事诉讼中的第三人，是指对当事人争议的诉讼标的具有独立的请求权，或者虽无独立的请求权，但案件处理结果同他有法律上的利害关系，从而参加到他人已开始的诉讼中的人。民事诉讼中的第三人分为有独立请求权的第三人和无独立请求权的第三人。

（一）有独立请求权的第三人

有独立请求权的第三人，是指对原告和被告争议的诉讼标的有独立的请求权而参加诉讼的人。我国民事诉讼中的有独立请求权第三人相当于大陆法系国家民事诉讼中的"主参加诉讼"。[1] 比如，甲、乙二人就房屋的所有权发生争议，起诉到法院，丙认为房屋属于自己所有，甲、乙二人对房屋均无所有权，从而参加诉讼，对甲、乙二人争议的标的提出自己享有全部权利的诉讼请求。有独立请求权的第三人参加诉讼，既不同意原告的诉讼请求，也不同意被告的诉讼请求。因为不论原告胜诉还是被告胜诉，都将损害他的民事权利，其以独立的实体权利人的资格，向人民法院提起了一个新的诉讼。他在诉讼中的地位相当于原告，享有原告的诉讼权利，承担原告的诉讼义务，本诉的原、被告均是他的被告。第三人参加诉讼，实际是将两个诉讼，即原来当事人之间的本诉和第三人与本诉当事人之间的诉讼合并审理。人民法院将这两个诉讼合并审理，便于查明案情，彻底解决纠纷，也避免因将两个有关联的诉讼分别审理而可能作出的矛盾裁判。

有独立请求权的第三人以起诉的方式参加诉讼，其所提起的诉应当

[1] 参见张卫平：《民事诉讼法》，法律出版社 2019 年版，第 161 页。

符合通常的起诉条件,也应当预交案件受理费。有独立请求权的第三人,在第一审程序中未参加诉讼,第二审人民法院可以根据当事人自愿的原则予以调解;调解不成的,发回重审。此外,有独立请求权的第三人还可以在言词辩论终结前撤回起诉。

(二)无独立请求权的第三人

从本法规定和我国民事诉讼实践来看,在我国,无独立请求权第三人实际上有两种类型:一种是作为辅助本诉一方当事人的“辅助型第三人”;另一种是独立承担民事责任的“被告型第三人”。辅助型第三人始终站在本诉当事人一方,其通常主动参加诉讼。被告型第三人独立地面对本诉的原告和被告,通常情况下是法院基于被告的要求而将其纳入本诉,即所谓通知参加诉讼。例如,甲将某商品卖给乙,而乙发现该商品质量有问题,起诉甲,甲答辩称:商品质量没有问题,是使用或保管不当所致。提供该商品的丙为了维护自己的利益,便申请参加诉讼,辅助甲,为甲提供商品质量没有问题的证据。因为如果甲败诉,其有可能追究丙的民事责任。在这一案例中,丙就是辅助型的第三人。又如,原告甲指责被告乙的行为造成了自己的损害,而乙辩称不是自己的行为导致了原告的损害,而是丙造成的,并要求法院通知丙参加诉讼。乙认为只要丙参加诉讼,民事责任的问题就可以水落石出。于是,法院根据被告的请求通知丙参加了诉讼。经过审理查明丙应当承担民事责任,最终判决丙对甲承担民事责任。这一案例中的丙就是所谓被告型第三人。[1]

无独立请求权的第三人有两种方式参加诉讼:一是自行申请;二是由人民法院通知。无独立请求权的第三人参加诉讼,实际是将一个已经开始的诉讼和一个今后可能发生的潜在的诉讼合并审理,从而达到简化诉讼,便利当事人,并一次性解决纠纷的目的。诉讼中的第三人是在他人已经开始了的诉讼中参加进去的人,如果他人之间还没有开始诉讼,或者他人之间的诉讼已因原告撤诉、双方当事人和解以及人民法院作出生效判

---

〔1〕 参见张卫平:《民事诉讼法》,法律出版社2019年版,第163~164页。

决而终结，则不存在第三人参加诉讼问题。关于第三人参加诉讼的时间，本法没有规定，从诉讼理论上说，应当为诉讼进行过程中，即人民法院受理后，作出生效判决前。第一审程序作出判决前的任何阶段，第三人都可以申请参加诉讼；第一审判决后，当事人提起上诉，在第二审法院作出判决之前也可以申请参加诉讼。第三人在第二审程序参加诉讼的，如果其不同意以调解方式结案，二审人民法院应当将案件发回一审人民法院重审，以保障第三人的上诉权。

二、第三人撤销之诉

本条第 3 款是关于第三人撤销之诉的规定。

第三人撤销之诉，是指未参加诉讼的第三人，有证据证明发生法律效力的判决、裁定、调解书的部分或者全部内容错误，损害其民事权益，而向作出该判决、裁定、调解书的人民法院提出请求改变或者撤销原判决、裁定、调解书的诉讼。第三人提起撤销之诉应当满足以下条件：一是因不能归责于自己的事由未参加诉讼。主要包括不知道原诉损害自己的权益而未参加、申请参加原诉而未获准许以及知道原诉损害自己的权益但因客观原因无法参加诉讼三种情形。如原诉的双方当事人恶意诉讼损害第三人利益，第三人无从知晓而未能参加诉讼的；第三人知道原诉有可能损害自己利益，但因自然灾害等不可抗力无法参加诉讼的。知道原诉会损害自己的利益且能参加诉讼而未参加的第三人，不得提出撤销之诉。本条之所以强调这一点，主要是为了让能参加诉讼的第三人在诉讼过程中参加诉讼，及时解决纠纷。二是有证据证明发生法律效力的判决、裁定、调解书的部分或者全部内容错误，损害其民事权益。第三人撤销之诉与普通民事诉讼不同之处在于，第三人撤销之诉的主要目的是改变或者撤销已经生效的判决、裁定、调解书。为了防止第三人滥用诉讼权利，影响生效判决、裁定和调解书的稳定性和权威性，应当对第三人提起撤销之诉设定相对严格的条件，要求第三人有证据证明生效的判决、裁定、调解书部分或者全部内容错误，损害了其民事权益。三是自知道或者应当知道其民事权益受到损害之日起6个月内提起该诉讼。第三人撤销之诉作为一种非常规救济制度,以撤销错误的生效裁判为主要目的,需要在保护第三人利益与维护生效裁判既判力之间保持平衡。为了避免因该诉讼制度的存在对法律关系的稳定、交易安全和社会秩序的稳定构成长期潜在的威胁,督促第三人及时行使权利,本条对第三人提起撤销之诉的期间作了必要限制,与申请再审的期限规定一致。

关于第三人撤销之诉的管辖法院,本条明确规定,第三人应当向作出生效判决、裁定、调解书的人民法院提起诉讼。这样规定,一是考虑到作出生效裁判、调解书的人民法院比较了解案情,有利于案件的审理,同时可以充分发挥原审法院的自身纠错功能;二是避免出现下级法院撤销或者变更上级(或同级)法院作出的生效裁判、调解书的尴尬情况。关于第三人撤销之诉的法律效果,根据本条"人民法院经审理,诉讼请求成立的,应当改变或者撤销原判决、裁定、调解书;诉讼请求不成立的,驳回诉讼请求"的规定,法院审理第三人撤销之诉的案件时,先对第三人提出的撤销理由进行审理,撤销理由成立的,法院应当撤销或者变更原审裁判和调解对第三人不利的部分。

适用要点

有关第三人撤销之诉的程序问题,需注意以下两点:第一,第三人在进入执行程序后才发现原裁判损害自己利益的,既可以按照本条第3款的规定提起第三人撤销之诉,也可以以案外人身份提起执行异议。若对执行法院所作的执行异议裁定不服,认为原裁判错误的,可以依照审判监督程序提起再审。第二,第三人撤销之诉案件审理期间,人民法院对生效判决、裁定、调解书裁定再审的,受理第三人撤销之诉的人民法院应当裁定将第三人的诉讼请求并入再审程序。但有证据证明原审当事人之间恶意串通损害第三人合法权益的,人民法院应当先行审理第三人撤销之诉案件,裁定中止再审诉讼。第三人诉讼请求并入再审程序审理的,按照下列情形分别处理：按照第一审程序审理的，人民法院应当对第三人的诉讼请求一并审理，所作的判决可以上诉；按照第二审程序审理的，人民法院可以调解，调解达不成协议的，应当裁定撤销原判决、裁定、调解书，发回一审法院重审，重审时应当列明第三人。

案例指引

永安市燕诚房地产开发有限公司诉郑某、远东（厦门）房地产发展有限公司等第三人撤销之诉案[1]

要旨：最高人民法院认为，根据《民事诉讼法》的规定，第三人可以自知道或者应当知道其民事权益受到损害之日起6个月内，向人民法院提起诉讼。该6个月起诉期间的起算点，为当事人知道或者应当知道其民事权益受到损害之日。本案中，在远东厦门公司有足够资产清偿所有债务的前提下，（2003）闽民初字第2号民事调解书对燕诚公司债权的实现没有影响；在远东厦门公司正常生产经营的情况下，亦难以确定（2003）闽民初字第2号民事调解书会对燕诚公司的债权造成损害。但是，在远东厦门公司因不能足额清偿所欠全部债务而进入破产程序，燕诚公司、郑某债权的受让人高某珍均系其破产债权人，且高某珍依据（2003）闽民初字第2号民事调解书申报债权的情况下，燕诚公司破产债权的实现程度会因高某珍破产债权所依据的（2003）闽民初字第2号民事调解书而受到损害，故应认定燕诚公司在获知远东厦门公司进入破产程序的信息后才会知道或者应当知道其民事权益受到损害。燕诚公司于2016年3月15日签收破产管理人制作的有关债权人申报材料，其于2016年9月12日向福建省高级人民法院提交诉状请求撤销（2003）闽民初字第2号民事调解书，未超过6

---

〔1〕参见最高人民法院（2017）最高法民终885号。

个月的起诉期间。虽然燕诚公司时任总经理雷某于2003年7月就(2003)闽民初字第2号案件提出过申诉,但其系以香港远东公司股东、董事以及远东厦门公司董事、总经理的身份为保护远东厦门公司的利益而非燕诚公司的债权提出的申诉,且此时燕诚公司是否因(2003)闽民初字第2号民事调解书而遭受损害并不确定,也就不存在其是否知道或者应当知道,进而依照《民事诉讼法》的规定起算6个月起诉期间的问题。

第二节 诉讼代理人

第六十条 【法定诉讼代理人】无诉讼行为能力人由他的监护人作为法定代理人代为诉讼。法定代理人之间互相推诿代理责任的,由人民法院指定其中一人代为诉讼。

条文解读

本条是关于法定诉讼代理人的规定。

法定诉讼代理人,是指根据法律规定代当事人为诉讼活动的人。具体来说,诉讼代理人是以当事人的名义,在一定权限范围内,为当事人的利益进行诉讼活动的人。被代理的一方当事人称为被代理人。诉讼代理人代理当事人进行诉讼活动的权限,称为诉讼代理权。诉讼代理的内容,包括代为诉讼行为和代受诉讼行为。前者如代为起诉,代为提供证据、陈述事实,代为变更或者放弃诉讼请求等;后者如代为应诉,代为答辩,代为接受对方当事人的给付等。诉讼代理人具有以下特点:第一,诉讼代理人须具有诉讼行为能力;第二,以被代理人的名义进行诉讼活动;第三,在代理权限内实施诉讼行为;第四,诉讼代理的法律效果由被代理人承担;第五,在同一诉讼中,不能同时代理双方当事人为诉讼活动。

一、无诉讼行为能力人由他的监护人作为法定代理人代为诉讼

（一）诉讼行为能力与诉讼权利能力、民事行为能力的关系

诉讼行为能力是与诉讼权利能力相对应的一个概念。所谓诉讼权利能力，是指成为诉讼当事人，享有民事诉讼权利和承担民事诉讼义务所必需的诉讼法上的资格。诉讼行为能力，是指当事人可以亲自实施诉讼行为，并通过自己的行为，行使民事诉讼权利、承担民事诉讼义务的诉讼法上的资格。有诉讼权利能力但没有诉讼行为能力的人，虽然也能够成为民事诉讼的当事人，但不能亲自实施诉讼行为，而只能通过其法定代理人或者由其法定代理人委托的诉讼代理人代为实施诉讼行为。但是，诉讼权利能力与诉讼行为能力的分离，仅可能发生在公民身上，法人和其他组织不会出现这种情况。

诉讼行为能力与民事行为能力有着密切的联系，但其分类不完全一致。公民的诉讼行为能力分为有诉讼行为能力和无诉讼行为能力两类。民事行为能力则分为完全民事行为能力、限制民事行为能力和无民事行为能力三类。在民事诉讼中，只有具备完全民事行为能力的公民才有诉讼行为能力，无民事行为能力和限制民事行为能力的公民都没有诉讼行为能力。无诉讼行为能力的人所为的诉讼行为，以及针对其所为的诉讼行为都为无效的诉讼行为。

（二）监护人及其范围

监护人，是指对无民事行为能力和限制民事行为能力的人（如未成年人或精神病人）的人身、财产和其他合法权益负有监督和保护责任的人。在诉讼中，无民事行为能力人、限制民事行为能力人的监护人是其法定诉讼代理人。监护人的人选根据《民法典》第27～31条的规定确定，当事人没有具有监护资格的人的，监护人由民政部门担任，也可以由具备履行监护职责条件的被监护人住所地的居民委员会、村民委员会担任。

（三）代为诉讼

法定代理人代为诉讼，其代理权为全权代理。一方面，全权代理意味

着法定代理人具有最广泛的代理权,可以按照自己的意志代理被代理人实施所有的诉讼行为,如起诉、应诉、放弃或变更诉讼请求、进行调解、提起反诉等。法律上将法定代理人的意思表示视为当事人的意思表示;法定代理人在诉讼上的行为视为当事人的行为;法定代理人不仅有权处分当事人的诉讼权利,而且有权处分当事人的实体权利。不过,法定代理人处分实体权利,必须以维护被监护人的利益为前提。另一方面,全权代理同时意味着法定代理人也要履行被代理人所应承担的一切诉讼义务。

但是,法定代理人与当事人仍然存在区别,二者的区别在于:第一,法定代理人只能以被代理人的名义起诉或应诉;第二,裁判针对的是当事人,而非法定代理人;第三,在诉讼中,如果法定代理人死亡,法院可以另行指定监护人作为法定代理人继续诉讼,而不必终结诉讼。法定代理人代为诉讼的,必须向人民法院提交有关身份的证明。

二、法定代理人之间互相推诿代理责任的,由人民法院指定其中一人代为诉讼

法定诉讼代理权是基于法律的直接规定而产生的,作为法定诉讼代理人的监护人代理无民事行为能力人或限制民事行为能力人参加诉讼,既是他们依法享有的一项权利,又是他们对被代理人和社会应尽的一项义务。因此,有资格作为法定代理人的人,不应推卸代理诉讼的责任。

人民法院应当对申请作为法定诉讼代理人的人进行审查,挑选最适合的作为无民事诉讼行为能力人的法定代理人。在审判实践中,经常出现的情况是当无民事行为能力人或限制民事行为能力人的法定代理人有两个或者两个以上时,他们往往因怕影响正常生活或者增加诉累而推诿诉讼代理责任。为了保障诉讼活动的正常进行,保护无民事诉讼行为能力人的利益以及社会公共利益,本条第2句规定:“法定代理人之间互相推诿代理责任的,由人民法院指定其中一人代为诉讼。”人民法院从被代理人的法定代理人之中指定诉讼代理人时,应当考虑法律所规定的监护人的顺序、监护人的监护能力以及监护人与被监护人的关系等因素。法

院指定法定诉讼代理人的决定具有法律效力，被法院指定的诉讼代理人必须履行诉讼代理责任，而不得以各种理由推诿和拒绝代理诉讼。

适用要点

法定诉讼代理人的代理权是依法律而确定的，法定代理人参加诉讼不需要办理委托代理书，只要证明自己的身份和与被代理人具有监护关系，其代理权便成立。因此，法定诉讼代理权也会随着监护关系的消灭而消灭，主要有以下情形：其一，无诉讼行为能力的被代理人具有或恢复了诉讼行为能力；其二，法定诉讼代理人本人丧失了诉讼行为能力；其三，基于收养或婚姻关系而发生的监护权，收养或婚姻关系解除；其四，法定诉讼代理人或被代理人死亡。法定诉讼代理人在诉讼中有义务在知悉上述情况后及时告知法院，并退出诉讼。

案例指引

李某某、曹某某与中国平安财产保险股份有限公司深圳分公司机动车交通事故责任纠纷案[1]

要旨：李某某在提起本案诉讼时已经处于植物人状态，不具有诉讼行为能力。本案中，李某某户籍地的公安机关出具的《证明》显示，李某1、李某2、杨某均系李某某的子女，故三人均具备对李某某的监护资格。三人于2017年9月4日共同出具了《监护权确认书》，共同确认杨某为李某某的法定监护人，符合上述法律规定。李某某一方二审时确认本案起诉状与授权委托书均系杨某代签，与上述《监护权确认书》并不矛盾，亦未损害李某某本人的合法权益。曹某某以李某某在未经特别程序确定法定监护人的情况下

〔1〕 参见广东省深圳市中级人民法院(2018)粤03民终448号。

起诉违反法律规定为由主张其起诉应当驳回,缺乏事实和法律依据,法院不予支持。

第六十一条 【委托诉讼代理人】当事人、法定代理人可以委托一至二人作为诉讼代理人。

下列人员可以被委托为诉讼代理人:

(一)律师、基层法律服务工作者;

(二)当事人的近亲属或者工作人员;

(三)当事人所在社区、单位以及有关社会团体推荐的公民。

条文解读

本条是关于委托诉讼代理人的规定。

根据本条规定,可以被委托为诉讼代理人的主要有以下三类:

一、律师、基层法律服务工作者

律师是国家法律和当事人合法权益的维护者,近年来我国的律师队伍不断扩大,素质不断提高,已经成为我国法治建设中一支强有力的队伍。律师参与诉讼对人民法院查清事实、正确运用法律、维护当事人的合法权益具有重要作用。此外,为满足诉讼代理需求,规范诉讼代理活动,允许基层法律服务工作者像律师一样可以面向当事人提供民事诉讼代理服务。基层法律服务工作制度是一项具有我国特色的法律服务制度。该制度肇始于20世纪80年代初期,基层法律服务组织设在农村乡镇、城市街道。基层法律服务工作者从具有法律知识的人中选拔,主要职能是面向基层群众尤其是低收入人群提供收费较低的法律咨询服务,包括民事诉讼、行政诉讼代理服务。经过多年的发展,基层法律服务已经与律师服务形成拾遗补阙、优势互补的关系与格局。因此,在缩小公民代理适用对象范围、规范公民代理行为的同时,明确基层法律服务工作者在民事诉讼中可以担任代理人的诉讼地位及其职责,对于充分发挥基层法律服务工作的作用,更好地满足人民群众的法律服务需求具有重要意义。

二、当事人的近亲属或者工作人员

当事人是自然人的,其近亲属可以作为诉讼代理人。与当事人有夫妻、直系血亲、三代以内旁系血亲、近姻亲关系以及其他有抚养、赡养关系的亲属,可以当事人近亲属的名义作为诉讼代理人。当事人的近亲属应当提交身份证件和与委托人有近亲属关系的证明材料。当事人是法人或者其他组织的,其工作人员可以作为诉讼代理人。与当事人有合法劳动人事关系的职工,可以当事人工作人员的名义作为诉讼代理人。当事人的工作人员应当提交身份证件和与当事人有合法劳动人事关系的证明材料。

三、当事人所在社区、单位以及有关社会团体推荐的公民

这里需要注意以下三点:其一,有关社会团体推荐公民担任诉讼代理人的,应当符合下列条件:(1)社会团体属于依法登记设立或者依法免予登记设立的非营利性法人组织;(2)被代理人属于该社会团体的成员,或者当事人一方住所地位于该社会团体的活动地域;(3)代理事务属于该社会团体章程载明的业务范围;(4)被推荐的公民是该社会团体的负责人或者与该社会团体有合法劳动人事关系的工作人员。专利代理人经中华全国专利代理人协会推荐,可以在专利纠纷案件中担任诉讼代理人。其二,当事人所在社区、单位推荐的公民应当提交身份证件、推荐材料和当事人属于该社区、单位的证明材料。其三,有关社会团体推荐的公民应当提交身份证件和符合规定条件的证明材料。

适用要点

根据委托诉讼代理人的诉讼代理行为对委托人利益影响的程度不

同,委托人对诉讼代理人的授权分为一般授权和特别授权两种。这两种不同的委托授权,诉讼代理人实施的诉讼行为是不一样的。委托人只作一般授权的,诉讼代理人只能代为一般的诉讼行为,如起诉、应诉,提出证据,询问证人,进行辩论,申请回避,申请财产保全和证据保全,对管辖权提出异议等,而无权处分委托人的实体权利。凡是诉讼代理人代为实施对委托人的实体权利有重大影响的诉讼行为,必须有委托人的特别授权。根据本法规定,诉讼代理人代为承认、放弃、变更诉讼请求,进行和解,提起反诉或者上诉,必须有委托人的特别授权。亦即,诉讼代理人要实施上述几项代理行为,必须由委托人在授权委托书中特别写明。未特别写明的,只能视为一般授权,诉讼代理人无权代为实施这些诉讼行为。如授权委托书仅写明"全权代理"而无具体授权的,诉讼代理人也无权代为承认、放弃、变更诉讼请求,进行和解,提起反诉或者上诉。

案例指引

周某某诉杨某某权益转让合同纠纷案〔1〕

要旨:普通公民只能在有限情形下作为诉讼代理人参加诉讼活动,未经司法行政机关批准的公民个人与他人签订的有偿法律服务合同,人民法院不予保护。自然人以"受让权益"方式从事有偿法律服务并主张转让款的,人民法院不予支持。诉讼委托合同具有人身属性,以当事人之间相互信任为前提。本案中,周某某系借用公民代理制度,为杨某某提供诉讼代理服务,案涉权益转让协议实际隐藏公民有偿法律服务合同内容,周某某的行为已经构成"从事诉讼代理业务"。公民代理作为除律师、基层法律服务工作者以外的公民代理参加民事诉讼的活动,是我国诉讼代理制度的重要组成部分,其作为律师代理制度的补充,弥补了律师代理资源配

〔1〕 参见江苏省徐州市中级人民法院(2018)苏03民终1327号。

给的不足，保障了当事人诉讼权利的实现，在促进矛盾化解和保障诉讼程序的顺利开展等方面起到了积极作用。《民事诉讼法》确立公民代理制度主要是为了满足当事人的法律服务需求，但也要保证正常的诉讼秩序。对于法律服务市场而言，实行执业资格准入，有利于净化市场、规范秩序。因此，有关公民代理立法的基本价值取向旨在鼓励互助行为，不能以此营利，亦不鼓励公民代理的职业化倾向。在律师诉讼代理已被规范化、职业化的情况下，未经司法行政机关批准的公民个人与他人签订的有偿法律服务合同，人民法院不予保护，应认定无效。周某某虽实际为杨某某提供了诉讼代理服务，但已从杨某某处获取报酬 11000 元，周某某并未提供证据证明其为诉讼代理服务支出的合法费用已超过其获取金额，故其要求杨某某再向其支付费用，没有事实和法律依据。

第六十二条 【委托程序】委托他人代为诉讼，必须向人民法院提交由委托人签名或者盖章的授权委托书。

授权委托书必须记明委托事项和权限。诉讼代理人代为承认、放弃、变更诉讼请求，进行和解，提起反诉或者上诉，必须有委托人的特别授权。

侨居在国外的中华人民共和国公民从国外寄交或者托交的授权委托书，必须经中华人民共和国驻该国的使领馆证明；没有使领馆的，由与中华人民共和国有外交关系的第三国驻该国的使领馆证明，再转由中华人民共和国驻该第三国使领馆证明，或者由当地的爱国华侨团体证明。

第六十三条 【代理权变更、解除】诉讼代理人的权限如果变更或者解除，当事人应当书面告知人民法院，并由人民法院通知对方当事人。

第六十四条 【诉讼代理人权利】代理诉讼的律师和其他诉讼代理人有权调查收集证据，可以查阅本案有关材料。查阅本案有关材料的范围和办法由最高人民法院规定。

第六十五条 【离婚诉讼代理】离婚案件有诉讼代理人的，本人除不能表达意思的以外，仍应出庭；确因特殊情况无法出庭的，必须向人民法院提交书面意见。

第六章 证 据

第六十六条 【证据种类】证据包括：

（一）当事人的陈述；

（二）书证；

（三）物证；

（四）视听资料；

（五）电子数据；

（六）证人证言；

（七）鉴定意见；

（八）勘验笔录。

证据必须查证属实，才能作为认定事实的根据。

条文解读

本条是关于民事诉讼中证据种类的规定。

民事诉讼的任务，在于通过合法程序确定事实并适用法律，进而作出判决，而如何使事实客观化，就有赖于证据。证据是指能够证明案件真实情况的各种资料，这一概念实际上包含两种含义：一是法院用于证明待证事实的信息资料，又称证据资料；二是用以承载或表达信息的具体方法，又称证据方法。所谓证据种类，实为证据方法的种类，是指证据方法的外在表现形式。我国对证据种类采用法定化的形式，通过列举表述将可以用来证明案件事实的证据方法限定在八种形式当中。此种模式的优点在于，方便当事人以及法官进行类型化区分与应用，同时也便于围绕各个具体种类的证据方法分别进行理论阐释与制度构建。缺点在于，基于人类认识的有限性，将证据种类加以限定无法穷尽日常生活中多种多样的证据表现形式，也无法应对未来发展中可能产生的新型证据种类。

具体而言，我国的证据形式分为八种：

一、当事人的陈述

当事人的陈述，是指当事人就案件相关的事实情况向人民法院作出的陈述。当事人作为民事纠纷的实际关联者，对争议相关的事实最为了解，其就案情所作出的陈述理应作为人民法院查明案件事实的重要线索之一。然而，由于民事诉讼中原、被告处于对抗性的地位，故不能期待当事人所作出的陈述完全符合客观事实，因此当事人陈述通常无法单独证明案件事实，需要结合其他证据方法才能确定其是否可以作为认定事实的基础。大陆法系国家或地区往往不在证据层面讨论当事人所作出的陈述，而是将其归入主张层面，对双方当事人之间陈述不一或尚有争议的部分通过其他证据方法加以证明并最终认定案件事实。

二、书证

书证，是指以文字、图案等所记载和表述的思想内容来证明案件事实的证据。相较于当事人陈述，书证的真实性较强，且由于其本身即表达了一定的思想内容，法院在证据调查阶段能够快速提取证据资料并认定案件事实。基于此，书证也是司法实务中运用最为普遍的证据种类，故被称为“证据之王”。合同是实务中最为典型的书证。合同的存在不仅能够体现双方当事人之间曾经作出过相应的民事法律行为，而且可以直观地反映当事人之间权利义务关系的具体内容。

三、物证

物证，是指通过自身的形状、特征、质量等外在表现形式来证明案件事实的证据，如特定物损害赔偿纠纷中的特定物、建筑物质量纠纷中的建筑物等。与书证不同，物证强调以其自身存在以及性状而非思想内容的表达来对案件事实（通常为间接事实）加以证明。由于物证具有较强的稳定性与客观性，在刑事诉讼中是最主要的证据种类。在民事诉讼中，物证也同样受到重视，但是其往往不能作为直接证据，需要与其他证据结合才能认定案件事实。

四、视听资料

视听资料，是指利用录音、录像等技术手段反映的声音、画面证明案件事实的证据。《民诉法解释》第 116 条对视听资料的表述为"录音资料和影像资料"，最为典型的就是通过录音机、录像机所记录下来的录音、录像带。视听资料的优点在于某些情况下可以直接反映案件事实的发生经过，因此能够作为直接证据认定待证事实；缺陷在于，此类证据易于被当事人通过剪辑、拼接等技术进行加工、篡改。法官在判断视听资料的真实性时，由于涉及专业技术领域，往往不得不通过鉴定的技术手段去解决。

五、电子数据

电子数据，是指通过电子邮件、电子数据交换、网上聊天记录、博客、微博、手机短信、电子签名、域名等形成或者存储在电子介质中的信息。电子数据是现代信息技术不断发展和应用的产物，在实践中，当事人的民事行为越来越依赖这一证据形式，故《民事诉讼法》将电子数据正式作为法定的证据种类之一。电子数据与书证或者视听资料等传统证据种类之间的界限较为模糊，当事人如果将电子邮件、聊天记录等内容制作成打印件并用以证明待证事实，此时该证据的形式与书证或视听资料并无实质上的区别。如果某一电子数据需要通过电子技术进行识别才能予以认定时，电子数据就具有了独立于其他证据种类的意义。

六、证人证言

证人证言，是指当事人之外的人，就其了解的案件事实情况向法院作出的陈述。证人证言作为经典的证据种类之一,在民事诉讼中的使用也相当广泛。特定的第三人能否作为证人,主要在于其是否具有个人观察、理解、记忆和言词表达的能力,同时也不能是本案中的诉讼参与人(如审判人员、诉讼代理人等)。相较于其他证据种类,证人所提供的证言与当事人陈述一样,不可避免地会带有证人自身的主观认识。因此,法律规定证人原则上应当出庭作证,人民法院在认定证人证言时,也需要综合证人的品德、知识、经验等因素判断是否采纳该证言作为定案的基础。

七、鉴定意见

鉴定意见,是指具有鉴定资格的专业人员运用专业知识和科技手段,对案件中的专门性问题进行分析、判断后所作出的书面意见。在民事诉讼中实施鉴定的必要性在于,法官或当事人对于某些具有专业性的事实,无法依靠一般的生活常识或经验作出判断,需要委托鉴定机构,借助其专业知识或者特别的技术手段来获取相关信息。鉴定可以分为诉讼内的鉴定和诉讼外的鉴定。前者是指在诉讼过程中,经当事人申请,由法院直接指定或委托专门的鉴定机构进行的鉴定;后者是指未经法院委托和指定所进行的鉴定。诉讼外的鉴定是否可以作为证据使用,需要获得法官认可。

八、勘验笔录

勘验笔录,是指法院指派勘验人员对于案件争议有关的现场、物品进行察看、拍照、观测或清点后所作成的笔录。勘验主要针对某些在空间上难以移动至法庭之上的特定现场、物品,如对案涉房屋的面积进行实地测量。勘验笔录与物证相似,同样反映了具体物品的相关性状,但并非以其本身加以表示,而是通过记载的方式,以文字、影像等形式进行表述。因为由法院所指派的人员实施勘验,一般情况下也有双方当事人在场并签字确认,故勘验笔录具有非常强的真实性与客观性。

适用要点

本条第2款规定了证据必须经过查证属实,才能作为认定事实的根据。实务中,法院查证某一证据是否属实,实际上是判断该证据是否具有证据能力,一般是从证据"三性"出发加以判断。只有具备客观性、关联性和合法性的证据才能作为定案的基础。客观性是指证据必须是客观存在的,而非猜测、虚构的;关联性是指证据资料反映的既知事实与待证事实之间存在某种程度的因果联系;合法性是指证据必须由法定主体依照法律规定,遵循法定程序提供、收集、固定、保全和审查认定。

第六十七条 【举证责任】当事人对自己提出的主张,有责任提供证据。

当事人及其诉讼代理人因客观原因不能自行收集的证据,或者人民法院认为审理案件需要的证据,人民法院应当调查收集。

人民法院应当按照法定程序,全面地、客观地审查核实证据。

条文解读

本条所涉内容旨在分配当事人和法院之间对证据收集与调查的相应责任,以及法院对证据的审查核实义务。

本条第1款规定了民事诉讼中当事人所承担的举证责任。当事人作为民事法律关系的主体,经历了纠纷发生的全过程,对事实经过中所存在的争议也最具有发言权。在证据收集方面,当事人与事态经过中所产生的一系列证据一般距离较近,自然也可以期待其收集并向法院提出相应的证据来证明有利于己的事实主张。在职权主义或者超职权主义的民事诉讼模式之下,法院负有依职权调查和收集证据的义务,并无举证责任存在的空间。只有在当事人主义的结构之下,才强调由当事人负调查收集以及提出证据的主要责任,举证责任这一概念才具有存在的必要。随着我国民事诉讼由职权主义的诉讼模式逐渐转向当事人主义的诉讼模式,举证责任也逐渐被理论界与实务界所强调,得到了普遍承认与广泛的运用。

举证责任,或称证明责任,是指当事人对自己提出的主张有收集或提供证据的义务,并有运用该证据证明主张的案件事实成立或有利于自己的主张的责任,否则将承担其主张不能成立的不利后果。这一概念可以分为两个层次:第一层是行为意义上的举证责任,或称主观意义上的举证责任,是指当事人为了避免败诉,收集并提供相应的证据来对自己所作出的有利于己的主张加以证明的责任。《民诉法解释》第 90 条第 1 款将其表述为:"当事人对自己提出的诉讼请求所依据的事实或者反驳对方诉讼请求所依据的事实,应当提供证据加以证明,但法律另有规定的除外。"第二层是结果意义上的举证责任,或称客观意义上的举证责任,是指主张某一对其有利的主要事实的当事人在穷尽一切举证手段后,该事实依旧处于真伪不明状态之时,主张该事实的当事人所承担的不利诉讼后果。《民诉法解释》第 90 条第 2 款将其表述为:"在作出判决前,当事人未能提供证据或者证据不足以证明其事实主张的,由负有举证证明责任的当事人承担不利的后果。"

本条第 2 款规定了特殊情况下由法院调查收集的证据。由当事人承担举证责任并不意味着人民法院可以不做任何证据调查工作。作为补充,在法律规定的特殊情况下,法院也负有调查收集相关证据的义务与责任。《民诉法解释》第 94 条第 1 款细化了当事人及其诉讼代理人因客观原因不能自行收集证据的情况,包括:(1)证据由国家有关部门保存,当事人及其诉讼代理人无权查阅调取的;(2)涉及国家秘密、商业秘密或者个人隐私的;(3)当事人及其诉讼代理人因客观原因不能自行收集的其他证据。《民诉法解释》第 96 条明确了人民法院认为审理案件需要而依职权调查收集证据的情况,包括:(1)涉及可能损害国家利益、社会公共利益的;(2)涉及身份关系的;(3)涉及民事公益诉讼的;(4)当事人有恶意串通损害他人合法权益可能的；（5）涉及依职权追加当事人、中止诉讼、终结诉讼、回避等程序性事项的。前一种情形由法院依当事人申请收集证据，后一种情形则可由法院依职权予以启动。

本条第3款要求法院应当按照法定程序，全面地、客观地审查核实证据。在完成证据的收集和提出之后，诉讼证明的程序在逻辑上就到了证据审查阶段。我国《民事诉讼法》规定，法官必须在开庭审理的场景中通过双方当事人之间对证据的质证来审查所提出的所有证据，这也是不可或缺的程序环节。任何证据未经质证不能作为认定案件事实的基础。双方当事人之间通过质证进行相互辩驳并交换意见，使法官对案件信息的获得更加全面完备，进而判断相应证据是否具有证据能力以及对待证事实具有多大的证明力，最终综合全案证据认定案件事实。

适用要点

现代民事诉讼以当事人为主导，强调双方当事人之间在诉讼过程中的攻防与对抗，各方当事人并非对其在诉讼中所提出的一切主张都需要提供证据加以证明并承担举证责任，但应当对其依据的请求权规范或者抗辩权规范所对应的于己有利的相关事实主张承担举证责任。《民诉法解释》细化了举证责任的相关规则，其第91条正式确立了以规范说为基础的举证责任分配原则。亦即，人民法院应当依照下列原则确定举证证明责任的承担，但法律另有规定的除外：（1）主张法律关系存在的当事人，应当对产生该法律关系的基本事实承担举证证明责任；（2）主张法律关系变更、消灭或者权利受到妨害的当事人，应当对该法律关系变更、消灭或者权利受到妨害的基本事实承担举证证明责任。

案例指引

张某某诉徐州苏宁电器有限公司侵犯消费者权益纠纷案[1]

要旨：商品经营者为消费者提供商品或服务时，应当遵循诚实信用原则，消费者亦有权知悉其所购买、使用的商品或接受的服务的真实情况。在侵犯消费者权益纠纷案件中，消费者主张商品经营者提供的商品存在品质问题，并提供了相应证据的，商品经营者如主张该商品不存在品质问题，应对其主张承担举证责任。本案中，再审申请人张某某主张被申请人苏宁公司的行为构成欺诈、应当承担惩罚性赔偿责任，并提交了相应的证据，苏宁公司如有异议，应就其行为不构成欺诈承担举证责任。苏宁公司提供的第二台冰箱的储存单、提货单及送货人的证言，仅表明其送货的过程，并不能证明第二台冰箱为全新的机器，其提交的证据缺乏证明力，应承担举证不能的不利后果。

第六十八条　【举证时限】当事人对自己提出的主张应当及时提供证据。

人民法院根据当事人的主张和案件审理情况，确定当事人应当提供的证据及其期限。当事人在该期限内提供证据确有困难的，可以向人民法院申请延长期限，人民法院根据当事人的申请适当延长。当事人逾期提供证据的，人民法院应当责令其说明理由；拒不说明理由或者理由不成立的，人民法院根据不同情形可以不予采纳该证据，或者采纳该证据但予以训诫、罚款。

---

〔1〕 参见《最高人民法院公报》2006 年第 10 期。

条文解读

本条是关于举证时限的规定。

我国的举证时限制度经历了从无到有的变革与发展。1991 年《民事诉讼法》第 125 条第 1 款规定:“当事人在法庭上可以提出新的证据。”由该规定可以看出,彼时我国尚无举证时限制度,对当事人证据提出时机的要求属于学理上的证据随时提出主义。证据随时提出主义实际上具有不少弊端,如果在诉讼中当事人作出给对方当事人造成诉讼突袭、延迟权利义务的确认、耗费对方的诉讼成本等诉讼策略,无止境地延迟提出证据,那么当事人之间的诉讼攻防攻击就很难进行,法官也无法快速妥善地解决纠纷,进而导致诉讼程序停滞不前,大幅度降低了诉讼效率。有鉴于此,2001 年最高人民法院出台《关于民事诉讼证据的若干规定》(以下简称《证据规定》),建立了举证时限、证据失权等相关制度,以解决证据随时提出主义的弊端。《证据规定》规定了通过举证通知书确定举证期限以及逾期提供证据的法律后果等内容,设置了严格的失权制度:当事人在举证期限内不提交证据材料的,视为放弃举证权利,对于当事人逾期提交的证据材料,人民法院审理时不组织质证,但对方当事人同意质证的除外。《证据规定》出台之初,社会各界对其期望很大。但很快,严格的证据失权制度在实践中受到了诸多争议与苛责。首先,严格的证据失权制度受到民众的质疑,我国自古以来民众对实体正义的追求要高于程序正义,故民众对严格证据失权制度无法理解。其次,举证时限制度同样受到法院的排斥,对于可能对案件产生重大影响的逾期提出的证据,法院出于坚持追求客观真实的审判理念,一般都作为新证据予以采纳。法官所背负的业绩压力与社会舆论的压力都不允许其严格适用举证时限制度。可以说,这一阶段的举证时限制度,属于对证据随时提出主义的矫枉过正。

2012 年,全国人大常委会对《民事诉讼法》进行修改,举证时限制度被正式写入 2012 年《民事诉讼法》中,但逾期提出证据的失效与 2001 年

《证据规定》相比已经大幅度缓和。2015 年《民诉法解释》增加了当事人过错以及证据与案件基本事实有关作为考虑因素对法官进行限制。2019 年修正后的《证据规定》,再次就举证时限的期间限制及相关的确定程序进行了细化与完善。

我国现今语境之下的举证时限制度,则是指负有举证责任的当事人应当在约定并经人民法院认可的或者人民法院指定的期限内,提出相应证据证明其主张,逾期不举证,将承担相应法律后果的一项民事诉讼制度。举证时限的性质为法院指定或由当事人协商确定的、当事人能够有效举证的指定期间。如果超过该期限即丧失证据提出权,对方当事人可以不同意质证,法院也可以不采纳该证据。举证时限制度以实现程序正义为价值追求。就具体功能而言,首先,举证时限制度的建立,最为根本的目的在于提升诉讼效率。通过促使当事人积极进行举证,防止当事人在诉讼的任意阶段提出新的证据以拖延诉讼进程。如果当事人可以在诉讼审理过程中反复提交新的证据,那么庭审将长时间停滞于事实调查阶段而无法推进,最终导致庭审效率的降低。其次,举证时限制度可以防止当事人通过诉讼过程中随时提出新的证据来对另一方当事人造成诉讼突袭,以保障双方当事人之间诉讼权利的平等。最后,举证时限制度有利于法院对诉讼中的争点进行整理,使庭审更加具有针对性。作为庭前准备程序的一环,举证时限的功能除了在程序上能够提高庭审效率外,在实体问题上也能帮助法官尽快整理案件的事实争点、证据争点等,以便在庭审中可以对症下药地对案件事实予以查明。

就具体的规则要素而言,举证时限制度主要由两部分组成。第一部分是举证时限的期间限制以及具体的确定程序,依照 2019 年修正的《证据规定》第 49 ~ 59 条的相关内容,举证时限的确定可以由当事人协商,并经过人民法院准许,也可以由人民法院直接指定。与此同时,立法也设置了期限范围予以限制,如第一审普通程序审理的案件不得少于 15 日等。当事人在期限内提供证据确有困难的,可以申请延长举证期限,应当在举证期限届满前提出书面申请。第二部分是关于逾期提交证据所产生的法律效果。根据《民诉法解释》第 101 条、第 102 条第 1 ~ 2 款的规定，当事人逾期提供证据的，人民法院应当责令其说明理由，必要时可以要求其提供相应的证据。当事人因客观原因逾期提供证据，或者对方当事人对逾期提供证据未提出异议的，视为未逾期。当事人因故意或者重大过失逾期提供的证据，人民法院不予采纳。但该证据与案件基本事实有关的，人民法院应当采纳，并依照《民事诉讼法》的规定予以训诫、罚款。当事人非因故意或者重大过失逾期提供的证据，人民法院应当采纳，并对当事人予以训诫。

适用要点

实践中，法院对逾期举证理由要件和基本事实要件的不规范适用，导致以这两个要件的适用结果为前提的层次化逾期举证制裁措施无法付诸实践。对于当事人逾期提出的证据，法院应当严格遵从立法和司法解释规定的审查路径。首先，《民事诉讼法》及《民诉法解释》明确规定了逾期举证理由的要件，即当事人逾期举证的，法官应当责令其说明理由，并根据理由的合理程度判断适用何种逾期举证后果。通过对当事人逾期举证主观心态的判断将逾期举证理由分为客观、非属故意或者重大过失、属于故意或者重大过失三个层次，这也是立法规定的适用逾期举证规范制度时必须考虑的首要要件。其次，只有在认定当事人的逾期举证属于故意或者重大过失后，才需要考察逾期证据和案件基本事实的关联性，最终决定对当事人提供的证据不予采纳，或者予以采纳并对当事人处以训诫和罚款。法官不能跨越对当事人主观心态的判断，直接基于该证据与案件基本事实之间的联系来决定证据的取舍。

案例指引

北京百度网讯科技有限公司等诉北京奇虎科技公司等侵犯商标权及不正当竞争纠纷案[1]

要旨:被告在本案庭审当天提交了北京市方正公证处2012年11月28日作出的(2012)京方正内经证字第14730号公证书,用以证明原告亦在其自身网站搜索结果中加注警告标志、有其他安全软件亦存在向原告网页进行插标或拦截行为。对于该证据,两原告表示因为其系超期提交,对其不予质证。对此,法院认为,该证据的提交超过举证期限,且该证据的证明目的与被告行为是否构成商标侵权或不正当竞争无关,在原告明确拒绝质证的情况下,法院对该证据不予认可。

第六十九条 【证据收据】人民法院收到当事人提交的证据材料,应当出具收据,写明证据名称、页数、份数、原件或者复印件以及收到时间等,并由经办人员签名或者盖章。

第七十条 【人民法院调查取证】人民法院有权向有关单位和个人调查取证,有关单位和个人不得拒绝。

人民法院对有关单位和个人提出的证明文书,应当辨别真伪,审查确定其效力。

第七十一条 【法庭质证】证据应当在法庭上出示,并由当事人互相质证。对涉及国家秘密、商业秘密和个人隐私的证据应当保密,需要在法庭出示的,不得在公开开庭时出示。

[1] 参见北京市第一中级人民法院(2012)一中民初字第5718号。

第七十二条 【公证证据效力】经过法定程序公证证明的法律事实和文书，人民法院应当作为认定事实的根据，但有相反证据足以推翻公证证明的除外。

第七十三条 【书证、物证】书证应当提交原件。物证应当提交原物。提交原件或者原物确有困难的，可以提交复制品、照片、副本、节录本。

提交外文书证，必须附有中文译本。

第七十四条 【视听资料】人民法院对视听资料，应当辨别真伪，并结合本案的其他证据，审查确定能否作为认定事实的根据。

第七十五条 【证人出庭作证义务与资格】凡是知道案件情况的单位和个人，都有义务出庭作证。有关单位的负责人应当支持证人作证。

不能正确表达意思的人，不能作证。

条文解读

本条是关于证人出庭作证义务与资格的规定。

本条第1款规定了证人具有出庭作证的义务。证人，是指了解案件情况并向法院提供证词的人。证人证言，是指证人就其了解的案件事实情况向法院作出的陈述。在民事诉讼中，当事人如果申请以证人证言作为证据方法，一般而言，证人需要出庭作证，无正当理由未出庭的证人以书面等方式提供的证言，不得作为认定案件事实的根据。这一做法主要有两个方面的意义：一方面，要求证人出庭作证并接受法院和当事人双方的交叉询问与辩驳，从认识论的角度来看有助于检验证人所观察的事实是否准确，记忆是否牢靠。法院也可以结合证人在发表证言以及接受法院和当事人询问时的表情、语气、态度等因素，综合判断该证人所提供的证言是否真实。另一方面,要求证人出庭也是要求法官在庭审中以口头方式直接接触证人证言,以满足直接言词原则。“直接言词原则”是直接原则与言词原则的合称,是指法官、陪审员必须亲自主持庭审,听取当事人的口头陈述及辩论,亲自审查证据和相关的诉讼材料,并最终作出判决的原则。之所以将其合并为一个原则,是因为直接原则与言词原则具有实质上的重叠性,二者联系紧密,在内容、要求和目的上具有很多共通之处。通过满足直接言词原则,使诉讼中的各方参与人包括证人可以当场传达意见,法官可以快速地获得信息并及时作出反应,掌握证人的真实意图,揭开事实的真相。与此同时,法官可以当场对各方主体模糊的陈述予以确认,澄清不清楚或矛盾的问题,制止当事人或证人等进行无关的陈述,并可以通过灵活应变的释明更好地发现及整理争点,进而实现紧贴双方辩论的活跃审理。

2015 年《民诉法解释》及 2019 年《证据规定》均对证人出庭作证的具体程序进行了细化。总结而言,当事人申请证人出庭作证的,应当在举证期限届满前提出,符合法官依职权调查收集证据情形的,人民法院可以依职权通知证人出庭作证。未经人民法院通知,证人不得出庭作证,但双方当事人同意并经人民法院准许的除外,双方当事人也可以同意证人不出庭而以其他方式作证,但需要经过人民法院准许。人民法院在证人出庭作证前应当告知其如实作证的义务以及作伪证的法律后果,并责令其签署保证书,但无民事行为能力人和限制民事行为能力人除外。证人拒绝签署保证书的,不得作证。除此之外,证人发表证言并非一定要在庭审之中,在审理前的准备阶段或者人民法院调查、询问等双方当事人在场时陈述证言的,也视为出庭作证。

本条第 2 款从反面规定了证人应该具有的条件,即能够正确表达其意思。此处的“表达”并非仅指通过口头方式进行,也可以使用其他方式,如患有聋、哑等疾病的证人,可以通过书面、手语等方式表达其意思。与鉴定人不同,由于了解案件事实情况的证人具有少数性甚至是唯一性而无法替代,故证人并不适用回避原则。实践中,多数证人都跟当事人有近亲属关系或是跟案件本身有利害关系。由于此类证人所作出的证言往往带有主观色彩,甚至呈现明显的倾向性,法院在判断此类证人证言时就需要综合各方因素加以考虑,从而依据自由心证确认其证明力的大小。对于无民事行为能力人、限制民事行为能力人所作出的证言,2019 年《证据规定》第 67 条第 2 款规定:“待证事实与其年龄、智力状况或者精神健康状况相适应的无民事行为能力人和限制民事行为能力人,可以作为证人。”除此之外,诉讼代理人、审判人员、鉴定人员、翻译人员不能同时作为该案件的证人。这些人员如果事先知道案件情况,应在终止委托代理关系或者回避之后,再以证人身份出庭作证。

适用要点

关于庭审时临时申请证人出庭的问题。如果当事人在指定的举证期限内未向法院申请证人出庭,而在庭审时向法院申请证人出庭作证的,应当参照《民事诉讼法》《民诉法解释》《证据规定》关于逾期提供证据的相关规定进行处理。法院应当首先责令其说明理由,必要时可以要求其提供相应的证据。当事人因客观原因逾期申请证人出庭,或者对方当事人同意证人出庭作证的,视为未逾期。当事人因故意或者重大过失逾期申请证人出庭的,人民法院不予准许,但如果该证人所作证言与案件基本事实有关的,人民法院应当准许证人出庭作证,并依照《民事诉讼法》的规定予以训诫、罚款。当事人非因故意或者重大过失逾期申请证人出庭的,人民法院应当准许该证人出庭作证,并对当事人予以训诫。

案例指引

再审申请人安徽省十字铺茶场与被申请人合肥建工金鸟集团有限公司建设工程合同纠纷案[1]

要旨：证人证言在诉讼证据中因其生动、具体、形象而占有重要的地位。目前，我国证人出庭率很低。本案正是由于刘某在原审中未出庭作证，导致一、二审法院对涉及137万元有关事实的认定有出入。再审庭审时，关键证人刘某出庭作证。合议庭成员及双方代理人就案件事实对刘某进行了交叉询问，并结合原审中十字铺茶场的记账凭证、转款凭证，孙某、吴某出具的领条及其二人签字的“收款收据记账联”，再审中补充的当时参与处理农民工工资发放的郎溪县人社局及派出所的证明，刘某银行账户流水单等证据，认为上述证据构成了基本完整的证据链，足以证明十字铺茶场垫付的农民工工资137万元已经支付完毕。合议庭在证人出庭的基础上查明了争议事实，具备当庭宣判的基础条件，本案当庭宣判水到渠成。

第七十六条　【证人出庭作证】经人民法院通知，证人应当出庭作证。有下列情形之一的，经人民法院许可，可以通过书面证言、视听传输技术或者视听资料等方式作证：

（一）因健康原因不能出庭的；

（二）因路途遥远，交通不便不能出庭的；

（三）因自然灾害等不可抗力不能出庭的；

（四）其他有正当理由不能出庭的。

第七十七条　【证人出庭费用负担】证人因履行出庭作证义务

[1] 参见最高人民法院（2017）最高法民183号。

而支出的交通、住宿、就餐等必要费用以及误工损失,由败诉一方当事人负担。当事人申请证人作证的,由该当事人先行垫付;当事人没有申请,人民法院通知证人作证的,由人民法院先行垫付。

第七十八条 【当事人陈述】人民法院对当事人的陈述,应当结合本案的其他证据,审查确定能否作为认定事实的根据。

当事人拒绝陈述的,不影响人民法院根据证据认定案件事实。

第七十九条 【鉴定启动方式及鉴定人的确定】当事人可以就查明事实的专门性问题向人民法院申请鉴定。当事人申请鉴定的,由双方当事人协商确定具备资格的鉴定人;协商不成的,由人民法院指定。

当事人未申请鉴定,人民法院对专门性问题认为需要鉴定的,应当委托具备资格的鉴定人进行鉴定。

条文解读

本条是关于鉴定启动方式及鉴定人确定的规定。

鉴定意见作为我国《民事诉讼法》规定的一种证据形式,是指具有鉴定资格的专业人员运用专业知识和科技手段,对案件中的专门性问题进行分析、判断后所作出的书面意见。在民事诉讼中实施鉴定的必要性在于,从认识论的角度来讲,法官或当事人对于某些具有专业性的事实,无法依靠一般的生活常识或经验加以认识并作出判断,需要委托鉴定机构或鉴定人员,借助其专业知识或者特别的技术手段来获取相关信息,进而形成书面报告来证明某一案件事实的存在。由于鉴定意见本身是由具有专门知识的人员或机构利用科技等特殊手段对鉴定材料进行分析、判断所形成的,因此在保证鉴定人选任的公正性基础上,与证人证言、当事人陈述等言词证据形式相比具有较强的客观性，因此也较为真实可靠。

一、鉴定的对象

鉴定的对象为查明案件的专门性问题。首先，鉴定只能用于查明案件所需要的事实，即请求权规范或抗辩权规范所对应的要件事实或用以证明该要件事实的间接事实。如果某一事实不属于案件的证明对象，如与案件无关的事实或法律规定的免证事实，则不能成为鉴定的对象。其次，鉴定针对当事人或法院仅凭生活常识或经验无法进行判断的专门性问题。随着社会的发展，纠纷涉及的领域越来越广泛、越来越复杂，司法实践中针对各类纠纷所产生的鉴定事项也是五花八门。既有医疗鉴定、工程质量鉴定、文书鉴定、产品质量鉴定、会计鉴定等类型化鉴定，也有对字画的鉴定、对特定物品特征的鉴定等非类型化鉴定。因此，对于“专门性问题”这一概念，几乎无法进行周延的界定。

二、鉴定的启动方式

我国《民事诉讼法》经历了从只能由法院依职权启动到以当事人申请为主、法院依职权启动为辅的发展历程。这是因为，从当事人角度来看，在民事诉讼结构由职权主义向当事人主义转型的背景下，当事人对案件事实承担举证责任，那么立法也应该同时保证当事人的证据收集能力。鉴定作为对审判结果有重大影响的证据收集手段，是否启动理应由当事人决定。从法官的角度来看，基于法官的中立地位，将鉴定的启动权交由法官也有违法官的中立地位，破坏了民事诉讼的程序公正。

具体而言，根据司法解释的相关规定，当事人申请鉴定，可以在举证期限届满前提出。申请鉴定的事项与待证事实无关联，或者对证明待证事实无意义的，人民法院不予准许。当事人申请鉴定应当预交鉴定费用，逾期不提出申请或者不预交鉴定费用的，视为放弃申请。由法院依职权委托鉴定的情况,主要有两种:一种是本条所规定的“当事人未申请鉴定,人民法院对专门性问题认为需要鉴定”的情况,但此种情况在司法实践中往往通过法官释明一方当事人申请予以解决。基于当事人负担案件事实的举证责任,法官一般不会直接依职权委托鉴定。另一种是《民诉法解释》第121条第3款所明确的,符合依职权调查收集证据条件的,人民法院应当依职权委托鉴定。

三、鉴定人的确定

在当事人申请鉴定的情况下,先由双方当事人协商确定,协商不成的再由人民法院指定。此种做法体现了对当事人意愿和诉讼权利的尊重,可以避免当事人对法院和鉴定人中立性的质疑。在法院依职权委托鉴定的情况下,根据《证据规定》第32条第2款的规定,法院可以在询问当事人的意见后,指定具备相应资格的鉴定人。

适用要点

本条确定了民事诉讼中鉴定的启动以当事人申请为主、以法院职权委托为辅,但没有明确在当事人之间应当由谁承担针对某一特定事实申请鉴定的责任。对此,2019年《证据规定》第31条第2款规定了具体由哪一方当事人申请鉴定,需要根据举证责任的分配来予以确定。当事人应当对其所依据的请求权规范或者抗辩权规范所对应的于己有利的相关事实主张承担举证责任。对需要鉴定的待证事实负有举证责任的当事人,在人民法院指定期间内无正当理由不提出鉴定申请或者不预交鉴定费用,或者拒不提供相关材料,致使待证事实无法查明的,应当承担举证不能的法律后果。

案例指引

湖南省益阳市人民检察院诉夏某某等15人生态破坏民事公益诉讼案[1]

要旨：本案中，夏某某等15人的非法采砂生态破坏行为，导致了洞庭湖生态系统的损害，具体包括丰富的鱼类、虾蟹类和螺蚌等软体动物生物资源的损失，并严重威胁洞庭湖河床的稳定性及防洪安全，破坏水生生物资源繁衍生存的环境。为确保生态环境损害数额认定的科学性、全面性和合理性，人民法院委托具备资格的机构进行司法鉴定，通过对生态环境损害鉴定意见的司法审查，合理确定生态破坏行为所导致生态环境损害的赔偿数额。本案中，人民法院指导鉴定专家按照全面赔偿原则，对非法采砂行为所导致的采砂区域河床、水源涵养、生物栖息地、鱼虾生物资源、水环境质量等遭受的破坏进行全方位的鉴定，根据抽取砂土总量、膨胀系数、水中松散沙土的密度、含水比例以及洞庭湖平均鱼类资源产量等指标量化了各类损失程度。被告虽主张公共利益受损与其无关联，但本案各被告当庭陈述均认可实施了采砂行为。根据另案生效判决认定的事实及审理查明的事实，各被告实施的采砂行为非法，且鉴定意见书明确了采砂行为造成生态环境受损，故认定被告的采砂行为破坏了生态环境资源。各被告未提交反驳证据推翻案涉鉴定意见，经审查，对鉴定意见载明的各项损失及修复费用予以确认。

第八十条　【鉴定人权利义务】鉴定人有权了解进行鉴定所需要的案件材料，必要时可以询问当事人、证人。

鉴定人应当提出书面鉴定意见，在鉴定书上签名或者盖章。

[1] 参见湖南省高级人民法院（2020）湘民终1862号。

第八十一条 【鉴定人出庭作证】当事人对鉴定意见有异议或者人民法院认为鉴定人有必要出庭的，鉴定人应当出庭作证。经人民法院通知，鉴定人拒不出庭作证的，鉴定意见不得作为认定事实的根据；支付鉴定费用的当事人可以要求返还鉴定费用。

第八十二条 【有专门知识的人】当事人可以申请人民法院通知有专门知识的人出庭，就鉴定人作出的鉴定意见或者专业问题提出意见。

条文解读

本条是关于有专门知识的人的相关规定。

有专门知识的人，又称“专家辅助人”，是指在科学、技术以及其他专业知识方面具有特殊专门知识或者经验的人员，根据当事人的聘请并经人民法院准许，出庭辅助当事人对诉争的案件事实所涉及的专门性问题进行说明或发表意见和评论的人。随着社会的发展，纠纷涉及的领域越来越广泛、越来越复杂，需要借助专门知识的案件也越来越多。在法官和当事人无法仅凭借生活常识或经验对案件中的专业性问题加以判断时，就有必要将相关问题委托给具有专门知识的个人或机构加以鉴定，或者是由当事人申请具有专门知识的人出庭发表相关意见。与鉴定意见相似，具有专门知识的人出庭发表相关意见的意义在于既可以帮助诉讼当事人客观把握纷争焦点，合理认知自身权益与责任，也可以使法官从专业技术问题的困扰中解脱出来，提高审判效率，还可以摒弃传统的向专业部门单方咨询的职权化色彩，充分发挥双方当事人主动行使自己诉讼权利的积极性。

有专业知识的人发表意见的对象，是鉴定人所作出的鉴定意见或者是诉讼中的专业问题。前者是一种对已有结论的质询意见，而后者则属于一种原初性的结论。对于鉴定意见，虽然立法规定在当事人有异议或者人民法院认为鉴定人有必要出庭的情况下，鉴定人应当出庭接受法院和当事人的询问，以完成对鉴定意见的质证。但由于法官和当事人一般缺乏相应的专业性知识，因此司法实践中对鉴定人的询问往往只局限于鉴定意见的制作流程等程序性事项，对于实质性的问题却无法进行有效质询。有鉴于此，当事人可以通过申请具有相关知识的专家辅助人出庭代其发表针对鉴定意见的实质性质证意见。两种制度互为表里、相互配合，实际上保障了当事人的质证权。对于专业问题，按照本条的表述，是指在诉讼中涉及某一领域的专门知识而无法或者无须通过鉴定解决的事实或问题，如对某一领域内的专业术语应当如何进行理解。对于这一类问题显然超出了法官的知识领域范畴，因此当事人可以申请专家辅助人出庭进行解释。在实践操作中，很难将鉴定所指向的对象与本条所述的"专业问题"完全加以区分，具体采取何种方式，需要法官根据具体情况进行斟酌与选择。

具体而言，根据司法解释的细化规定，当事人可以在举证期限届满前通过提交申请书的方式申请 1 至 2 名具有专门知识的人出庭，申请书中应当载明有专门知识的人的基本情况和申请的目的。法院在专家出庭的问题上享有决定权，准许当事人申请的，应当通知双方当事人。与证人与鉴定人出庭作证的相关规定不同，有专门知识的人出庭所需的相关费用由提出申请的当事人自行负担。

就有专门知识的人所发表问题的具体内容而言，在对鉴定人所作出的鉴定意见进行质证时，可以根据其专业知识，寻找鉴定中可能存在的问题，如鉴定方法是否可行、鉴定程序是否合法、鉴定材料的选取是否适合等，从而为法官甄别鉴定意见、作出科学的判断、提高内心的确信提供参考，保证案件的公正审理。从反面来讲，通过有专业知识的人辅助寻找鉴定中可能存在的问题，也可以加强鉴定人在鉴定过程中的责任意识，进而促进其鉴定活动的正当化、合理化。在对诉讼中的专业问题发表相关意见的情形中，专家辅助人则需要借助自己的专业知识，将其所了解的相关领域内的信息告知给当事人和法院。专家辅助人在发表相关意见时，应当以客观存在的专业知识为基准，必须尊重事实，阐释的意见体现专门性、科学性和独立性，不得为了一方当事人的利益而歪曲或滥用这种知识。当然，专家辅助人作为一方当事人的辅助，难免可能带有利益倾向性，因此对于专家辅助人的相关意见，人民法院也应当进行斟酌与判断。除了发表相关意见之外，根据《民诉法解释》第123条的规定，人民法院可以对出庭的具有专门知识的人进行询问。经法庭准许，当事人可以对出庭的具有专门知识的人进行询问，当事人各自申请的具有专门知识的人可以就案件中的有关问题进行对质。需要注意的是，具有专门知识的人不得参与专业问题之外的法庭审理活动，如不得对当事人应否承担法律责任提出意见。

适用要点

专家辅助人所出具的相关意见并非法定的证据种类，因此不能在证据层面理解专家辅助人所出具的意见。《民诉法解释》第122条第2款明确了专家辅助人所作出的相关意见的性质，即“具有专门知识的人在法庭上就专业问题提出的意见，视为当事人的陈述”。在司法实务中，专家辅助人提出的意见仅仅旨在帮助当事人和法院认识和理解相关证据的内容，而专家辅助人出庭起到的只是对专门性问题进行阐释和说明的作用，实际上相当于当事人对其陈述在专业领域层面的具体化。

案例指引

许某惠、许某仙民事公益诉讼案[1]

要旨：围绕专业技术问题，引入专家辅助人。环境民事公益诉讼案件，涉及土壤污染、非法排污、因果关系、环境修复等大量的专业技术问

〔1〕 参见最高人民检察院第八批指导性案例（检例第28号）。

题，检察机关可以通过甄选环境专家协助办案，厘清关键证据中的专业性技术问题。专家辅助人出庭就鉴定人作出的鉴定意见或者就因果关系、生态环境修复方式、生态环境修复费用以及生态环境受到损害至恢复原状期间服务功能的损失等专门性问题，作出说明或提出意见，经质证后可以作为认定事实的根据。

第八十三条　【勘验笔录】勘验物证或者现场，勘验人必须出示人民法院的证件，并邀请当地基层组织或者当事人所在单位派人参加。当事人或者当事人的成年家属应当到场，拒不到场的，不影响勘验的进行。

有关单位和个人根据人民法院的通知，有义务保护现场，协助勘验工作。

勘验人应当将勘验情况和结果制作笔录，由勘验人、当事人和被邀参加人签名或者盖章。

第八十四条　【证据保全】在证据可能灭失或者以后难以取得的情况下，当事人可以在诉讼过程中向人民法院申请保全证据，人民法院也可以主动采取保全措施。

因情况紧急，在证据可能灭失或者以后难以取得的情况下，利害关系人可以在提起诉讼或者申请仲裁前向证据所在地、被申请人住所地或者对案件有管辖权的人民法院申请保全证据。

证据保全的其他程序，参照适用本法第九章保全的有关规定。

条文解读

本条是关于证据保全的规定。

证据保全，是指当对于诉讼查明案情真相有重要意义的证据可能发生毁损、灭失及其他不再能够取得的危险时，法院根据当事人的申请或依职权，对证据加以固定和保护的制度。在民事诉讼中，法官认定案件事实的活动是以证据为基础展开的。只有依据相关证据，法院才能够查明案件真相，明确纠纷发生的原因并正确合理地作出裁判。然而，在现实生活中，从纠纷现实发生到案件开庭审理阶段，往往存在一段时间的真空期。在这段时间内，基于某些不可抗力或者人为的原因，可能会导致某些证据灭失或者在开庭时难以取得。为了防止这类情况的发生，《民事诉讼法》规定了证据保全制度。在出现证据可能灭失或以后难以取得的情况下，法院通过对证据的固定和保护，可以避免在开庭时由于证据的灭失或难以取得给案件审理带来的困难，使法官认定案件事实能够更加接近客观真相，同时也可以充分保障当事人的证据收集权，维护当事人的合法权益。

一、证据保全的条件

当事人申请证据保全，需要满足以下两个条件：一是证据可能灭失或以后难以取得。所谓“证据可能灭失”，是指相关物证、书证、电子数据、视听资料等可能会腐烂或者被销毁，相关证人可能会因为自身原因死亡或者无法正确进行表达等情况；所谓“以后难以取得”，是指虽然证据没有灭失，但如果不及时采取措施加以保全，在诉讼系属之后取得该证据成本可能过高或者难度过大，如案涉证人出国定居或学习。二是申请保全的证据与本案事实需具有关联性，当事人申请保全的证据，其拟证明的案件事实必须是请求权规范或抗辩权规范所对应的要件事实，或者是用于推定要件事实的间接事实。

二、证据保全的类型

证据保全依据申请保全的时间可以分为诉讼或仲裁过程中的证据保全和诉前或申请仲裁前的证据保全。诉讼或仲裁过程中的证据保全，是指在诉讼或仲裁进行过程中,在证据可能灭失或者今后难以取得的情况下,法院依申请或者依职权对证据予以调查收集和固定保护的行为。诉讼或仲裁过程中的证据保全既可以由当事人申请启动,也可以由法院依职权启动。诉前或申请仲裁前的证据保全,是指在提起诉讼或者申请仲裁前,因情况紧急,在证据可能灭失或者以后难以取得的情况下,法院依利害关系人申请对证据予以调查收集和固定保护的行为。相较于前者,诉前或申请仲裁前的证据保全需要满足"情况紧急"的条件。所谓"情况紧急",系指利害关系人来不及提起诉讼或申请仲裁,相关证据就已经面临灭失或难以取得的风险的情况。此种情况下,如果不立刻实施证据保全,就可能使证据灭失或者难以取得,以至于在后续审理过程中无法作为认定案件事实的基础。诉前或申请仲裁前的证据保全只能由利害关系人申请启动,法院不能对相关证据依职权进行保全。

三、证据保全的程序

根据司法解释的相关规定,当事人可以在举证期限届满前书面提出证据保全申请,申请书应当载明需要保全的证据的基本情况、申请保全的理由以及采取何种保全措施等内容。当事人或者利害关系人申请采取查封、扣押等限制保全标的物使用、流通等保全措施,或者保全可能对证据持有人造成损失的,人民法院应当责令申请人提供相应的担保。就担保的方式和数额而言,由人民法院根据保全措施对证据持有人的影响、保全标的物的价值、当事人或者利害关系人争议的诉讼标的金额等因素综合确定。申请证据保全错误造成财产损失,当事人请求申请人承担赔偿责任的,人民法院应予支持。

诉前或申请仲裁前的证据保全还涉及管辖法院的选择问题。本条规定,利害关系人可以在提起诉讼或者申请仲裁前向证据所在地、被申请人住所地或者对案件有管辖权的人民法院申请保全证据,由此可以看出该规定适用的是地域管辖原则。在人民法院采取诉前证据保全措施后,当事人向其他有管辖权的人民法院提起诉讼的,采取保全措施的人民法院应当根据当事人的申请,将保全的证据及时移交受理案件的人民法院。

除此之外,由于证据保全与财产保全在程序上具有诸多相同之处,在涉及保全担保、保全范围、保全实施等更多具体的程序规定时,可以参照适用本法第9章中关于保全的相关规定。

四、证据保全的方法

根据2019年《证据规定》第27条的规定,人民法院进行证据保全,可以要求当事人或者诉讼代理人到场,同时根据当事人的申请和具体情况,可以采取查封、扣押、录音、录像、复制、鉴定、勘验等方法进行证据保全,并制作笔录。实务操作中,法官应该根据不同证据的特点,采取不同的方法。对证人证言,应当采取制作笔录或录音的方法;对书证的保全,应当采取拍照、复制的方法;对物证的保全,应当采取勘验、制作笔录、绘图、拍照、录像、保存原物的方法等,客观真实地反映证据。需要注意的是,由于证据的形式有多种,保全方法也较多,人民法院应根据案件和证据的具体情况,平等保护双方当事人的利益,选择低成本、高效率、最合适的方法采取保全措施。

适用要点

证据保全虽然可以发挥帮助一方当事人收集证据的作用,但这种作用是以证据处于可能发生灭失或难以取得的危险之下这一条件作为前提的。在目前的司法实践中,证据公证作为一种不受这项条件限制却能够发挥保全证据功能的方法得到了更为广泛的运用。所谓证据公证,是指当事人在诉讼前或诉讼中委托公证机构对某种证据的存在、状态或作用等进行公证,以期保证此后能够向法院提交该证据,并提高其真实可靠性及证明力。在公证的法律服务越来越便利的社会背景下,证据公证的方法不仅可以发挥与证据保全相同的保存或固定证据的功能,而且还能以公证机构的公信力作为担保,增强特定证据的真实可靠性和证明力,从而提升证据的价值。因此,在实践中证据公证适用的情形有超过证据保全的势头。

案例指引

安徽皖垦种业股份有限公司诉宿州市金种子有限责任公司、李某某侵害植物新品种权纠纷案[1]

要旨:当事人取证难是目前审理农业植物新品种案件普遍存在的问题。侵权者为了逃避法律责任,一般将侵权种子存放于较隐蔽的地方,即便权利人查到了侵权种子的存放地点,也难以获取有效证据以证明侵权的事实。当事人在初步判断存在侵权的可能性后,在诉讼中申请法院证据保全。法官并不具有种子检验资质,抽取样品的代表性及合法性往往在诉讼中遭到质疑,因而农业行政机关具有协助法院取证的职责。本案中,法院根据当事人的申请,在邀请被告在场的情况下,对被控侵权种子进行抽样证据保全,并在判决中采纳了保全的证据,简化了取证程序,客观上加大了植物新品种司法保护的力度。

[1] 参见安徽省合肥市中级人民法院(2011)合民三初字第148号。

第七章　期间、送达

第一节　期　　间

第八十五条　【期间】期间包括法定期间和人民法院指定的期间。

期间以时、日、月、年计算。期间开始的时和日，不计算在期间内。

期间届满的最后一日是法定休假日的，以法定休假日后的第一日为期间届满的日期。

期间不包括在途时间，诉讼文书在期满前交邮的，不算过期。

条文解读

本条是关于民事诉讼期间的规定。

一、期间的含义

民事诉讼是法院、当事人和诉讼参与人共同参与进行的一项解决纠纷的活动。纠纷能否通过诉讼得到合理解决，与法院、当事人和其他诉讼参与人投入的时间与精力息息相关。如果投入过少，纠纷难以平息；如果投入过多，容易造成诉讼的迟延。所以，为保证法院、当事人和其他诉讼参与人既有足够的时间进行诉讼，又能防止诉讼拖延，《民事诉讼法》规定了期间制度。

期间，是指法院、当事人和其他诉讼参与人单独或者会合在一起实施或者完成特定诉讼活动所应遵守的时间，包括期限与期日。本条及民事诉讼立法中的期间应采狭义理解，即期间只指期限而不包括期日。

二、期间的分类

根据本条第1款的规定，民事诉讼期间分为法定期间和人民法院指定的期间。法定期间，是指由法律直接规定的期间。对于法定期间，除法律另有规定外，法院、当事人和其他诉讼参与人不得予以变更。人民法院指定的期间，是指法律明确授权法院根据审理案件的具体情形，依职权指定的期间。多数情形下，法院指定的期间，是当事人或者其他诉讼参与人实施或者完成特定诉讼活动的期限。法律授权法院具有指定期间的权力与空间，其原因在于民事诉讼案件种类繁多，各案件的审理情况千差万别，很难用一个统一的时间来对其加以规定。通过授权法院根据案件具体情况来指定期间，既可以使当事人或者其他诉讼参与人有足够的时间进行相应的诉讼活动，又不会造成诉讼迟延，更加具有合理性和灵活性。此外，期间还有一个类别即约定期间。约定期间，是指当事人根据法律的规定，协商一致并经法院认可的期间，如当事人可以约定举证期限。约定期间体现了民事诉讼对当事人处分权的充分尊重。

三、期间的计算方法

本条第2款规定了期间的计算方法，即期间以时、日、月、年计算。但是，对于具体的某一个诉讼活动，是以时、日、月为计算单位，还是以年为计算单位，则需要由法律明确规定或者法院指定。期间开始的时和日，不计算在期间内。即期间若以时为计算单位，开始的小时便不计算在内，而是从下一个小时开始计算，终期则根据期间的实际小时数相加确定；期间若以日为计算单位，开始的日也不计算在内，而是从第二日开始计算，终期则根据期间的实际天数相加确定。同样,期间若以月和年为计算单位,由于月和年实际上也是由日组成,因此也是从第二日开始计算,终期则是根据期间的实际月或者年数相加所确定的届满月或者届满年的始期对应日。如果没有对应日的,则以该月的最后一日为届满日。

本条第3款对期间计算的特殊情况进行了规定:"期间届满的最后一日是法定休假日的,以法定休假日后的第一日为期限届满的日期。"亦即,如果期间届满遇上法定休假日的话,就不能按照一般的计算方法,而是以法定休假日结束后的第一日为终期届满日。2021年《民事诉讼法》修正时,将"节假日"的表述修改为"法定休假日"。应当注意的是,如果法定休假日是在期间的中间而不是在期间届满的最后一日,则以法定休假日后的第一个工作日为届满日。

本条第4款规定,期间不包括在途时间,诉讼文书在期满前交邮的,不算过期。在途时间是指人、物从出发地到目的地所花费的时间。在民事诉讼中,主要是指诉讼文书在邮寄途中所花费的时间。因期间不包括在途时间,所以诉讼文书在期满前交付邮局的,不算过期。法院确定诉讼文书交邮的时间,应以邮寄地邮局所盖邮戳上的时间为准。

四、期间的耽误

当事人或者其他诉讼参与人应在法定期间或者指定期间内实施或者完成某一诉讼活动,因为某种原因未能实施或者完成该诉讼活动的状态称为期间的耽误。如果期间的耽误是因为当事人或者其他诉讼参与人主观方面的原因,则他们将丧失实施或者完成某一诉讼活动的权利,并承担相应的不利后果;如果期间的耽误是因为某种客观原因,当事人可以申请顺延期限,是否准许,由人民法院决定。

适用要点

司法实践中,期间的确定与变更应注意以下问题:(1)民事诉讼法定期间既有《民事诉讼法》直接规定的,也有其他法律规定的。在对法定期间进行考量时,不仅要看《民事诉讼法》的规定,还要根据案件的具体情况分析是否受其他法律规定的约束。(2)为防止法院指定的期间过短,损害当事人的诉讼权利,有时法律会对指定期间的范围作出限定。例如,人民法院确定的举证期限,第一审普通程序案件不得少于15日。同时,人民法院指定期间的,要有具体明确的日期,要从案件实际情况出发,综合考量后慎重作出。(3)期间有不变期间和可变期间之分。不变期间,是指一经法律规定,非有法定情形任何人不得予以变更的期间,如上诉期间、申请再审的期间等。法院、当事人或者其他诉讼参与人不得加以变更。一般而言,法定期间就是不变期间,但有一些法定期间可以在符合法律明确规定的情形下予以变更。例如,对于一审普通程序的审限,法律规定为6个月,但如果有特殊情况,由本院院长批准,可以延长6个月。

案例指引

朱某某与安徽恒制纺织科技有限公司劳动争议纠纷案[1]

要旨:本案系劳动争议纠纷,应当仲裁前置。在仲裁中无具体规定的程序性问题,可以参照《民事诉讼法》的相关规定执行。因仲裁程序中对仲裁期间的计算无特别规定,仲裁期间可以参照《民事诉讼法》关于期间计算的有关规定执行。依照《劳动争议调解仲裁法》第50条"当事人对本法第四十七条规定以外的其他劳动争议案件的仲裁裁决不服的,可以自收到仲裁裁决书之日起十五日内向人民法院提起诉讼;期满不起诉的,裁决书发生法律效力"及《民事诉讼法》第82条"……期间以时、日、月、年计算。期间开始的时和日,不计算在期间内。期间届满的最后一日是节假日的,以节假日后的第一日为期间届满的日期……"之规定,恒制公司

〔1〕 参见安徽省蚌埠市中级人民法院(2021)皖03民终3975号。

对仲裁裁决不服应于2021年9月26日向人民法院提起诉讼,但2021年9月26日系周日,因此2021年9月27日系期间届满之日,恒制公司于2021年9月27日向五河县人民法院递交民事起诉状,未超过法定起诉期限。一审法院以超过起诉期限为由裁定不予受理不当,依法应予以纠正,本案一审法院应当依法进行立案受理。

第八十六条　【期间顺延】当事人因不可抗拒的事由或者其他正当理由耽误期限的,在障碍消除后的十日内,可以申请顺延期限,是否准许,由人民法院决定。

第二节　送　　达

第八十七条　【送达回证】送达诉讼文书必须有送达回证,由受送达人在送达回证上记明收到日期,签名或者盖章。

受送达人在送达回证上的签收日期为送达日期。

第八十八条　【直接送达】送达诉讼文书,应当直接送交受送达人。受送达人是公民的,本人不在交他的同住成年家属签收;受送达人是法人或者其他组织的,应当由法人的法定代表人、其他组织的主要负责人或者该法人、组织负责收件的人签收;受送达人有诉讼代理人的,可以送交其代理人签收;受送达人已向人民法院指定代收人的,送交代收人签收。

受送达人的同住成年家属,法人或者其他组织的负责收件的人,诉讼代理人或者代收人在送达回证上签收的日期为送达日期。

第八十九条　【留置送达】受送达人或者他的同住成年家属拒绝接收诉讼文书的，送达人可以邀请有关基层组织或者所在单位的代表到场，说明情况，在送达回证上记明拒收事由和日期，由送达人、见证人签名或者盖章，把诉讼文书留在受送达人的住所；也可以把诉讼文书留在受送达人的住所，并采用拍照、录像等方式记录送达过程，即视为送达。

条文解读

本条是关于留置送达的规定。

一、留置送达的含义及具体情形

留置送达，是指当受送达人拒绝签收所送达的诉讼文书时，送达人依法将诉讼文书放置在受送达人住所即视为完成送达的送达方式。采取留置送达的具体情形及注意事项如下：

1. 法院在直接送达时，如果受送达人或者他的同住成年家属拒绝签收诉讼文书，送达人可以邀请有关基层组织或者所在单位的代表到场，说明情况，在送达回证上记明拒收事由和日期，由送达人、见证人签名或者盖章，把诉讼文书留在受送达人的住所，即视为送达。这里的“有关基层组织或者所在单位的代表”可以是受送达人住所地的居民委员会、村民委员会的工作人员以及受送达人所在单位的工作人员。

2. 法院向法人或者其他组织送达诉讼文书，应当由法定代表人、该组织的主要负责人或者办公室、收发室、值班室等负责收件的人签收或者盖章。如果其拒绝签收或者盖章的，同样适用留置送达。

3. 如果受送达人有诉讼代理人，人民法院既可以向受送达人送达，也可以向其诉讼代理人送达。受送达人指定诉讼代理人为代收人的，向诉讼代理人送达。同样地，诉讼代理人拒绝签收的，也适用留置送达。

4. 受送达人或者他的同住成年家属拒绝接收诉讼文书的，除可以邀请有关基层组织或者所在单位的代表到场见证外，也可以把诉讼文书留在受送达人的住所，并采用拍照、录像等方式记录送达过程，即视为送达。

5. 民事调解书应当直接送达当事人本人，不适用留置送达。

二、留置送达的适用条件

虽然《民事诉讼法》规定了直接送达、留置送达、委托送达、邮寄送达、电子送达、转交送达和公告送达七种送达方式，但立法的表达隐含了送达方式选择的顺序优先性。直接送达需要的时间短且最为可靠，是首选的送达方式，也是立法者更倾向于采用的送达方式。直接送达时受送达人拒绝签收，送达人员就可以通过邀请见证人或者采用拍照、录像的方式来证明，将直接送达转化为留置送达。一般情况下，只有在直接送达与留置送达均无法实现送达时，才选择其他送达方式，如邮寄送达。电子送达、转交送达和委托送达这三种送达方式都有其适用的特别条件，当通过上述的各种方式都无法送达、无法联系上受送达人时，才适用公告送达。由此可见，留置送达是通过直接送达转化而来，法院优先选择直接送达方式。如果受送达人或者他的同住成年家属拒绝接收诉讼文书，才转化适用留置送达。

适用要点

司法实践中，邮寄送达更为普遍，甚至替代了直接送达成为首先采用的送达方式，很多法院只有在邮寄送达无法完成的情况下，才会采用直接送达或者留置送达的方式。这也是《最高人民法院关于以法院专递方式邮寄送达民事诉讼文书的若干规定》出台后带来的直接后果，“法院专递邮寄”的送达方式，很大程度上减轻了人民法院送达工作的压力，具有一定的优点，但并不能因此忽略了直接送达的优先性。在很轻易就能够通过直接送达的方式将诉讼文书送达给受送达人时，应严格按照优先次序来选择送达方式。

案例指引

中国长城资产管理公司昆明办事处与昆明新人人海鲜酒楼有限责任公司、昆明新人人金实酒楼有限责任公司借款合同纠纷案[1]

要旨：人民法院审理民事案件过程中，鉴于被告方数个企业法人的法定代表人为同一人，且其在各企业法人中的法定职权与义务基本相同，故在向被告方送达开庭传票等法律文书时，仅送至其中一个企业法人，并通过该企业法人向被告方其他企业法人转交或者留置送达的做法，并不影响当事人的诉讼权利，不属于审判程序违法。海鲜酒楼与金实酒楼的法定代表人为同一人，两个公司法定代表人的法定职权与义务基本相同。因此，原审法院通过向海鲜酒楼送达开庭传票等法律文书后转交金实酒楼或者留置送达，并不影响当事人的诉讼权利，更未造成当事人实体权利的损害，上诉人关于“审判程序违法”的上诉理由不能成立，法院予以驳回。

第九十条　【电子送达】经受送达人同意，人民法院可以采用能够确认其收悉的电子方式送达诉讼文书。通过电子方式送达的判决书、裁定书、调解书，受送达人提出需要纸质文书的，人民法院应当提供。

采用前款方式送达的，以送达信息到达受送达人特定系统的日期为送达日期。

---

〔1〕 参见最高人民法院（2007）民二终字第210号。

条文解读

本条是关于电子送达的规定。

一、电子送达的产生背景

电子送达,是指采用传真、电子邮件、移动通信等受送达人能够即时收悉的方式进行的送达。电子送达不同于传统的送达方式,是2012年《民事诉讼法》在传统的送达方式上新增加的送达方式。

电子送达方式产生的原因主要有两个方面:一是社会因素。随着当今社会不断的变革与发展,网络信息化时代的到来,电子信息的优势逐渐凸显。传统的直接送达、留置送达、委托送达、邮寄送达、转交送达与公告送达这6种方式已经无法适应人们的电子化生活需求,在这一社会背景下,送达采用电子信息化的方式并结合即时传讯技术,形成了方便、高效的民事诉讼送达方式——电子送达。二是传统送达面临送达难和送达累的现状。社会经济的发展与立案登记制的实施导致法院案件数量激增,法院案多人少加上人口流动的加快都导致法院送达面临着不小的问题。难以找到受送达人、送达地址的门难进以及送达回证的字难签等是司法实践中直接送达与留置送达面临的主要问题。同时,传统的送达方式对人力、物力的消耗较大,送达期间较长,同一送达工作反复多次进行的情况并不少见。送达的效率低直接影响了案件审理的效率,也造成了司法资源的浪费。综上所述,传统送达方式的不堪重负、社会通信方式的改变以及司法电子信息化的浪潮都推动了电子送达方式的产生。

二、电子送达制度的意义

电子送达对于我国送达制度的意义:一是电子送达的无形性可以有效地节约资源。电子送达通过将纸质诉讼材料等文本信息虚拟化、数字化输入电子系统,然后通过信息网络或者移动通信设备将这些信息发送给受送达人。整个过程都是通过电子载体完成的,无须打印、复印、整理文件等即可直接送达,降低了司法办案成本。二是电子送达的科技性可以突破时间和空间的限制,提高送达效率。从时间上看,电子送达的在途时间几乎为零,也不再有时间限制,可以 24 小时进行。从空间上看,即使收件地址不清楚,但只要受送达人的手机号码、微信、电子邮箱等账号明确便能够进行送达,无须送达人员来回奔波反复送达。三是电子送达的运用为电子诉讼的发展和普及奠定了基础。目前,我国有不少法院采取了电子诉讼的方式,电子送达作为电子诉讼的一个子系统,对电子诉讼的发展和普及起着重要作用。

三、电子送达的具体规定

本条规定的电子送达涉及以下三个方面的内容:

1. 采用电子送达方式,需要经过受送达人同意,并且要确认受送达人能够收悉。电子送达以受送达人同意为条件,若出现受送达人拒绝同意的情况则在程序中无法适用。受送达人同意采用电子方式送达的,应当在送达地址确认书中予以确认。

2. 2021 年《民事诉讼法》将判决书、裁定书、调解书纳入了电子送达的适用范围。原来的规定完全禁止法院裁判文书使用电子送达的方式进行送达,主要是考虑到裁判文书作为重要的司法文书,必须确保受送达人能够收到,且其需要进行长期保存,使用时须出示原件,电子送达的稳妥性不如传统送达方式。如今,电子送达技术已经能够保证法律文书成功送达,且法院结案后都会以电子和纸质两种方式进行存档,需要时申请调用即可。同时,根据 2021 年《民事诉讼法》的规定,判决书、裁定书、调解书通过电子送达的方式进行送达的,如果受送达人提出需要纸质文书,人民法院应当提供。

3. 采用电子方式送达的,以送达信息到达受送达人特定系统的日期为送达日期。一般而言,送达信息到达该电子地址的日期为人民法院对应系统显示发送成功的日期,但受送达人证明到达其特定系统的日期与人民法院对应系统显示发送成功的日期不一致的,以受送达人证明到达其特定系统的日期为准。

案例指引

重庆市阿里巴巴小额贷款有限公司诉陈某某小额借款合同纠纷案〔1〕

要旨:"送达难"一直是困扰审判工作的问题之一,严重影响司法效率,降低了司法公信。司法实践中,许多"送达难"问题产生的根源是受送达人躲避诉讼、拒不配合法院送达。在此种情况下,依靠诉中填写送达地址确认书,显然无法解决"送达难"问题。诉前约定送达符合双方当事人利益,应该被送达地址确认制度所吸收,丰富送达地址确认制度形式,与诉中填写送达地址确认书相互补充,成为高效解决"送达难"的有效形式。

本案中,当事人在签订合同时经合意约定了因合同纠纷成讼后,可使用电子送达方式及电子送达地址、可适用的程序范围、地址变更方式、因过错导致文书未送达的法律后果等内容,内容明确、具体,双方对送达条款均能够预见诉讼后产生的法律后果。该约定具有《送达地址确认书》的实质要件,具有相当于《送达地址确认书》的效力。诉前约定送达条款虽然与在诉中由法院引导填写、统一的印制格式等形式不尽相符,但是其能够在保障当事人诉权的前提下有效解决送达难题,是一种更便捷、高效的送达。因此,本案例确认,当事人在诉前相关合同中对电子送达方式、电子送达地址及法律后果作出明确、具体约定的,该约定具有相当于《送达地址确认书》的效力。人民法院在诉讼过程中可以直接适用电子送达方式向诉前约定的电子送达地址送达诉讼文书。

〔1〕 参见杭州互联网法院(2017)浙8601民初943号。

第九十一条 【委托送达、邮寄送达】直接送达诉讼文书有困难的,可以委托其他人民法院代为送达,或者邮寄送达。邮寄送达的,以回执上注明的收件日期为送达日期。

第九十二条 【转交送达之一】受送达人是军人的,通过其所在部队团以上单位的政治机关转交。

第九十三条 【转交送达之二】受送达人被监禁的,通过其所在监所转交。

受送达人被采取强制性教育措施的,通过其所在强制性教育机构转交。

第九十四条 【转交送达日期】代为转交的机关、单位收到诉讼文书后,必须立即交受送达人签收,以在送达回证上的签收日期,为送达日期。

第九十五条 【公告送达】受送达人下落不明,或者用本节规定的其他方式无法送达的,公告送达。自发出公告之日起,经过三十日,即视为送达。

公告送达,应当在案卷中记明原因和经过。

条文解读

本条是关于公告送达的规定。

一、公告送达的含义及特征

公告送达是指人民法院在受送达人下落不明或用直接送达、留置送达、委托送达、邮寄送达、转交送达和电子送达等方式无法送达的情形下,被迫采用在法院的公告栏和受送达人住所地张贴公告或在报纸、信息网络等媒体上刊登公告的方式广发布告,经过一定期间即视为送达的送达方式。从其概念可以分析出公告送达具有以下特征：

首先，公告送达具有拟制性。公告送达的拟制性在于“视为送达”，也就是说，公告送达并不是现实中的实体送达，其法律适用和效果是由法律规定的，具有严格的法定性。在法律规定的公告期间届满时，即使受送达人没有主观知悉诉讼情况，在客观上也视为产生受送达人接收到法院送达文书、知悉诉讼信息的效果。受送达人如果不如期参加诉讼，则视为对诉讼权利的放弃，法院可以直接对案件进行审理和裁判。

其次，公告送达具有启动的后置性。公告送达的适用限于两种情形：一是受送达人下落不明，人民法院可以直接对该受送达人公告送达；二是对非下落不明受送达人，在其他送达方式均无法送达时，最后才选择采用公告送达。由第二项情形可以看出，公告送达方式在民事诉讼送达方式中居于辅助、后置的位置，程序上的启动具有后置性。司法实践中，在启动公告送达后，受送达人的到庭率也极低，法院通常会作出缺席裁判，这可能会给受送达人带来不利影响。所以适用公告送达具有一定风险，必须审慎适用，这也是其具有后置性的原因。

再次，公告送达具有程序的严格性。公告送达的后置性决定了其应当遵照严格的程序和方式，以保障程序正义，进而实现实体正义。公告送达期待实现的法律效果是最大范围、最大限度地使受送达人知悉法律文书的内容，进而选择处分自己的诉讼权利，但至于能否达到该目的是不确定的。同时，公告送达程序的严格设定还在于让明知诉讼存在却置之不理甚至抗拒的受送达人的权利受到限制，一旦过了法定期间，受送达人不按时行使诉讼权利便视为放弃。法院在采用公告送达方式时，也不得违反法律的既定规定。

最后，公告送达具有特殊程序排他性。公告送达不适用于简易程序。公告送达需要经过一定的期间才能够视为送达，而适用简易程序的案件一般是当事人权利义务关系明确、案件事实较为清楚的案件。在同一案件中，需要送达的绝不仅仅只是一次，通常情况下会存在多次采用公告方式进行送达各种法律文书的情形。虽然送达期间并不计入审限，但客观上随着时间的推移拖延了整个诉讼程序,给当事人增加了诉累。所以,简易程序不适用公告送达是兼顾效率和司法成本的制度设计。在督促程序中,人民法院向债务人发出的支付令也不适用公告送达。

二、公告送达的期间

2017 年《民事诉讼法》将公告送达的期间规定为 60 日,2021 年《民事诉讼法》将公告送达的期间缩短为 30 日。大陆法系国家或地区的公告送达期间一般都较短。例如,德国规定对于送达文书包含有传票的期间为 1 个月,不包含有传票的期间为 14 日;日本则规定公告张贴于法院公告牌之日起两周后生效。我国台湾地区公告送达的期间也视情况分为 20 日、60 日和次日。相较而言,2017 年《民事诉讼法》规定的公告送达期间为 60 日,时间过长。民事公告送达期间是不计入审限的,我国第一审普通程序案件的审理期限就长达 6 个月。如果一个普通案件将这 6 个月全部考虑在内,那么仅一次公告送达就会在此基础上增加两个月。而且我们国家也不存在像其他国家或地区一样区分送达次数和送达内容的制度规定,这样每一次的公告送达就会增加两个月,以此累加至案件结案,时间成本就会剧增,当事人的诉讼权利与民事实体权利因长期悬而未决将受到极大的冲击。基于此,2021 年《民事诉讼法》修正时将公告送达期间缩短至 30 日。

还应注意的是,公告送达应当在案卷中记明原因和经过。公告送达应当说明公告送达的原因;公告送达起诉状或者上诉状副本的,应当说明起诉或者上诉要点,受送达人答辩期限及逾期不答辩的法律后果;公告送达传票,应当说明出庭的时间和地点及逾期不出庭的法律后果;公告送达判决书、裁定书的,应当说明裁判的主要内容;当事人有权上诉的,还应当说明上诉权利、上诉期限和上诉的人民法院。

适用要点

司法实践中,公告送达可以在法院的公告栏和受送达人住所地张贴公告,也可以在报纸、信息网络等媒体上刊登公告,发出公告日期以最后张贴或者刊登的日期为准。对公告送达方式有特殊要求的,应当按要求的方式进行。公告期间,即视为送达。人民法院在受送达人住所地张贴公告的,应当采取拍照、录像等方式记录张贴过程。

案例指引

经纬纺织机械股份有限公司与裘某某等分期付款买卖合同纠纷案[1]

要旨:查明事实足以认定一审法院违反了《民事诉讼法》第92条第1款“受送达人下落不明,或者用本节规定的其他方式无法送达的,公告送达”以及该条第2款“公告送达,应当在案卷中记明原因和经过”的规定。裘某某的再审理由符合《民事诉讼法》第200条第8项规定的情形,本案应予再审。《最高人民法院关于适用〈中华人民共和国民事诉讼法〉的解释》第405条中规定:“人民法院审理再审案件应当围绕再审请求进行。”裘某某的再审请求为驳回经纬公司要求其承担保证责任的诉讼请求。其依据的理由有二:一是经纬公司未向天盛公司支付7680万元货款,即主债权债务不存在;二是《个人保证担保函》中裘某某的签字系伪造。关于第二项理由,由于一审法院公告送达违反了《民事诉讼法》第92条的规定,导致裘某某未能参加一审庭审,未对《个人保证担保函》质证,申请鉴定的权利无法行使。因此,裘某某提出的其在《个人保证担保函》上的签字系伪造,并据此主张不应承担保证责任的理由能否成立,应当由再审法院在依法保障裘

[1] 参见最高人民法院(2015)民申字第1823号。

某某诉讼权利的基础上依照事实和法律作出认定。据此,本案再审审理应当围绕《个人保证担保函》中裘某某的签字是否系伪造,裘某某是否应当承担保证责任进行。

第八章　调　　解

第九十六条　【调解原则】人民法院审理民事案件，根据当事人自愿的原则，在事实清楚的基础上，分清是非，进行调解。

第九十七条　【调解组织形式】人民法院进行调解，可以由审判员一人主持，也可以由合议庭主持，并尽可能就地进行。

人民法院进行调解，可以用简便方式通知当事人、证人到庭。

第九十八条　【协助调解】人民法院进行调解，可以邀请有关单位和个人协助。被邀请的单位和个人，应当协助人民法院进行调解。

第九十九条　【调解协议】调解达成协议，必须双方自愿，不得强迫。调解协议的内容不得违反法律规定。

第一百条　【调解书】调解达成协议，人民法院应当制作调解书。调解书应当写明诉讼请求、案件的事实和调解结果。

调解书由审判人员、书记员署名，加盖人民法院印章，送达双方当事人。

调解书经双方当事人签收后，即具有法律效力。

条文解读

本条是关于民事调解书的制作及生效的规定。

一、法院调解的内涵及意义

此处的调解指的是法院调解，是指在人民法院审判人员的主持下，双方当事人通过自愿协商，达成协议，解决民事争议的活动和结案方式，又称“诉讼调解”或“诉讼上的调解”。法院调解制度是当事人行使处分权与人民法院行使审判权相结合的产物，所以其不同于当事人和解。当事人和解是指当事人在诉讼进行中，自愿协商，达成协议，解决纠纷，结束诉讼的活动。和解的开始、进行以及和解协议的达成，完全取决于双方当事人的自愿，没有审判人员的主持。和解协议只是双方当事人行使处分权的结果。

法院调解的意义在于，有利于彻底解决当事人之间的纠纷。法院调解是在人民法院的主持下，在双方自愿的基础上以平等协商的方式解决他们之间的纠纷。调解的过程中，尽可能使双方当事人对本案的事实问题和法律问题形成一致的认识，双方当事人最终的合意就是调解的结果，由于是当事人之间达成的合意，纠纷能够得到彻底解决。法院调解也有利于简化诉讼程序，及时化解矛盾。

法院调解应注意以下几点：(1)人民法院受理案件后，经审查，认为法律关系明确、事实清楚，在征得当事人双方同意后，可以径行调解。(2)法院调解的案件适用范围是有限制的，适用特别程序、督促程序、公示催告程序的案件，婚姻等身份关系确认案件以及其他根据案件性质不能进行调解的案件，不得调解。(3)人民法院审理民事案件，应当根据自愿、合法的原则进行调解。当事人一方或者双方坚持不愿调解的，应当及时裁判。(4)人民法院审理离婚案件，应当进行调解，但不应久调不决。(5)人民法院审理民事案件，调解过程不公开，但当事人同意公开的除外。调解协议内容不公开，但为保护国家利益、社会公共利益、他人合法权益，人民法院认为确有必要公开的除外。主持调解以及参与调解的人员，对调解过程以及调解过程中获悉的国家秘密、商业秘密、个人隐私和其他不宜公开的信息，应当保守秘密，但为保护国家利益、社会公共利益、他人合法权益的除外。(6)人民法院调解案件时，当事人不能出庭的，经其特别授权，可由其委托代理人参加调解,达成调解协议,可由委托代理人签名。

二、民事调解书的制作

本条第1款规定,调解达成协议,人民法院应当制作调解书。民事调解书的内容应当包括诉讼请求、案件的事实和调解结果。调解协议,是指在人民法院主持下,双方当事人就他们之间的争议及权利义务所达成的,并经人民法院确认的协议。调解协议与民事调解书有所不同。在我国,民事调解书是法院确认当事人调解协议内容的法律文书,在法院调解结案的案件中,只有民事调解书才能成为执行的依据。因此,凡是具有给付内容的调解协议都需要制作民事调解书。法院制作的调解书要求与调解协议内容的本质一致,不是照抄调解协议的文字表述,同时法院制作调解书时还应当对调解协议加以整理规范。当事人以民事调解书与调解协议的愿意不一致为由提出异议,人民法院审查后认为异议成立的,应当根据调解协议裁定补正民事调解书的相关内容。还应当注意,民事调解书的内容并不完全是当事人双方调解协议的内容。除诉讼请求、案件的事实和调解的结果应当包含在内外,与诉讼标的无关的一些内容也可以直接写入调解书中,作为执行的内容。例如,关于诉讼费用的承担,当事人对诉讼费用如何承担不能达成协议的,不影响调解协议的效力,人民法院可以直接决定当事人承担诉讼费用的比例,并将其记入调解书。

本条第2款规定了调解书的形式要求,民事调解书需要由审判人员、书记员署名,加盖人民法院印章,送达双方当事人。所以,调解书制作时的尾部,应当由审判人员署名,写明签发年月日,加盖法院印章,最后由书记员署名。

三、调解书的生效条件及效力

本条第3款规定了调解书的生效条件,调解书经双方当事人签收后,即具有法律效力。调解书的生效应当满足两个方面的要求:一是调解书必须送达双方当事人。调解书应当直接送达当事人本人,不适用留置送达。二是调解书必须经双方当事人签收后才能生效。如果一方或双方当事人拒绝签收,应当视为调解不成立,调解书不发生法律效力。另外,法院调解民事案件需要由无独立请求权第三人承担责任的,应当经其同意。该第三人在调解书送达前反悔的,法院应当及时裁判。

调解书同法院判决具有同等的效力,表现在以下几个方面:一是形式上的约束力。形式上的约束力,是指当事人和法院在调解生效后,就要受到调解的约束。当事人不能对调解不服提起上诉,本案诉讼也因调解生效而结束,当事人不得对本案继续争议。法院也不能撤销和变更调解书的内容。二是实质上的确定力,是指该案件争议的法律关系因为调解而发生确定的法律效果。三是形成力与执行力。部分生效的调解书具有形成力,如生效的离婚调解书能够消灭当事人之间的婚姻关系。有给付内容的调解书还具有强制执行力。如果在调解书中负有给付义务的当事人不自动履行义务时,权利人可以根据调解书向法院申请强制执行。

适用要点

调解书需经当事人签收后才发生法律效力的,应当以最后收到调解书的当事人签收的日期为生效日期。

案例指引

美康中成药保健品进出口公司与非洲联船公司等海上货物运输合同纠纷案[1]

要旨:本案原告和第三人在涉案紫檀木提货权归属上争议很大,通过法院工作,最终达成调解方案:五箱货物由原告取得1.5箱提货权,第三人取得3.5箱提货权。由于五箱紫檀原木系特定物,在品质、重量上稍有

〔1〕 参见上海海事法院(2011)沪海法再初字第1号。

分别，且一箱货物不能做到绝对均分。因此，调解协议在货物分配问题上引入了抽签和竞价的方式。由原告先抽取1箱，第三人再抽取3箱，剩余1箱通过竞价，由出价高者获得，竞价所得款项由原告和第三人均分。同时，调解协议也保证了货物堆存费、集装箱超期使用费等的支付，保护了被告的权益。调解方案确定后，法院制定了抽签和竞价规则，对抽签和竞价中可能发生的问题，如当事人不到场、一方或双方放弃抽签或竞价、报价相同、不支付竞价款等都进行了规制，并将规则作为调解协议和民事调解书的附件向当事人释明。因此，内容缜密、结构合理、文字清晰是这一民事调解书的特色。也正是因为这一调解书的严谨和缜密，确保了紫檀木抽签与竞价的完满进行，调解书得以顺利履行，从而化解了当事人的多年积怨。

第一百零一条 【不制作调解书的情形】下列案件调解达成协议，人民法院可以不制作调解书：

（一）调解和好的离婚案件；

（二）调解维持收养关系的案件；

（三）能够即时履行的案件；

（四）其他不需要制作调解书的案件。

对不需要制作调解书的协议，应当记入笔录，由双方当事人、审判人员、书记员签名或者盖章后，即具有法律效力。

条文解读

本条是关于可以不制作调解书情形的规定。

法院调解的结束有两种情形：一是因调解不成而结束；二是当事人达成调解协议，并由法院审查认可而结束。当事人达成的调解协议也包括两种形式：一种是需要制作调解书的调解协议；另一种是不需要制作调解书的调解协议。本条就是对后者不需要制作调解书的范围进行的规定，根据该规定的内容，调解和好的离婚案件、调解维持收养关系的案件、能够即时履行的案件以及其他不需要制作调解书的案件，法院可以不制作调解书。

根据《民事诉讼法》第100条第1款第1句的规定，调解达成协议，人民法院应当制作调解书。在我国，民事调解书是法院确认当事人调解协议内容的法律文书，在法院调解结案的案件中，只有民事调解书才能成为执行的依据。因此，凡是具有给付内容的调解协议都需要制作民事调解书。大多数情形下，签订调解协议与制作民事调解书是一个连续的过程，即从一个意思表示变为法律行为的过程。这也就意味着达成调解协议是以制作民事调解书为目的的，调解协议是民事调解书实质内容的来源。调解协议与民事调解书相比，民事调解书在格式上更为严格，在文字表述上更为规范。但其内容实质上并没有区别，只是调解协议并不具备强制执行力，调解结案的案件只有民事调解书才能够成为强制执行的依据。

本条规定了4种特殊的调解案件，人民法院可以不制作民事调解书，只是将调解协议记入笔录中，由双方当事人、审判人员、书记员签名或者盖章后，即具有法律效力。虽然最终没有制作民事调解书，但实质上对于双方当事人来说，则是用调解笔录来代替民事调解书的存在，并以在调解笔录上签名或者盖章来确保调解协议的法律效力。这4类可以不制作调解书的特殊案件如下：

1.调解和好的离婚案件。在这类案件中，双方当事人的婚姻关系仍然存续，也不存在任何强制执行的问题，不制作调解书更有利于夫妻双方感情的良性发展。

2.调解维持收养关系的案件。在这类案件中，调解的结果仍是继续维持当事人间已有的民事法律关系，当事人之间的法律关系没有发生任何改变，调解协议中也没有给付内容，不会产生因一方不履行而进入强制执行阶段。同时，依照一定的法定程序将他人子女作为自己子女予以抚养所形成的收养关系，收养人与被收养人之间，如同父母与子女之间，不制作调解书更加有利于双方关系的融洽与情感的发展。

3. 能够即时履行的案件。前两类案件都是维持原来的法律关系，不存在权利的行使和义务的履行，而这类案件不同于前两类，调解协议中具有义务履行的内容。与其他含有给付内容的案件相比，这类案件调解协议所确定的权利义务关系是当事人能够即时履行的。亦即，双方当事人在调解协议签订后，已经即时履行了自己的义务，既不需要法院的强制执行，双方也不会再就案件的争议再起纠纷。因此，这类案件也可以不制作民事调解书。

4. 其他不需要制作调解书的案件。这是对不需要制作调解书情形规定的弹性条款，给予了人民法院自由裁量的余地，人民法院在审判实践中可依据案件实际情况灵活决定。但此处自由裁量的余地并不是无限的，如果将“其他不需要制作调解书的案件”扩展为所有案件的话，则必然架空了“应当制作调解书、调解书经签收才生效”的规定。所以此处的“其他不需要制作调解书的案件”，法院在裁量时应当注意符合不制作调解书的条件，也即不存在制作调解书的必要性和强制执行的情况。

对于可以不制作民事调解书的情形，如果当事人请求制作调解书的，人民法院审查确认后可以制作民事调解书送交当事人，而此处的送交与民事调解书经送达签收生效的效果有所不同。因为对于当事人请求制作的调解书来说，当事人拒收也不影响调解协议的效力。

适用要点

对于不制作民事调解书的案件，当事人各方同意在调解协议上签名或者盖章后即发生法律效力。法院经过审查确认后，应当将调解内容记入笔录，也可以选择将调解协议附卷，并由当事人、审判人员、书记员签名或者盖章后即具有法律效力。

第一百零二条　【调解失败】调解未达成协议或者调解书送达前一方反悔的，人民法院应当及时判决。

第九章　保全和先予执行

第一百零三条　【诉讼保全】人民法院对于可能因当事人一方的行为或者其他原因，使判决难以执行或者造成当事人其他损害的案件，根据对方当事人的申请，可以裁定对其财产进行保全、责令其作出一定行为或者禁止其作出一定行为；当事人没有提出申请的，人民法院在必要时也可以裁定采取保全措施。

人民法院采取保全措施，可以责令申请人提供担保，申请人不提供担保的，裁定驳回申请。

人民法院接受申请后，对情况紧急的，必须在四十八小时内作出裁定；裁定采取保全措施的，应当立即开始执行。

条文解读

本条是关于诉讼保全的规定。

一、诉讼保全的含义和目的

本条第1款对诉讼保全的含义和目的进行了规定。诉讼保全，是指法院在受理诉讼后作出判决前，为保证当事人民事诉讼目的得以实现，根据当事人的申请或者由法院依职权采取的强制性保护措施。诉讼保全的目的在于通过采取一定的措施来防止一方当事人在诉讼过程中恶意转移、处分、毁损财产，保证将来生效判决的执行，避免对方当事人继续实施侵权行为和申请人损失的扩大。

根据保全的对象不同,诉讼保全可以分为财产保全和行为保全。财产保全是指法院为防止一方当事人的行为或者其他原因,使生效的判决不能执行或者难以执行,根据当事人的申请或者法院依职权,对当事人的财产或诉讼标的所采取的强制性保护措施。在民事诉讼中,原告的请求一般是请求被告给付一定数额的金钱或物品,所以在司法实务中,保全大多为财产保全。行为保全是指当事人为维护其合法权益,保证生效裁判的执行、阻断侵害行为的继续、避免损失的扩大,法院依法责令另一方当事人为或者不为一定的行为,通常适用于侵权诉讼,目的在于防止被诉侵权方的行为进一步造成申请人的损失。行为保全同财产保全的区别在于,前者针对的是被申请人的行为,是法院命令被申请人不得为或者必须为一定的行为,后者则针对的是被申请人的财产。

二、诉讼保全的条件

构成诉讼保全必须具备以下几个条件:(1)诉讼保全的适用时间必须在案件受理后,尚未作出生效判决前。保全的意义在于提前采取措施保证将来的判决能够执行,生效判决作出后,则不是诉讼保全所涵盖的情形。所以诉讼保全的时间应是在案件受理后,尚未作出判决前。如果对当事人不服一审判决提起上诉的案件,在第二审人民法院接到报送的案件之前,当事人有转移、隐匿、出卖或者毁损财产等行为,必须采取保全措施的,由第一审人民法院依当事人申请或者依职权采取。第一审人民法院的保全裁定,应当及时报送第二审人民法院。此外,有一种特殊情形是执行前的保全。法律文书生效后,进入执行程序前,债权人因对方当事人转移财产等紧急情况,不申请保全将可能导致生效法律文书不能执行或者难以执行的,可以向执行法院申请采取保全措施。债权人在法律文书指定的履行期间届满后5日内不申请执行的,人民法院应当解除保全。(2)具有保全的必要性。只有具备“可能因当事人一方的行为或者其他原因,使判决难以执行或者造成当事人其他损害”这一法定原因,才能够采取保全措施。“当事人一方的行为”主要是指一方当事人有转移、处分、毁损财产和使财产灭失的行为。“其他原因”是指当事人行为之外的可能会使有关财产毁损灭失的原因。(3)原则上由当事人提出诉讼保全申请。一般情况下,法院只能根据当事人的申请采取保全措施。法院依职权采取保全措施是例外情形,只有当事人没有提出申请且法院认为必要时,法院才依职权进行诉讼保全。

三、诉讼保全的程序

1. 财产保全的申请与担保。诉讼财产保全既可以由当事人申请,也可以由人民法院依职权决定。在诉讼中,人民法院依申请或者依职权采取保全措施的,应当根据案件的具体情况,决定当事人是否应当提供担保以及担保的数额。法院责令申请人提供担保的,应当书面通知,申请人必须提供担保,否则法院将依法驳回申请。

2. 诉讼保全的范围。诉讼保全的范围限于请求的范围,或者与本案有关的财物。法院只能对被申请人而不能对案外人的财产进行保全,保全的范围应当与法院判决申请人胜诉时确定的给付财物的范围相一致,既不能超出诉讼请求的范围,也不能扩大到与本案无关的财物。

3. 诉讼财产保全的裁定和执行。人民法院接受诉讼保全申请后,情况紧急的,必须在48小时内作出裁定。人民法院裁定采取保全措施后,应当立即开始执行,有关单位有义务协助法院执行。

4. 当事人不服的复议。当事人对财产保全裁定不服的,可以申请复议一次。复议期间不停止裁定的执行。

适用要点

保全裁定未经人民法院依法撤销或者解除的,进入执行程序后,自动转为执行中的查封、扣押、冻结措施,期限连续计算,执行法院无须重新制作裁定书,但查封、扣押、冻结期间届满的除外。

案例指引

宜兴市建工建筑安装有限责任公司与张某、张学某申请诉中财产保全损害赔偿责任纠纷案[1]

要旨：由于当事人的法律知识、对案件事实的举证证明能力、对法律关系的分析判断能力各不相同，通常达不到司法裁判所要求的专业水平，因此当事人对诉争事实和权利义务的判断未必与人民法院的裁判结果一致。对当事人申请保全所应尽到的注意义务的要求不应过于苛责。如果仅以保全申请人的诉讼请求是否得到支持作为申请保全是否错误的依据，必然会对善意当事人依法通过诉讼保全程序维护自己权利造成妨碍，影响诉讼保全制度功能的发挥。而且，根据《侵权责任法》第6条和第7条的规定，侵权行为以过错责任为原则，无过错责任必须要有法律依据，但《侵权责任法》所规定的无过错责任中并不包含申请保全错误损害赔偿责任。因此，申请保全错误，须以申请人主观存在过错为要件，不能仅以申请人的诉讼请求未得到支持为充分条件。

第一百零四条　【诉前保全】利害关系人因情况紧急，不立即申请保全将会使其合法权益受到难以弥补的损害的，可以在提起诉讼或者申请仲裁前向被保全财产所在地、被申请人住所地或者对案件有管辖权的人民法院申请采取保全措施。申请人应当提供担保，不提供担保的，裁定驳回申请。

人民法院接受申请后，必须在四十八小时内作出裁定；裁定采取保全措施的，应当立即开始执行。

---

〔1〕　参见最高人民法院（2018）最高法民申2027号。

申请人在人民法院采取保全措施后三十日内不依法提起诉讼或者申请仲裁的，人民法院应当解除保全。

第一百零五条　【保全范围】保全限于请求的范围，或者与本案有关的财物。

第一百零六条　【财产保全措施】财产保全采取查封、扣押、冻结或者法律规定的其他方法。人民法院保全财产后，应当立即通知被保全财产的人。

财产已被查封、冻结的，不得重复查封、冻结。

第一百零七条　【保全解除】财产纠纷案件，被申请人提供担保的，人民法院应当裁定解除保全。

第一百零八条　【保全错误补救】申请有错误的，申请人应当赔偿被申请人因保全所遭受的损失。

第一百零九条　【先予执行】人民法院对下列案件，根据当事人的申请，可以裁定先予执行：

（一）追索赡养费、扶养费、抚养费、抚恤金、医疗费用的；

（二）追索劳动报酬的；

（三）因情况紧急需要先予执行的。

条文解读

本条是关于先予执行的规定。

2021年《民事诉讼法》将原先条文中的“抚育费”修改为“抚养费”，其原因在于与实体法相协调。《婚姻法》第21条中规定“父母对子女有抚养教育的义务”，第37条中规定“离婚后，一方抚养的子女，另一方应负担必要的生活费和教育费的一部或全部”。因此，2017年《民事诉讼法》采取的“抚育费”的表述，是“抚养教育”的简称，包含着生活费和教育费双重含义。根据相关司法解释的规定,《婚姻法》中的“抚养费”包括子女生活费、教育费、医疗费用等费用。据此,《民法典》第1085条将《婚姻法》第37条修改为:“离婚后,子女由一方直接抚养的,另一方应当负担部分或者全部抚养费。”并且,《民法典》中相关条文均统一采取“抚养费”的表述,如第1067条、第1071条。《最高人民法院关于适用〈中华人民共和国民法典〉婚姻家庭编的解释(一)》第42条也保留了抚养费包括子女生活费、教育费、医疗费等费用的规定。为了继续与《民法典》及其司法解释等实体法规定保持一致,2021年《民事诉讼法》修改统一将“抚育费”修改成了“抚养费”。

一、先予执行的内涵及意义

先予执行,是指人民法院在案件受理后,终审判决作出之前,因为一方当事人生产、生活或者权利维护的迫切需要,根据一方当事人的申请,裁定对方当事人向其支付一定数额的金钱或者其他财产,实施或者停止某种行为,并立即付诸执行的一种制度。先予执行是相对于终审判决生效之后的强制执行而言的。正常情况下,债务人的义务应是在终审判决生效后才履行,但现实生活中有的案件审查时间很长,而一方当事人的生产、生活存在困难。如果严格按照正常形式进行,可能对这些人的生活、生产造成严重影响,甚至影响诉讼的顺利进行。因此,先予执行制度的意义就在于解决这部分当事人在生产、生活方面的迫切需要,保护有特殊需要原告的合法权益,保障诉讼顺利进行。

二、先予执行的启动方式

先予执行须由当事人提出申请,一般应以书面形式,提出申请的时间在法院受理案件后、作出终审判决前。法院在接到申请后,应当对是否属于先予执行范围之内的案件、是否符合先予执行的条件进行审查。特别需要注意的是,先予执行只能由当事人提出申请,不能由法院依职权启动。

三、先予执行的适用范围

先予执行的适用范围限于以下三类案件：1. 追索赡养费、扶养费、抚养费、抚恤金、医疗费用的案件。在这类案件中，原告往往是需要赡养、扶养、抚养的人以及受伤住院急需医疗费用的病人，被告则往往是与原告有着赡养、扶养和抚养关系的人，双方本身的权利义务关系也较为明确。申请先予执行的原告正处于困境之中，这种困境大多源自被告一方的不履行义务。先予执行不仅能够救济申请人的现实损害，而且能够避免潜在危害。对于被申请人，本来就是其本身应履行的义务，并不存在不公平。2. 追索劳动报酬的案件。这类案件中的申请人与被申请人之间，存在较为明确的劳动合同关系。申请人往往是辛苦打拼却拿不到血汗钱的受雇方，劳动报酬是他们应得的，是被申请人应给付的。先予执行能很好地解决申请人当下没有生活来源的窘境，也没有给被申请人造成更大的负担。3. 因情况紧急需要先予执行的案件。这里的情况紧急包括：(1)需要立即停止侵害、排除妨碍的；(2)需要立即制止某项行为的；(3)追索恢复生产、经营急需的保险理赔费的；(4)需要立即返还社会保险金、社会救助资金的；(5)不立即返还款项，将严重影响权利人生活和生产经营的。这种类型的案件中，对于"需要立即停止侵害、排除妨碍，需要立即制止某项行为的"，先予执行主要发挥的功能在于对未来极有可能出现的危害的预防和避免。剩下的3类案件，主要解决申请人的实际困难，不影响其生活和生产。

四、先予执行的适用条件

人民法院裁定先予执行的，还应当符合以下条件：1. 当事人之间权利义务关系明确，不先予执行将严重影响申请人的生活或者生产经营的。亦即，人民法院对当事人申请先予执行的案件，只有在案件的基本事实清楚，当事人之间的权利义务关系明确，被申请人负有给付、返还或者赔偿义务，先予执行的财产为申请人生产、生活所需，不先予执行会造成更大损失的情况下，才能采取先予执行的措施。先予执行毕竟是在判决还未作出前就要求被申请人履行义务,案件的基本事实清楚、权利义务关系明确的要求将大幅度减少裁定错误的发生,先予执行的紧迫性也让裁定更加具有正当性。2. 被申请人具有履行能力。这一要求是先予执行的基础。先予执行本就是因为申请人的生活、生产紧迫需要设立的,如果被申请人没有履行能力,其本身的处境与申请人相比并没有更好,先予执行就没有任何的实际意义。

适用要点

尽管法律对先予执行的适用案件范围和适用条件作出了严格的限制,司法实践中还是会存在对先予执行适用的错误,如申请人最后败诉、申请人申请先予执行错误等。如果最终申请人败诉,或者虽然申请人胜诉但判决所确定的赔偿数额小于先予执行的数额,那么法院应当责令申请人返还因先予执行而获得的利益。如果申请人拒不返还的,被申请人可以要求法院强制执行。如果是因为申请人申请先予执行错误给被申请人造成损失的,由申请人予以赔偿。

案例指引

南京梦金园珠宝首饰公司诉江苏紫金茂业珠宝公司因经营需要情况紧急申请先予执行案[1]

要旨:先予执行是人民法院在案件受理后、作出判决前,为解决权利人生活或生产经营的急迫需要,依法裁定义务人预先履行义务的制度。申请人举证证明其与被申请人存在明确的保管合同关系,并提供保管的物品归属于申请

〔1〕 参见江苏省南京市中级人民法院(2016)苏01民终7941号。

人的有效证据，若不先予返还该物品，将对申请人的生产经营活动造成严重影响，符合《民事诉讼法》关于先予执行适用范围和条件的规定。对申请人先予执行的请求，人民法院应当予以准许。

第一百一十条 【先予执行条件】人民法院裁定先予执行的，应当符合下列条件：

（一）当事人之间权利义务关系明确，不先予执行将严重影响申请人的生活或者生产经营的；

（二）被申请人有履行能力。

人民法院可以责令申请人提供担保，申请人不提供担保的，驳回申请。申请人败诉的，应当赔偿被申请人因先予执行遭受的财产损失。

第一百一十一条 【复议】当事人对保全或者先予执行的裁定不服的，可以申请复议一次。复议期间不停止裁定的执行。

第十章　对妨害民事诉讼的强制措施

第一百一十二条　【拘传】人民法院对必须到庭的被告，经两次传票传唤，无正当理由拒不到庭的，可以拘传。

第一百一十三条　【对妨害法庭秩序的强制措施】诉讼参与人和其他人应当遵守法庭规则。

人民法院对违反法庭规则的人，可以予以训诫，责令退出法庭或者予以罚款、拘留。

人民法院对哄闹、冲击法庭，侮辱、诽谤、威胁、殴打审判人员，严重扰乱法庭秩序的人，依法追究刑事责任；情节较轻的，予以罚款、拘留。

第一百一十四条　【对某些妨害诉讼行为的强制措施】诉讼参与人或者其他人有下列行为之一的，人民法院可以根据情节轻重予以罚款、拘留；构成犯罪的，依法追究刑事责任：

（一）伪造、毁灭重要证据，妨碍人民法院审理案件的；

（二）以暴力、威胁、贿买方法阻止证人作证或者指使、贿买、胁迫他人作伪证的；

（三）隐藏、转移、变卖、毁损已被查封、扣押的财产，或者已被清点并责令其保管的财产，转移已被冻结的财产的；

（四）对司法工作人员、诉讼参加人、证人、翻译人员、鉴定人、勘验人、协助执行的人，进行侮辱、诽谤、诬陷、殴打或者打击报复的；

（五）以暴力、威胁或者其他方法阻碍司法工作人员执行职务的；

（六）拒不履行人民法院已经发生法律效力的判决、裁定的。

人民法院对有前款规定的行为之一的单位，可以对其主要负责人或者直接责任人员予以罚款、拘留；构成犯罪的，依法追究刑事责任。

第一百一十五条　【对虚假诉讼、调解的处罚】当事人之间恶意串通，企图通过诉讼、调解等方式侵害国家利益、社会公共利益或者他人合法权益的，人民法院应当驳回其请求，并根据情节轻重予以罚款、拘留；构成犯罪的，依法追究刑事责任。

当事人单方捏造民事案件基本事实，向人民法院提起诉讼，企图侵害国家利益、社会公共利益或者他人合法权益的，适用前款规定。

条文对照

2021 年《民事诉讼法》	2023 年《民事诉讼法》
第一百一十五条　当事人之间恶意串通，企图通过诉讼、调解等方式侵害他人合法权益的，人民法院应当驳回其请求，并根据情节轻重予以罚款、拘留；构成犯罪的，依法追究刑事责任。	第一百一十五条　当事人之间恶意串通，企图通过诉讼、调解等方式侵害**国家利益、社会公共利益或者**他人合法权益的，人民法院应当驳回其请求，并根据情节轻重予以罚款、拘留；构成犯罪的，依法追究刑事责任。 **当事人单方捏造民事案件基本事实，向人民法院提起诉讼，企图侵害国家利益、社会公共利益或者他人合法权益的，适用前款规定。**

条文解读

本条是关于对虚假诉讼、调解等行为进行司法处罚的规定。

实践中存在大量的当事人滥用诉讼权利的行为，尤其是恶意诉讼以及在诉讼中弄虚作假和拖延诉讼的行为，这类行为的大量出现，不仅侵害了国家利益、社会公共利益或者他人的合法权益，而且造成了司法资源的严重浪费，降低了司法机关的公正性和权威性。为了维护社会和谐稳定，促进司法公信建设，2012 年《民事诉讼法》增设本条对虚假诉讼行为予以惩戒。为了进一步加强对虚假诉讼的防控，2023 年《民事诉讼法》对本条增设第 2 款以规制单方虚假诉讼。

虚假诉讼，是指当事人意图通过诉讼侵害国家利益、社会公共利益、对方当事人或者第三人合法权益的诉讼行为。虚假诉讼的具体表现形式主要包括两种：一是诉讼双方当事人恶意串通，虚构事实，恶意诉讼，使法院作出错误裁判；二是诉讼单方当事人通过伪造证据、虚假陈述、捏造民事案件基本事实等提起单方恶意诉讼，使法院作出错误裁判，以损害对方当事人合法利益。2023 年修正《民事诉讼法》之前，《民事诉讼法》立法中的虚假诉讼仅指的是双方通谋虚假诉讼；2023 年修正《民事诉讼法》时才在原有规定基础之上，增设第 2 款的单方虚假诉讼以完善虚假诉讼的规制情形，建立起较为完整的虚假诉讼规制体系。根据 2021 年 11 月 4 日最高人民法院发布的《关于深入开展虚假诉讼整治工作的意见》的相关规定，虚假诉讼易发生在执行异议之诉、民间借贷、房屋买卖合同等纠纷中。其中，双方恶意串通诉讼的情形主要有以下几种：当事人之间存在亲属关系、关联关系等利害关系，诉讼结果可能涉及案外人利益；当事人之间不存在实质性民事权益争议，在诉讼中没有实质性对抗辩论；当事人的自认不符合常理；当事人身陷沉重债务负担却以明显不合理的低价转让财产、以明显不合理的高价受让财产或者放弃财产权利；认定案件事实的证据不足，当事人却主动迅速达成调解协议，请求人民法院制作调解书；当事人亲历案件事实却不能完整准确陈述案件事实或者陈述前后矛盾；等等。

单方恶意诉讼主要有以下两种情形:一是原告起诉依据的事实、理由不符合常理;二是诉讼标的额与原告经济状况严重不符。另外,当第三人提起撤销之诉,若经审查原案当事人之间恶意串通进行虚假诉讼的,适用本条规定处理。

结合法律规范以及司法实践,虚假诉讼的构成要件包括:(1)主观上行为人是出于故意而提起虚假诉讼,通常具有侵占他人财产、逃避债务等目的。在认定民事虚假诉讼时,可以将当事人是否具有谋取非法利益的目的作为参考因素。(2)客观行为上具有多样性,如恶意诉讼、恶意申请调解等行为方式。(3)主体要件包括前面所说的单独一方当事人或者双方当事人相互之间恶意提起诉讼。(4)就客体要件而言,2023 年修正《民事诉讼法》时在原有的他人合法权益基础之上,增加了国家利益和社会公共利益,要求虚假诉讼行为与国家利益、社会公共利益或者他人合法权益遭受损失之间具有因果关系。其中,“他人合法权益”包括司法秩序、他人的程序性权益、依行政法等法律享有的权利。单方虚假诉讼与双方通谋虚假诉讼相比,除了强调“当事人单方捏造民事案件基本事实”这一独有的行为特征外,作出了“适用前款规定”的表述。因此,在构成要件上,单方虚假诉讼同样要求当事人主观上具有“企图侵害国家利益、社会公共利益或者他人合法利益”的故意。

依据本条规定,虚假诉讼行为的法律后果包括人民法院驳回诉讼请求、罚款、拘留和追究刑事责任。虽然法官根据情节的轻重有自由裁量权,但是“应当”一词说明法官必须对虚假诉讼行为进行制裁。在追究刑事责任方面,《刑法》对虚假诉讼罪作了规定,构成该罪的判处 3 年以下有期徒刑、拘役或者管制,并处或者单处罚金;情节严重的,判处 3 年以上 7 年以下有期徒刑,并处罚金。单位犯虚假诉讼罪的,对单位判处罚金,并对其直接负责的主管人员和其他直接责任人员,依照上述规定处罚。

与双方通谋虚假诉讼相比,单方虚假诉讼的主要目的是损害对方当事人的合法利益,因此单方虚假诉讼首先破坏了当事人之间的实质平等。之后单方的虚假诉讼行为与法院的过失裁判相结合,最终发生损害他人合法权益的实质后果,对民事司法秩序造成不当侵犯。因此,对单方虚假诉讼的法律规制不仅需要从制度或公共视角出发排除妨害司法秩序的不当行为,还需要恢复民事诉讼中当事人双方的衡平关系。

适用要点

在认定是否构成民事虚假诉讼时,可以将《民事诉讼法》第115条、《最高人民法院关于防范和制裁虚假诉讼的指导意见》以及《刑法》中关于虚假诉讼的相关规定结合起来进行综合判断,看是否存在与他人恶意串通的虚构行为以及是否存在单方侵害他人合法权益的行为。

在司法救济上,单方虚假诉讼和双方通谋虚假诉讼存在不同:单方虚假诉讼除了损害作为司法秩序的公法利益外,还损害了对方当事人的私法利益。因此,一方面,对于作出错误裁判的法院,应当免予被追究司法责任和国家赔偿;并且法院可对虚假诉讼行为人处以拘留、罚款等强制措施。另一方面,对方当事人可以虚假诉讼为由提起再审之诉或者提起侵权损害赔偿之诉,从而救济自身私法利益。

案例指引

江苏绿川环保科技有限公司与南通华铮隆钢业制造有限公司买卖合同纠纷案[1]

要旨:合法的债权债务关系受法律保护,但当事人捏造事实虚构债权,进行虚假诉讼意图损害他人合法权益的行为,应当予以制裁。

本案中,绿川公司据以提起诉讼主张的补充协议并非当事人双方的真实意思表示,其诉讼行为已构成虚假诉讼。首先,补充协议的形成过程未能体现双方存在真实意思磋商。第一,被告华铮隆公司坚持并未与绿

[1] 参见江苏省南通市港闸区人民法院(2019)苏0611民初686号。

川公司签订补充协议,补充协议中华铮隆公司的印章并非在正常情况下形成。第二,就补充协议的具体内容,绿川公司的法定代表人无法作出具体陈述,并且陈述内容相互矛盾、含糊不清。第三次庭审时,经法院书面传票通知法定代表人必须到庭接受法庭调查的前提下,法定代表人仍然缺席庭审。第三,补充协议的表现形式不符合缔约习惯,补充协议背面还有股权转让协议的原件,原告以重复利用纸张为理由明显有违常理;并且在补充协议中仅有华铮隆公司的盖章,没有经办人或法定代表人的签字。其次,补充协议的内容与案涉运营合同及三方补充合同的约定相悖,不符合双方的权利义务负担。补充协议中所约定的设备折价费用未将使用损耗和折旧予以剔除,对华铮隆公司极为不利,有违交易常理。而设备也一直存放于绿川公司的仓库之中,并未交付华铮隆公司,从而间接证明双方并未达成返还货物的意思表示。最后,绿川公司签收发票及华铮隆公司法定代表人之子的催款行为,与补充协议的约定存在逻辑和利益冲突。如补充协议属实,华铮隆公司则不再对绿川公司享有任何债权,无权向绿川公司催要欠款。华铮隆公司的催款行为则表明其并未与绿川公司形成返还货款、退还货物的一致意思,对补充协议的内容并不知晓。因此,案涉补充协议并非双方的真实意思表示,绿川公司以捏造的补充协议为依据虚构债权提起诉讼,意图侵占华铮隆公司财产,已构成虚假诉讼。

第一百一十六条 【对恶意串通逃避执行行为的司法处罚】被执行人与他人恶意串通,通过诉讼、仲裁、调解等方式逃避履行法律文书确定的义务的,人民法院应当根据情节轻重予以罚款、拘留;构成犯罪的,依法追究刑事责任。

第一百一十七条 【不协助调查、执行的强制措施】有义务协助调查、执行的单位有下列行为之一的,人民法院除责令其履行协助义务外,并可以予以罚款:

(一)有关单位拒绝或者妨碍人民法院调查取证的;

（二）有关单位接到人民法院协助执行通知书后，拒不协助查询、扣押、冻结、划拨、变价财产的；

（三）有关单位接到人民法院协助执行通知书后，拒不协助扣留被执行人的收入、办理有关财产权证照转移手续、转交有关票证、证照或者其他财产的；

（四）其他拒绝协助执行的。

人民法院对有前款规定的行为之一的单位，可以对其主要负责人或者直接责任人员予以罚款；对仍不履行协助义务的，可以予以拘留；并可以向监察机关或者有关机关提出予以纪律处分的司法建议。

第一百一十八条　【罚款和拘留】对个人的罚款金额，为人民币十万元以下。对单位的罚款金额，为人民币五万元以上一百万元以下。

拘留的期限，为十五日以下。

被拘留的人，由人民法院交公安机关看管。在拘留期间，被拘留人承认并改正错误的，人民法院可以决定提前解除拘留。

条文解读

本条是关于罚款金额和拘留措施的规定。

本条第1款是关于罚款金额的规定。随着经济社会的发展、收入水平的提高，也为了有效地制裁行为人，以保障民事诉讼活动的正常进行，2012年《民事诉讼法》提高了对妨害民事诉讼者采取罚款措施的罚款数额，对个人的罚款金额，从人民币1万元以下改为10万元以下；对单位的罚款金额，从人民币1万元以上30万元以下改为5万元以上100万元以下。单位有恶意诉讼和调解行为或者作为被执行人实施恶意诉讼、仲裁和调解行为的，人民法院应当对该单位进行罚款，并可以对其主要负责人或者直接责任人员予以罚款、拘留；构成犯罪的，依法追究刑事责任。人民法院对个人或者单位采取罚款措施时，应当根据单位或个人实施妨害民事诉讼行为的性质、情节、后果，当地的经济发展水平以及诉讼标的额等因素，在罚款限额内确定相应的罚款金额。

本条第2款、第3款规定了拘留的期限、看管被拘留人的机关以及提前解除拘留的条件。在程序上，采取拘留措施应当经院长批准，作出拘留决定书，由司法警察将被拘留人送交当地公安机关看管。跨区域拘留的，作出拘留决定的人民法院应当派员请被拘留人所在地的人民法院协助执行，受委托的人民法院应当及时派员协助执行。法院对被拘留人采取拘留措施后，应当在24小时内通知其家属，若确实无法按时通知或者通知不到的，应当记录在案。若被罚款、拘留的人不服罚款、拘留决定，可以自收到决定书之日起3日内向上一级法院申请复议。上级人民法院应当在收到复议申请后5日内作出决定，并将复议结果通知下级人民法院和当事人。若被拘留人在拘留期间认错悔改的，可以提前解除拘留。提前解除拘留，应报经院长批准并作出提前解除拘留决定书，交负责看管的公安机关执行。

适用要点

罚款、拘留可以单独适用，也可以合并适用，但是对同一妨害民事诉讼行为的罚款、拘留不得连续适用。发生新的妨害民事诉讼行为的，人民法院可以重新予以罚款、拘留。

第一百一十九条　【拘传、罚款、拘留程序】拘传、罚款、拘留必须经院长批准。

拘传应当发拘传票。

罚款、拘留应当用决定书。对决定不服的，可以向上一级人民

法院申请复议一次。复议期间不停止执行。

第一百二十条　【强制措施决定权】采取对妨害民事诉讼的强制措施必须由人民法院决定。任何单位和个人采取非法拘禁他人或者非法私自扣押他人财产追索债务的，应当依法追究刑事责任，或者予以拘留、罚款。

第十一章　诉讼费用

第一百二十一条　【诉讼费用的交纳】当事人进行民事诉讼，应当按照规定交纳案件受理费。财产案件除交纳案件受理费外，并按照规定交纳其他诉讼费用。

当事人交纳诉讼费用确有困难的，可以按照规定向人民法院申请缓交、减交或者免交。

收取诉讼费用的办法另行制定。

第二编　审判程序

第十二章　第一审普通程序

第一节　起诉和受理

第一百二十二条　【起诉的积极条件】起诉必须符合下列条件：

（一）原告是与本案有直接利害关系的公民、法人和其他组织；

（二）有明确的被告；

（三）有具体的诉讼请求和事实、理由；

（四）属于人民法院受理民事诉讼的范围和受诉人民法院管辖。

条文解读

本条是关于起诉的积极条件的规定。

起诉，是指公民、法人或者其他组织认为自己享有的或者依法由自己管理、支配的民事权益受到侵害，或者与他人发生争议，以自己的名义要求法院通过审判予以司法保护的诉讼行为。起诉只是原告的一项诉讼行为，原告的起诉并非必然引起民事诉讼程序的发生，只有符合法律规定条件的起诉行为，才能启动民事诉讼程序。起诉条件是原告在提起诉讼时必须具备的基本条件，在民事诉讼法学理论上，起诉条件包括积极要件和消极要件。积极要件是指起诉应当具备的肯定条件；消极要件是指阻碍当事人起诉成立的条件。积极要件从正面设定了当事人起诉应当具备的条件；消极要件从反面设定了当事人起诉的条件，也就是当事人起诉不能存在的情形。当事人的起诉只有既符合积极要件的要求，又符合消极要件的要求，才能被法院受理。《民事诉讼法》第 122 条规定的起诉条件属于起诉条件中的积极要件，第 127 条规定的法院不予受理的情形属于起诉条件中的消极要件。根据本条规定，公民、法人或者其他组织向人民法院起诉必须符合以下四项条件：

一、原告是与本案有直接利害关系的公民、法人和其他组织

所谓"直接利害关系"，一般是指原告与被告之间争议涉及自己的民事权益。应当注意的是，原告不一定是为了实现自己的民事权利而提起诉讼，也可能是为了确认其民事义务而提起诉讼。例如，加害人为了确认自己的民事责任所提出的诉讼。原告也不一定是争议的民事法律关系的主体。例如，原告提起的要求法院确认与被告之间不存在某种法律关系的消极确认之诉。

二、有明确的被告

"有明确的被告"是指原告在起诉中已经使被告特定化、具体化，明确被告的目的在于能够将起诉状送达给被告。根据《民诉法解释》第 209 条的规定，原告提供被告的姓名或者名称、住所等信息具体明确，足以使被告与他人相区别的，可以认定为有明确的被告。起诉状列写被告信息不足以认定明确的被告的，人民法院可以告知原告补正。原告补正后仍不能确定明确的被告的，人民法院裁定不予受理。

三、有具体的诉讼请求和事实、理由

“有具体的诉讼请求和事实、理由”主要是便于法院了解原告的诉讼请求以及大致依据、方便被告对诉状作出有针对性的回应。诉讼请求必须明确其性质是给付、形成还是确认，请求内容也必须具体到如关于金钱的给付请求一定得有数额等。事实和理由是原告所认为的事实和理由，是一种形式上的要求，法院在审查受理时并不确认其真实性，该部分记载的最低限度应让法院和被告大致明白请求究竟是基于何种法律关系或纠纷事实。如果诉状的记载达不到这种程度的要求，法院可让原告对诉状进行补正，拒绝补正或者补正无法达到最低限度时，法院可以对起诉作出不予受理的裁定。

四、属于人民法院受理民事诉讼的范围和受诉人民法院管辖

主管和管辖问题，既是当事人的起诉条件之一，又是法院行使审判权的前提和基础。首先，原告提起的诉讼必须属于法院有权行使审判权予以处理的民事纠纷。其次，根据《民事诉讼法》关于管辖的规定，受诉法院必须对原告的起诉享有管辖权。

适用要点

对原告起诉的审查工作，由法院的立案庭负责。法院接到原告的起诉状，应当从两方面进行审查：一是从实质要件上进行审查，即审查原告的起诉是否符合《民事诉讼法》第 122 条、第 127 条规定的情形。二是从形式要件上进行审查，即审查原告提交的起诉状是否具备法定内容，是否按照被告人数提交了起诉状副本，如起诉状内容有欠缺、需要补交必要的相关材料或未提交起诉状副本，法院应当责令原告在限期内加以补正。审查后，法院对于原告的起诉视情况作出是否受理的决定。经审查，对于符合起诉条件的，在收到起诉状或者口头起诉之日起 7 日内予以受理并

通知当事人；对于不符合起诉条件的，应当在7日内作出不予受理的裁定，当事人对此裁定不服的可以上诉。

案例指引

中国人民财产保险股份有限公司金华市分公司与上饶市财政局、邓某某机动车交通事故责任纠纷再审案[1]

要旨：江西省高级人民法院再审认为，因上饶市财政局不是本案的适格原告，无权向人民法院起诉主张未知名死者的丧葬费和死亡赔偿金，其提起本案诉讼缺乏法律依据，不符合《民事诉讼法》关于起诉条件的规定。原审判决认定上饶市财政局具有主体资格，适用法律存在错误，应予纠正。根据《最高人民法院关于适用〈中华人民共和国民事诉讼法〉的解释》第408条的规定："按照第二审程序再审的案件，人民法院经审理认为不符合民事诉讼法规定的起诉条件或者符合民事诉讼法第一百二十四条规定不予受理情形的，应当裁定撤销一、二审判决，驳回起诉。"本案应裁定撤销一、二审判决，驳回上饶市财政局的起诉。

第一百二十三条　【起诉方式】起诉应当向人民法院递交起诉状，并按照被告人数提出副本。

书写起诉状确有困难的，可以口头起诉，由人民法院记入笔录，并告知对方当事人。

第一百二十四条　【起诉状】起诉状应当记明下列事项：

（一）原告的姓名、性别、年龄、民族、职业、工作单位、住所、联

[1] 参见江西省高级人民法院（2015）赣民提字第56号。

系方式，法人或者其他组织的名称、住所和法定代表人或者主要负责人的姓名、职务、联系方式；

（二）被告的姓名、性别、工作单位、住所等信息，法人或者其他组织的名称、住所等信息；

（三）诉讼请求和所根据的事实与理由；

（四）证据和证据来源，证人姓名和住所。

第一百二十五条 【先行调解】当事人起诉到人民法院的民事纠纷，适宜调解的，先行调解，但当事人拒绝调解的除外。

第一百二十六条 【立案期限】人民法院应当保障当事人依照法律规定享有的起诉权利。对符合本法第一百二十二条的起诉，必须受理。符合起诉条件的，应当在七日内立案，并通知当事人；不符合起诉条件的，应当在七日内作出裁定书，不予受理；原告对裁定不服的，可以提起上诉。

第一百二十七条 【起诉的消极条件】人民法院对下列起诉，分别情形，予以处理：

（一）依照行政诉讼法的规定，属于行政诉讼受案范围的，告知原告提起行政诉讼；

（二）依照法律规定，双方当事人达成书面仲裁协议申请仲裁、不得向人民法院起诉的，告知原告向仲裁机构申请仲裁；

（三）依照法律规定，应当由其他机关处理的争议，告知原告向有关机关申请解决；

（四）对不属于本院管辖的案件，告知原告向有管辖权的人民法院起诉；

（五）对判决、裁定、调解书已经发生法律效力的案件，当事人又起诉的，告知原告申请再审，但人民法院准许撤诉的裁定除外；

（六）依照法律规定，在一定期限内不得起诉的案件，在不得起诉的期限内起诉的，不予受理；

（七）判决不准离婚和调解和好的离婚案件，判决、调解维持收养关系的案件，没有新情况、新理由，原告在六个月内又起诉的，不予受理。

条文解读

本条是关于起诉的消极条件的规定。

与起诉的积极条件相对应，起诉的消极条件指代的是原告起诉前应当予以避免的情形。现实生活中存在很多纠纷，并不是所有的纠纷都可以通过民事诉讼由人民法院解决。为了保障当事人的合法权益，如果属于民事诉讼范围的，法律规定必须受理；如果不属于民事诉讼范围的，或者法律对其诉讼行为有特殊限制的，应当分别情形处理。这既保障了当事人的诉讼权利，也保障了人民法院诉讼活动的正常进行。本条前3项是关于法院主管范围的问题，第4项是关于法院管辖的问题，第5项涉及“一事不再理”问题，第6项和第7项是关于特定情形禁诉期的规定。在具体适用本条规定时，应注意以下问题：

一是关于特定情形禁诉期的理解。本条第6项主要是指《民法典》第1082条的规定，“女方在怀孕期间、分娩后一年内或者终止妊娠后六个月内，男方不得提出离婚；但是，女方提出离婚或者人民法院认为确有必要受理男方离婚请求的除外”。本条第7项针对的是判决不准离婚和调解和好的离婚案件，判决、调解维持收养关系的案件，没有新情况、新理由，原告在6个月内又起诉的，不予受理。这意味着在这三种特定的情况下，存在新情况、新理由，原告在6个月内又起诉的，法院应当受理。在这三种特定的情况下，如果存在新情况、新理由，被告在6个月内又起诉的，法院就应当受理。

二是关于本条第 5 项的理解。当事人在法定期间对一审判决、裁定没有提起上诉的,该一审判决、裁定发生法律效力,或者上诉后经过第二审人民法院作出判决、裁定的,该第二审判决、裁定立即发生法律效力,不得上诉。并且当事人必须履行,不得以同一事实和同一诉讼标的再次提起诉讼。如果当事人认为已生效的判决、裁定有错误的,只能通过再审程序解决。但是,经人民法院裁定准许撤诉的,当事人可以再行起诉。原告申请撤诉,只是其对诉讼权利的处分,并不意味着放弃实体权利,就诉讼程序而言,人民法院用裁定方式准许原告的撤诉申请,仅意味着同意原告对自己诉讼权利的处分,当事人还可以同一事实和理由,就同一诉讼标的再次提起诉讼。

三是仲裁协议对法院受理案件的影响。仲裁协议对法院受理案件的影响具体表现如下:(1)在书面合同中订有仲裁条款,或者在发生纠纷后达成书面仲裁协议,一方向人民法院起诉的,人民法院裁定不予受理,告知原告向仲裁机构申请仲裁。但仲裁条款、仲裁协议无效、失效或者内容不明确无法执行的除外。(2)当事人在仲裁条款或者协议中选择的仲裁机构不存在,或者选择裁决的事项超越仲裁机构权限的,人民法院有权受理当事人一方的起诉。(3)当事人一方向人民法院起诉时未声明有仲裁协议,人民法院受理后,对方当事人又应诉答辩的,视为人民法院有管辖权。(4)法院在审查起诉时没有发现当事人之间存在仲裁协议而受理了案件,在首次开庭前,被告以有书面仲裁协议为由对受理民事案件提出异议,经审查符合下列情形之一的,法院应当裁定驳回起诉:仲裁机构或者法院已经确认仲裁协议有效的;当事人没有在仲裁庭首次开庭前对仲裁协议的效力提出异议的;仲裁协议符合《仲裁法》第 16 条规定且不具有《仲裁法》第 17 条规定的情形。被告在首次开庭前未对人民法院受理该案提出异议的,视为放弃仲裁协议,人民法院应当继续审理。《仲裁法》第 16 条规定:"仲裁协议包括合同中订立的仲裁条款和以其他书面方式在纠纷发生前或者纠纷发生后达成的请求仲裁的协议。仲裁协议应当具有下列内容:(一)请求仲裁的意思表示;(二)仲裁事项;(三)选定的仲裁委员会。"第 17 条规定:"有下列情形之一的,仲裁协议无效:(一)约定的仲裁事项超出法律规定的仲裁范围的；（二）无民事行为能力人或者限制民事行为能力人订立的仲裁协议；（三）一方采取胁迫手段，迫使对方订立仲裁协议的。”由此可见，仲裁协议符合《仲裁法》第16条规定且不具有《仲裁法》第17条规定的情形指代的是满足有效仲裁协议的要素，且不具备使仲裁协议无效的情形。

适用要点

根据《民诉法解释》的相关规定，有5种比较特殊的案件，人民法院应予受理，并妥善处理：（1）裁定不予受理、驳回起诉的案件，原告再次起诉的，符合起诉条件且不属于不予受理的情形，人民法院应予受理。（2）夫妻一方下落不明，另一方诉至人民法院，只要求离婚，不申请宣告下落不明人失踪或者死亡的案件，人民法院应当受理，对下落不明人公告送达诉讼文书。（3）赡养费、扶养费、抚养费案件，裁判发生法律效力后，因新情况、新理由，一方当事人再行起诉要求增加或者减少费用的，人民法院应作为新案受理。（4）当事人超过诉讼时效期间起诉的，人民法院应予受理。受理后对方当事人提出诉讼时效抗辩，人民法院经审理认为抗辩事由成立的，判决驳回原告的诉讼请求。（5）裁判发生法律效力后，发生新的事实，当事人再次提起诉讼的，人民法院应当依法受理。

案例指引

李某某诉泰州市信鸽协会等因比赛成绩被取消引发纠纷被驳回起诉案〔1〕

要旨：本案中，李某某参加由信鸽协会组织的2015年秋季幼鸽特比环比赛，李某某诉称，在比赛中后，信鸽协会以报名单填写错误，取消了李

〔1〕参见江苏省泰州医药高新技术产业开发区人民法院（2015）泰开民初字第1775号。

某某信鸽本次比赛成绩。被告信鸽协会及赛鸽俱乐部的此行为是故意刁难，有失诚信，损害了原告李某某的合法权益。法院认为，竞技体育以提高运动技术水平和创造优异竞赛成绩为目的，不同于以社会全体成员为对象、以健身娱乐为主要目的的社会体育活动。我国《体育法》第32条规定，在竞技体育活动中发生纠纷，由体育仲裁机构负责调解、仲裁，从而排除了人民法院的司法管辖权，是基于对竞技体育纠纷特殊性考虑的制度安排。本案中，李某某参加的是由信鸽协会组织的2015年秋季幼鸽特比环比赛，"信鸽"与"田径""体操""游泳""足球"等，均属于我国正式开展的体育项目，本案中信鸽协会就比赛成绩作出裁决，取消比赛成绩所致纠纷，属于在竞技体育活动中发生的纠纷，依法该纠纷应由体育仲裁机构负责调解和仲裁，不属于人民法院受理民事诉讼的范围。故判决驳回原告李某某的起诉。

第二节　审理前的准备

第一百二十八条　【答辩状提出】人民法院应当在立案之日起五日内将起诉状副本发送被告，被告应当在收到之日起十五日内提出答辩状。答辩状应当记明被告的姓名、性别、年龄、民族、职业、工作单位、住所、联系方式；法人或者其他组织的名称、住所和法定代表人或者主要负责人的姓名、职务、联系方式。人民法院应当在收到答辩状之日起五日内将答辩状副本发送原告。

被告不提出答辩状的，不影响人民法院审理。

第一百二十九条　【权利义务告知】人民法院对决定受理的案件，应当在受理案件通知书和应诉通知书中向当事人告知有关的诉讼权利义务，或者口头告知。

第一百三十条　【管辖权异议、应诉管辖】人民法院受理案件后，当事人对管辖权有异议的，应当在提交答辩状期间提出。人民法院对当事人提出的异议，应当审查。异议成立的，裁定将案件移送有管辖权的人民法院；异议不成立的，裁定驳回。

当事人未提出管辖异议，并应诉答辩或者提出反诉的，视为受诉人民法院有管辖权，但违反级别管辖和专属管辖规定的除外。

条文对照

2021 年《民事诉讼法》	2023 年《民事诉讼法》
第一百三十条　人民法院受理案件后，当事人对管辖权有异议的，应当在提交答辩状期间提出。人民法院对当事人提出的异议，应当审查。异议成立的，裁定将案件移送有管辖权的人民法院；异议不成立的，裁定驳回。 当事人未提出管辖异议，并应诉答辩的，视为受诉人民法院有管辖权，但违反级别管辖和专属管辖规定的除外。	**第一百三十条**　人民法院受理案件后，当事人对管辖权有异议的，应当在提交答辩状期间提出。人民法院对当事人提出的异议，应当审查。异议成立的，裁定将案件移送有管辖权的人民法院；异议不成立的，裁定驳回。 当事人未提出管辖异议，并应诉答辩**或者提出反诉**的，视为受诉人民法院有管辖权，但违反级别管辖和专属管辖规定的除外。

条文解读

本条是关于管辖权异议和应诉管辖的规定。

一、管辖权异议的含义

所谓管辖权异议，是指在民事诉讼中，当事人就受诉法院对本案管辖权提出的质疑。管辖权的行使属于法院的职权，但法院在判断案件是否属于本院管辖时也有可能作出错误判断，同时管辖问题又涉及当事人的切身利益，为确保受诉法院能够正确、合法地行使管辖权，给予当事人对此提出异议的机会。法院可根据当事人提出的异议，对管辖权的行使是否符合法律规定进行审查和纠正，以确保审判的公正合理。

二、管辖权异议提起的条件

（一）管辖权异议的主体

有权提出管辖权异议的主体一般仅限于本诉被告。

首先，原告通常情况下不能提出管辖权异议，这是由于其作为主动提起诉讼的一方，管辖法院是由其自行选择的。如果允许原告提出管辖权异议，则意味着允许原告对自己的选择提出异议，不利于诉讼程序的安定性。但是作为例外，后续程序中追加的共同原告可以提出管辖权异议。其次，有独立请求权的第三人也不能提出管辖权异议。因为有独立请求权第三人提出的是一种参加之诉，是以本诉的存在为前提的，所以不能对本诉的管辖权提出异议。最后，无独立请求权的第三人同样不能提出管辖权异议。无独立请求权的第三人作为参加者参加诉讼，决定了其是以本诉的存在为前提，质疑本诉的管辖权将导致本诉的不确定。

（二）管辖权异议的客体

管辖权异议的客体，即当事人异议的对象，是受诉法院对本案一审的管辖权。第一，仅能针对一审的管辖权提出异议；第二，可针对一审法院的级别管辖或者地域管辖提出异议。

（三）管辖权异议的提出时间

当事人提出管辖权异议的时间并非一直存续于整个诉讼进程之中，是有期限限制的，应当为提交答辩状期间，即自被告收到起诉状副本之日起 15 日之内。在此期间，如当事人未提出管辖权异议，并且应诉答辩或者提起反诉的，则视为受诉法院有管辖权，但不得违反级别管辖和专属管辖的规定。此后，被告将无权对管辖权再行争议，而法院原则上（与级别管辖和专属管辖抵触时除外）也不能再以发现本院无管辖权为由，将案件移送其他法院管辖。

三、应诉管辖认定规则

应诉管辖是指当事人双方没有管辖协议，一方当事人在法院起诉，另一方当事人没有对该法院行使管辖权提出异议并应诉答辩或提出反诉的，视为承认受诉人民法院有管辖权。该规定为2012年修正《民事诉讼法》时所增设，在此之前仅在涉外民事诉讼中存在默示协议管辖制度。应诉管辖制度的适用，不仅能减轻当事人讼累，也可节约司法资源，为法院的管辖权赋予正当法律依据。

2015年《民诉法解释》第223条第2款对应诉管辖的表现形式予以了进一步明确，包括"当事人未提出管辖异议，就案件实体内容进行答辩、陈述或者反诉的"。由此，2023年修正《民事诉讼法》时，将应诉管辖的表现形式扩张为"应诉答辩或者提出反诉"。从制度本意来看，答辩内容应当限定在案件实体范围内进行，不涉及案件审理的程序事项。一旦当事人就案件是否属于法院主管、是否属于受诉人民法院管辖等程序性事项发表答辩意见，则说明其已经通过答辩的形式提出管辖异议，不再属于应诉答辩的范畴。

适用要点

人民法院对本院没有管辖权的案件，应当告知原告向有管辖权的人民法院起诉；原告坚持起诉的，裁定不予受理；立案后发现本院没有管辖权的，应当将案件移送至有管辖权的人民法院。其中，人民法院依职权审查管辖权的范围仅限于级别管辖和专属管辖。对于二者之外的情形，当事人未提出管辖权异议，并应诉答辩的，视为受诉人民法院有管辖权。

答辩状提交期间，如当事人提出管辖权异议的同时又应诉答辩，同时提交管辖权异议申请书和书面答辩状的，则不符合应诉管辖的条件。亦即，只要当事人在法定期间内提交管辖权异议，无论其是否针对起诉状实体内容进行答辩，均认定其行使了管辖异议的诉讼权利，人民法院应当对管辖异议进行审查。

案例指引

长江高新（襄阳）新兴产业投资基金合伙企业诉襄阳一电航空技术有限公司等合同纠纷案[1]

要旨：原告依据案涉投资协议约定管辖条款向襄阳市中级人民法院起诉，被告深圳一电公司根据《企业破产法》第21条提出管辖权异议，认为本案系专属管辖，根据《民事诉讼法》第35条，约定管辖不得违反级别管辖和专属管辖。根据《企业破产法》第58条和《全国法院民商事审判工作会议纪要》第110条规定，深圳一电公司已进入破产清算程序，对于该债务人的权利主张，债权人应向管理人申报债权，如果对管理人编制的债权表记载有异议，有权向受理破产案件的法院提起债权确认之诉。现原告向本院起诉深圳一电公司，既不符合该纠纷解决程序，也违反管辖相关规定。故原告针对深圳一电的诉讼不应由本院管辖。深圳一电航空技术有限公司对管辖权提出的异议成立，本案移送广东省深圳市中级人民法院处理。

第一百三十一条　【告知审判人员组成】审判人员确定后，应当在三日内告知当事人。

条文解读

本条是关于告知当事人审判人员组成的规定。

---

〔1〕参见湖北省襄阳市中级人民法院（2021）鄂06民初349号。

本条是2021年《民事诉讼法》对2017年《民事诉讼法》第128条规定的修改。根据本法关于审判组织的规定，人民法院立案后，将案件交由审判人员承办。2021年《民事诉讼法》增加了普通程序和二审可以适用独任制的规定，即"基层人民法院审理的基本事实清楚、权利义务关系明确的第一审民事案件，可以由审判员一人适用普通程序独任审理"以及"中级人民法院对第一审适用简易程序审结或者不服裁定提起上诉的第二审民事案件，事实清楚、权利义务关系明确的，经双方当事人同意，可以由审判员一人独任审理"。以上两点是2021年《民事诉讼法》修改的亮点之一，扩大了独任制的适用范围，目的在于优化配置司法资源，分别发挥"独任制灵活高效、合议制民主议决"的制度优势，从审判组织安排上确保"简案快审，繁案精审"，推动资源投入与诉讼程序"匹配适当，精准施力"。因此，2021年《民事诉讼法》修改后既有可能是向当事人告知合议庭组成人员，也有可能是向当事人告知独任庭组成人员。

根据本条规定，人民法院应当在审判人员确定后3日内将审判人员名单告知当事人。当事人有权知晓负责审判的审判人员，以便日后开庭审理时依法充分、有效地行使申请回避的权利。人民法院在告知当事人审判人员后，可以根据需要对其进行必要的调整，但应当在调整后3日内告知当事人。在开庭前3日内决定调整审判人员的，原定的开庭日期应予顺延。

适用要点

当事人有权及时知晓负责审判的审判人员，以便日后开庭审理时依法充分有效地行使申请回避的权利。申请回避的权利是当事人最重要的诉讼权利之一，也是保证案件得到公正审理的基础。

案例指引

江西远梦地产置业有限公司、遂川县新世界广场投资管理有限公司建设工程施工合同纠纷案[1]

要旨：新世界公司、郭某1、郭某2、刘某、冯某某提出上诉请求的事实理由中，上诉人主张原审法院审理程序违法。原审中，本案经过两次庭审，第一次开庭时（2019年3月19日）原审法院告知的合议庭组成人员是审判长彭某某和审判员郭某3、陶某某，第二次开庭时原审法院并未告知合议庭组成人员发生了变化，而是在原审判决作出之日的下午下班后以短信形式告知合议庭组成人员进行了变更，原合议庭审判员陶某某变更为肖某某，法官助理为陈某。原审法院在合议庭组成人员发生变更时未告知当事人，且未征询当事人是否对合议庭组成人员要求回避，程序违法。

第一百三十二条　【审核取证】审判人员必须认真审核诉讼材料，调查收集必要的证据。

第一百三十三条　【法院调查程序】人民法院派出人员进行调查时，应当向被调查人出示证件。

调查笔录经被调查人校阅后，由被调查人、调查人签名或者盖章。

第一百三十四条　【委托调查】人民法院在必要时可以委托外地人民法院调查。

委托调查，必须提出明确的项目和要求。受委托人民法院可以主动补充调查。

---

[1] 参见最高人民法院（2019）最高法民终1755号。

受委托人民法院收到委托书后，应当在三十日内完成调查。因故不能完成的，应当在上述期限内函告委托人民法院。

第一百三十五条 【当事人追加】必须共同进行诉讼的当事人没有参加诉讼的，人民法院应当通知其参加诉讼。

第一百三十六条 【庭前准备程序】人民法院对受理的案件，分别情形，予以处理：

（一）当事人没有争议，符合督促程序规定条件的，可以转入督促程序；

（二）开庭前可以调解的，采取调解方式及时解决纠纷；

（三）根据案件情况，确定适用简易程序或者普通程序；

（四）需要开庭审理的，通过要求当事人交换证据等方式，明确争议焦点。

条文解读

本条是关于开庭前准备阶段对案件处理情况的规定。

一、审前准备程序

《民事诉讼法》第十二章“第一审普通程序”第二节“审理前的准备”专门规定了有关审理前的准备工作，这一阶段的主要功能是保障开庭审理的正常进行与诉讼公正。亦即，其在于防止庭审的突然袭击，使双方当事人于开庭审理前能够了解对方的主要证据，从根本上保证当事人之间平等的辩论机会。与国外的审前程序相比较，我国的审前程序突出开庭审理的准备功能，对于庭审效率的提高，其功能效果不突出。这种功能上的差异主要源于我国民事诉讼传统上轻视庭审，结果导致庭审非中心化。在人们逐渐重视程序正义，强调“以审判为中心”的理念之下，庭审必然成为诉讼和审判的中心。在这一背景下，提高庭审效率也必然成为重要的价值追求。由此，庭前准备程序的充实和完善也就成为诉讼制度改革的一项重要任务。本条即是关于审前准备程序中分别情形不同处理的规定。

二、法律对不同情形规定的不同处理办法

1. 对于当事人之间没有争议并且符合督促程序适用条件的案件，转入督促程序。所谓“督促”，是指对于给付金钱或者有价证券为标的的请求，人民法院根据债权人的申请，向债务人发出附有条件的支付令，如果债务人在法定期间内未履行义务又不提出书面异议，债权人可以根据支付令向人民法院申请强制执行。督促程序设立的目的，是使那些在当事人之间没有争议的，以给付一定金钱、有价证券为标的，并且已经到期的债权能够在社会生活中及时实现。从性质上看，督促程序不同于普通的诉讼程序，法院只作形式审查，省去了答辩、调查、开庭、上诉和二审等环节，这使督促程序具有简便、迅速的特点。

2. 开庭前可以调解的，采取调解方式及时解决纠纷。调解是我国《民事诉讼法》的一项基本原则，在当事人有和解意思且案件类型等客观条件也有利于协商解决纠纷等情形下，开庭前以提出的证据和已然清楚的事实为基础，再通过法院调解来达到某种可以使当事人获得“双赢”的处理结果，也是一条很值得尝试的程序路径。调解还是应遵循自愿和合法的原则，当事人拒绝调解的，应尊重当事人的意愿，及时开庭审理。

3. 根据案件情况，确定案件适用简易程序或者普通程序。该项规定是关于法院确定案件审理程序的内容。《民事诉讼法》对于简易程序的适用条件作了明确的规定，主要分为两类：一是“事实清楚、权利义务关系明确、争议不大的简单的民事案件”，上述标准由受理该类案件的基层人民法院和它派出的法庭判断掌握；二是在上述民事案件之外，“当事人双方也可以约定适用简易程序”。虽然简易程序和普通程序都适用于第一审民事诉讼案件的诉讼程序，但是仍然存在一定的区别。

4. 需要开庭审理的,通过要求当事人交换证据等方式,明确争议焦点。该规定的意义在于,采用普通程序的部分案件由于涉及的纠纷头绪繁多、案情复杂且证据又分散,如果能够在程序早期阶段促使证据尽可能完备地收集和提出,并在此基础上厘清案情,整理出双方争执对立的焦点所在,正式开庭之后往往更易于实现对案件实体内容进行有序而充实的审理。反之,要是未能做好充分准备就进入审理,则可能导致庭审的节奏拖沓散漫、耗时耗力却不得要领,或者不得不三番五次地反复开庭,造成程序进行的效率低下或诉讼严重迟延。

适用要点

实务中证据交换的方式主要有两种:一种是当事人在指定的期限内到法院提交己方的证据,领取对方提交的证据;另一种则是双方会合到一起,面对面地交换各自掌握的证据,通常还会针对各个证据表明己方态度或作初步的核对。前一种方式的证据一般只涉及书证的复印件;后一种方式的证据除书证的复印件外,可能还包括其他证据。在后一种方式下,双方当事人的会合不一定仅仅限于证据的交换,在双方当事人向法院提交证据且与对方当场交换各自手中现有的证据,并表明己方对方证据的态度的基础上,审判人员可以进一步引导双方当事人对案件事实进行梳理,去除双方已无争议的部分,对仍然存在的争点加以固定。

第三节　开庭审理

第一百三十七条　【审理民事案件的方式】人民法院审理民事案件,除涉及国家秘密、个人隐私或者法律另有规定的以外,应当公开进行。

离婚案件,涉及商业秘密的案件,当事人申请不公开审理的,可以不公开审理。

条文解读

本条是关于人民法院审理民事案件方式的规定。

民事诉讼中,人民法院开庭审理的案件可以分为公开审理的案件和不公开审理的案件。公开审理的案件,是指人民法院在审理案件过程中应当向社会公众公开庭审,公开举证、质证和公开宣判的案件。根据本条规定,人民法院审理民事案件一般应当公开进行,除非法律另有规定。公开审理是我国民事诉讼的一项基本原则,要求人民法院应当将审理民事案件的过程和判决结果置于社会公众的监督之下。在民事诉讼中实行公开审理是实现诉讼文明的必然要求,但也要注意并非所有民事案件都必须进行公开审理。

涉及国家秘密、个人隐私或者法律另有规定的其他案件,人民法院应当依职权决定不公开审理。所谓国家秘密,是指关系国家的安全和利益,依照法定程序确定,在一定时间内只限一定范围的人员知情的事项。所谓个人隐私,是指自然人的私人生活安宁和不愿为他人知晓的私密空间、私密活动、私密信息。隐私权作为自然人享有的一项重要人格权,在民事诉讼中也应当得到保护,不受非法侵扰、知悉、搜集、利用和公开。

离婚案件以及涉及商业秘密的案件,如果当事人申请不公开审理的,人民法院可以不公开审理。对于离婚案件的双方当事人而言,各个诉讼阶段都会涉及彼此合法的隐私权,如恋爱过程、收入状况等,这些涉及个人隐私的事情当事人往往不希望公众知悉。如果离婚案件的当事人向人民法院申请不公开审理的,人民法院一般应当允许,否则会对当事人的个人隐私造成一定的威胁。所谓商业秘密,是指不为公众所知悉、能为权利人带来经济利益、具有实用性并经权利人采取保密措施的技术信息和经营信息。商业秘密是企业的财产权利,也是一个企业在市场竞争中取胜的关键,对企业的生存和发展至关重要。若人民法院对这类案件公开审理,可能会泄露企业的商业秘密,从而造成难以挽回的重大损失。因此,涉及商业秘密的案件,如果当事人申请不公开审理,人民法院应当根据相关法律规定对案件具体情况予以认定,从而决定该案是否公开审理。

适用要点

在民事诉讼中,合议庭在案件开庭后就案件事实和案件判决进行评议。合议庭评议案件时,如果意见出现分歧,应当适用少数服从多数的原则,但是少数人的意见应当记入评议笔录,由合议庭的组成人员签名。需要注意的是,不管案件是否公开审理,合议庭评议都是不公开的。

案例指引

伊莱利利公司诉豪森制药公司专利侵权纠纷案〔1〕

要旨:“对涉及国家秘密、商业秘密和个人隐私的证据应当保密,需要在法庭出示的,不得在公开开庭时出示”。上述法律规定,在程序上给予上诉人伊莱利利公司要求被控侵权方有效披露完整的涉及该新产品制造方法的证据材料并进行质证的权利,给予被上诉人要求上诉人对披露的证据中涉及商业秘密的内容进行保密的权利;在实体上对当事人在诉讼中披露商业秘密可能受到的损害也充分给予了考虑,在保障当事人合法诉讼权利的同时对当事人的实体民事权益提供有效保护。对被上诉人豪森公司提交的要求保密的制备盐酸吉西他滨产品的工艺方法资料,也应当依照上述法律规定进行质证。只有在双方当事人对证据进行质证的基础上,才能够对被控侵权方法与专利方法是相同、等同还是不同作出正确的判断。因此,本院在审理本案过程中,根据被上诉人豪森公司的申请采取不公开审理的方式,并要求上诉人伊莱利利公司法定代表人、委托代理人以及其他参与诉讼的人员承担保密义务,不得将通过诉讼程序获得的属于豪森公

〔1〕 参见最高人民法院(2002)民三终字第8号。

司商业秘密的技术信息用于诉讼以外的商业用途,否则将追究其法律责任。上述庭审质证方式,既能保障上诉人伊莱利利公司依法获得涉及被控侵权方法的证据材料进行质证的诉讼权利,同时也能避免被上诉人豪森公司所称其商业秘密因诉讼程序而泄露,保护豪森公司的合法利益。

第一百三十八条　【巡回审理】人民法院审理民事案件,根据需要进行巡回审理,就地办案。

第一百三十九条　【开庭通知及公告】人民法院审理民事案件,应当在开庭三日前通知当事人和其他诉讼参与人。公开审理的,应当公告当事人姓名、案由和开庭的时间、地点。

第一百四十条　【开庭准备事项】开庭审理前,书记员应当查明当事人和其他诉讼参与人是否到庭,宣布法庭纪律。

开庭审理时,由审判长或者独任审判员核对当事人,宣布案由,宣布审判人员、法官助理、书记员等的名单,告知当事人有关的诉讼权利义务,询问当事人是否提出回避申请。

条文对照

2021 年《民事诉讼法》	2023 年《民事诉讼法》
第一百四十条　开庭审理前,书记员应当查明当事人和其他诉讼参与人是否到庭,宣布法庭纪律。 开庭审理时,由审判长或者独任审判员核对当事人,宣布案由,宣布审判人员、书记员名单,告知当事人有关的诉讼权利义务,询问当事人是否提出回避申请。	**第一百四十条**　开庭审理前,书记员应当查明当事人和其他诉讼参与人是否到庭,宣布法庭纪律。 开庭审理时,由审判长或者独任审判员核对当事人,宣布案由,宣布审判人员、**法官助理**、书记员**等的**名单,告知当事人有关的诉讼权利义务,询问当事人是否提出回避申请。

条文解读

本条是关于人民法院在开庭审理前和审理时应做事项的规定。

2021 年修改后的《民事诉讼法》第 40 条、第 41 条扩大了民事诉讼中独任制的适用范围,明确普通程序、中级人民法院(含专门法院)第二审程序可以适用独任制。这对于分别发挥“独任制灵活高效、合议制民主决议”的制度优势以及优化司法资源配置,确保“简案快审,繁案精审”具有重要意义。与此相对应,2021 年《民事诉讼法》第 140 条在 2017 年《民事诉讼法》第 137 条的基础上也进行了相应的文字修正,将 2017 年《民事诉讼法》第 137 条中的“审判长”修改为“审判长或者独任审判员”。较之 2021 年《民事诉讼法》,2023 年《民事诉讼法》对本条第 2 款的内容有所增加,审判长或者独任审判员需宣布的人员名单在原有的基础上,增加了“法官助理”,并且在书记员之后增加了“等的”。

开庭审理,是指人民法院在当事人和其他诉讼参与人的参加下,依照法定程序和方式,全面审查和认定案件事实,并依法作出裁判的活动。开庭审理是人民法院行使审判权、当事人行使诉权的重要阶段,也是整个民事诉讼程序的最核心阶段。开庭审理可以保障当事人诉讼权利的充分实现,并通过辩论、质证保护自己的合法权益。案件中所涉及的一切证据、事实,都要在开庭审理阶段审查、认定,人民法院在正确认定事实的基础上,才能分清责任是非、正确适用法律并公正裁判民事案件。因此,人民法院的庭审活动必须严格按照法定的程序进行。庭审准备是开庭审理的最初阶段,是衔接审理前准备与开庭审理的阶段,根据本条规定,人民法院在开庭审理前和审理时应当完成以下两项工作:

第一,开庭审理前,由书记员查明当事人和其他诉讼参与人是否到庭,由书记员向全体诉讼参与人和旁听群众宣布法庭纪律。该项规定可以分为以下两个层面:第一层面,如果应当到庭的当事人或者其他诉讼参与人没有到庭,书记员应当及时报告审判长或者独任审判员,由审判长或者独任审判员依法决定是否延期开庭或者中止诉讼。决定延期开庭审理的，应当及时通知当事人和其他诉讼参与人；决定中止诉讼的，应当制作裁定书，发给当事人。第二层面，依照《人民法院法庭规则》的相关规定，法庭纪律主要包括：诉讼参与人应当遵守法庭规则，维护法庭秩序，不得喧哗、吵闹；发言、陈述和辩论，须经审判长或者独任审判员许可；旁听人员不得录音、录像和摄影，不得随意走动和进入审判区，不得发言、提问，不得鼓掌、喧哗、哄闹和实施其他妨害审判活动的行为；新闻记者未经审判长或者独任审判员许可，不得在庭审过程中录音、录像、摄影。

第二，由审判长或者独任审判员宣布开庭，核对当事人，宣布案由，宣布审判人员、法官助理、书记员等的名单，告知当事人有关的诉讼权利义务，询问当事人是否提出回避申请。该项规定可以分为以下三个层面：第一层面，审判长或者独任审判员应当宣布案由并开始庭审，对依法不公开审理的案件应当说明理由。第二层面，审判长或者独任审判员应当核对当事人身份，查明原告、被告及其诉讼代理人的姓名、性别、年龄、职业等身份情况，查明诉讼代理人有无授权委托书及代理权限。第三层面，审判长或者独任审判员应当宣布合议庭或独任庭组成人员、法官助理、书记员等的名单。逐项告知当事人法律规定的诉讼权利和义务，询问当事人是否提出回避申请，当事人提出回避申请的，人民法院应当依法作出处理。根据《民事诉讼法》第 47 条的规定，回避适用对象包括审判人员、法官助理、书记员、司法技术人员、翻译人员、鉴定人和勘验人。当事人提出回避申请的基础是其知悉法庭组成人员名单。因此，2023 年修改后的《民事诉讼法》除了明确增加“法官助理”之外，在书记员之后还增加“等的”表述。即法庭组成人员名单不局限于审判人员、法官助理和书记员，由于司法技术人员、翻译人员、鉴定人和勘验人并非每个案件所必备，因此需根据个案实际情况决定。个案中有此类人员参与诉讼时，则需在开庭审理时予以宣布，让当事人获知具体人员名单信息，从而决定是否提出回避申请。

适用要点

1. 当事人在民事诉讼中享有的诉讼权利：原告有增加、放弃、变更诉讼请求的权利，有申请财产保全、证据保全的权利；被告有针对原告的起诉进行应诉和答辩及提起反诉的权利。此外，双方当事人还享有以下权利：有委托诉讼代理人参加诉讼的权利；有使用本民族语言文字进行诉讼的权利；对审判人员、法官助理、书记员、司法技术人员、翻译人员、鉴定人、勘验人有法定情形之一的，有用口头或者书面方式申请他们回避的权利；有按规定申请延长举证期限或向法院申请调查、收集证据的权利；有进行辩论、请求调解、自行和解的权利；有查阅法庭笔录并要求补正的权利；有在法定期限内提起上诉的权利；有申请执行已经发生法律效力的判决、裁定、调解书的权利。

2. 当事人在民事诉讼中需要履行的诉讼义务：遵守诉讼秩序和法庭纪律，依法行使诉讼权利的义务；按规定缴纳诉讼费用的义务；向法院提供准确的送达地址和联系方式的义务；按规定期限向法院提供诉讼主张相关证据的义务；履行已经发生法律效力的判决、裁定、调解书的义务。

案例指引

李某某、程某某劳务合同纠纷案[1]

要旨：原审原告李某某不服原审法院民事判决，向法院提起上诉，要求撤销一审判决，发回重审或依法改判。事实和理由之一为一审法院存在程序违法行为，在未经开庭审理的情况下作出判决，属于程序违法，应当予以撤销。《民事诉讼法》第 140 条第 2 款规定，开庭审理时，由审判长或者独任审判员核对当事人，宣布案由，宣布审判人员、书记员名单，告知

〔1〕 参见山东省青岛市中级人民法院(2022)鲁 02 民终 3882 号。

当事人有关的诉讼权利义务，询问当事人是否提出回避申请。在本案中，一审法院并未对本案进行开庭审理，仅仅由书记员询问当事人，在记录后便打印出庭审笔录，由双方当事人签字，之后便依据该庭审笔录作出了判决。

关于李某某提出的一审程序违法问题。经二审法院审查，一审法院2022年2月15日法庭审理笔录载明，审判员当庭告知本案系独任审理，李某某表示清楚，在一审法院组织下，李某某对程某某提交的证据进行了质证，庭审结束后双方均在庭审笔录上签字确认，故李某某主张一审未进行开庭审理、未对一审证据组织质证的上诉理由，无事实根据，本院不予采信。

第一百四十一条　【法庭调查顺序】法庭调查按照下列顺序进行：

（一）当事人陈述；

（二）告知证人的权利义务，证人作证，宣读未到庭的证人证言；

（三）出示书证、物证、视听资料和电子数据；

（四）宣读鉴定意见；

（五）宣读勘验笔录。

第一百四十二条　【当事人庭审权利】当事人在法庭上可以提出新的证据。

当事人经法庭许可，可以向证人、鉴定人、勘验人发问。

当事人要求重新进行调查、鉴定或者勘验的，是否准许，由人民法院决定。

第一百四十三条　【诉的合并】原告增加诉讼请求，被告提出反诉，第三人提出与本案有关的诉讼请求，可以合并审理。

第一百四十四条 【法庭辩论】法庭辩论按照下列顺序进行:

(一)原告及其诉讼代理人发言;

(二)被告及其诉讼代理人答辩;

(三)第三人及其诉讼代理人发言或者答辩;

(四)互相辩论。

法庭辩论终结,由审判长或者独任审判员按照原告、被告、第三人的先后顺序征询各方最后意见。

条文解读

本条是关于法庭辩论的规定,主要规定了法庭辩论的顺序。

法庭辩论是指在审判长或者独任审判员的主持下,当事人及其诉讼代理人就法庭调查查明的事实和证据,阐明自己的意见,反驳对方的主张,互相进行辩论的诉讼活动。法庭辩论是当事人行使辩论权比较集中的一个阶段,通过辩论,对案件有争议的问题进行进一步的审查、核实,分清是非责任,为人民法院正确适用法律及进行公正裁判奠定基础。在法庭辩论中,法官不仅要给双方当事人平等辩论的机会,而且要引导双方当事人围绕案件争议的焦点问题进行辩论。如果出现当事人及其诉讼代理人在法庭辩论中的发言与本案无关或者重复未被法庭认定事实的情况时,法官可以予以制止。按照本条规定,法庭辩论应当按照以下顺序进行:

第一,原告及其诉讼代理人发言。法官宣布开庭审理进入法庭辩论环节后,首先由原告对法庭调查的事实和证据以及本案的法律适用问题发表意见。如果原告有诉讼代理人,在原告陈述完毕后,其诉讼代理人可以对原告的陈述作出补充和进一步的说明,从而更好地维护原告的权益。原告未出庭的,可以由其诉讼代理人代为发言。

第二,被告及其诉讼代理人答辩。原告及其代理人陈述完毕后,由被告对法庭调查的事实和证据以及本案的法律适用问题发表意见，并针对原告及其代理人的发言进行答辩。如果被告有诉讼代理人，在被告陈述完毕后，其诉讼代理人可以对被告的陈述作出补充和进一步的说明，从而更好地维护被告的权益。被告未出庭的，可以由其诉讼代理人代为发言和答辩。

第三，第三人及其诉讼代理人发言或者答辩。如果有第三人参加诉讼，在原告和被告发言、答辩后，应当由第三人对法庭调查的事实和证据以及本案的法律适用问题发表意见，并针对原告和被告以及他们的诉讼代理人的发言、答辩提出自己的意见。第三人有诉讼代理人的，诉讼代理人可以代其进行发言和答辩。

第四，互相辩论。经过以上的法庭辩论后，法官应当引导和组织双方当事人和第三人围绕案件争议的焦点问题进行互相辩论。法官应当认真听取当事人的辩论，并引导当事人进行辩论，平等保障当事人的辩论权利，以促进民事纠纷的解决。

法庭辩论应当按照上述顺序进行，但实务中法庭辩论通常会分成几轮进行。第一轮法庭辩论结束后当事人要求继续辩论的，可以进行下一轮辩论，但需要注意的是，下一轮辩论不得重复已经辩论过的内容。法庭辩论终结后，审判长或者独任审判员应按照原告、被告、第三人的先后顺序征询各方最后意见。审判长或者独任审判员在征得各方当事人的同意后，可以进行调解，调解不成的，应当及时进行裁判。

适用要点

关于法庭调查和法庭辩论的顺序。法庭调查是指法官在法庭上对案件事实、证据材料进行全面审查、核实的诉讼活动。法庭调查是庭审的重要环节，是对案件进行实体审理的重要阶段。通过双方当事人对案件事实的陈述、举证、质证，人民法院审查、核实、认定证据的效力，为查清案件事实和正确适用法律提供客观依据。需要注意的是，法庭调查和法庭辩论环节在民事诉讼中并非绝对按照先后顺序进行。原因在于,法官对案件事实的调查与当事人之间进行的辩论是紧密联系的,在法庭辩论环节往往会涉及案件事实问题,而法庭调查环节中也会存在有关事实问题和法律问题的辩论。因此,在人民法院的开庭审理中,不能机械地将法庭调查和法庭辩论予以先后顺序进行划分。

案例指引

曾某侵害英烈名誉案〔1〕

要旨:2018年5月12日下午,江苏省淮安市消防支队水上大队城南中队副班长谢勇在实施灭火救援行动中不幸牺牲。5月13日,公安部批准谢勇同志为烈士并颁发献身国防金质纪念章;5月14日,中共江苏省公安厅委员会追认谢勇同志为中国共产党党员,追记一等功;淮安市人民政府追授谢勇同志"灭火救援勇士"荣誉称号。2018年5月14日,曾某因就职受挫、生活不顺等原因,饮酒后看到其他网友发表悼念谢勇烈士的消息,为发泄自己的不满,在微信群公开发表一系列侮辱性言论,歪曲谢勇烈士英勇牺牲的事实。该微信群共有成员131人,多人阅看了曾某的言论,有多人转发。曾某歪曲事实、侮辱英烈的行为,侵害了烈士的名誉,造成了较为恶劣的社会影响。2018年5月21日,淮安市人民检察院就曾某侵害谢勇烈士名誉案向淮安市中级人民法院提起民事公益诉讼。6月12日,淮安市中级人民法院公开开庭审理本案。在法庭辩论环节,公益诉讼起诉人发表出庭意见:一是曾某公开发表侮辱性言论,歪曲英雄被追认为烈士的相关事实,侵害了谢勇烈士的名誉。证据充分证明曾某发表的不当言论被众多网友知晓并转发,在社会上产生了负面影响,侵害了谢勇烈士的名誉。二

〔1〕 参见最高人民检察院第十三批指导性案例(检例第51号)。

是曾某的行为损害了社会公共利益。英雄事迹是社会主义核心价值观和民族精神的体现。曾某的行为置社会主义核心价值观于不顾，严重损害了社会公共利益。三是检察机关依法提起民事公益诉讼，意义重大。检察机关对侵害英烈名誉的行为提起公益诉讼，旨在对全社会起到警示教育作用，形成崇尚英雄、学习英雄、传承英雄精神的社会风尚。曾某承认在微信群发表不当言论对烈士亲属造成了伤害，愿意通过媒体公开赔礼道歉，并当庭宣读了道歉信。

第一百四十五条 【法庭辩论后的调解】法庭辩论终结，应当依法作出判决。判决前能够调解的，还可以进行调解，调解不成的，应当及时判决。

第一百四十六条 【原告无正当理由拒不到庭和中途退庭的处理】原告经传票传唤，无正当理由拒不到庭的，或者未经法庭许可中途退庭的，可以按撤诉处理；被告反诉的，可以缺席判决。

条文解读

本条是关于民事诉讼的原告无正当理由拒不到庭，或者未经法庭许可中途退庭如何处理的规定。民事诉讼是国家审判权与当事人的诉权相结合运作的一个动态过程。在民事诉讼中，当事人是诉讼活动的利害关系人，没有当事人就没有诉讼。人民法院是国家审判权的行使者，法官是民事诉讼的指挥者和裁决者。为了保证民事诉讼程序的正常进行，保障当事人的合法权益和法律的权威，法律要求双方当事人必须遵守诉讼秩序，服从法庭指挥。原告作为民事诉讼的发起者，其提起诉讼的目的是让法院解决其与被告之间的民事纠纷，因此原告在诉讼过程中理应积极配合人民法院的审判工作，协助人民法院查明案件事实、适用国家法律，从而使案件可以得到及时公正的处理。如果原告无正当理由拒不到庭,则应当根据本条规定承当相应的法律后果。

一、原告无正当理由拒不到庭的法律后果

在民事诉讼中,原告经人民法院传票传唤,有义务按时到庭,从而保证诉讼活动的顺利进行。如果原告确实存在不能到庭的正当事由,在收到人民法院的传票后,应当及时向人民法院提出。人民法院审查后认为原告确实存在不能到庭的正当事由的,可以决定延期审理,并且及时通知双方当事人。如果原告经法院传票传唤,无正当理由拒不到庭的,可以视为原告放弃自身的诉讼请求。人民法院面对原告消极处分自身诉讼权利的行为,可以按撤诉处理。但如果被告提起反诉,基于反诉的独立性,本诉中的原告此时也是反诉中的被告,此时法院面对原告无正当理由拒不到庭的行为,可以缺席判决。

二、原告未经法庭许可中途退庭的法律后果

如果原告未经法庭许可中途退庭,会使人民法院正在进行的庭审活动无法继续进行,原告的这一行为严重违反了法庭纪律,不仅会干扰诉讼活动的正常进行,而且也是对法律权威的不尊重。为了减少这种扰乱诉讼秩序的行为所带来的不利影响,维护国家法律和人民法院的尊严与权威,原告应当承担相应的法律后果。根据本条规定,对于原告未经法庭许可中途退庭的行为,人民法院可以按撤诉处理,被告反诉的,可以缺席审判。

三、按撤诉处理和缺席判决

撤诉,是指人民法院受理案件后,判决宣告前,原告将已经成立之诉撤回的诉讼行为。撤诉是民事诉讼中的原告对自身诉讼权利行使处分权的表现,民事诉讼中的撤诉包括原告申请撤诉和人民法院按撤诉处理两种情况。需要注意的是,申请撤诉的“原告”指“诉”的原告,包括:(1)有

独立请求权的第三人作为第三人参加之诉的原告,有权撤回第三人参加之诉;(2)反诉原告作为反诉的原告,有权撤回反诉。同样地,人民法院按撤诉处理也包括有独立请求权的第三人、反诉原告经人民法院传票传唤,无正当理由拒不到庭或者未经许可中途退庭的情形,此时人民法院可以将第三人参加之诉和反诉按撤诉处理,本诉则继续进行。

缺席判决是相对对席判决而言,是指民事诉讼中一方当事人无正当理由拒不到庭或者未经法庭许可中途退庭时,人民法院依法对案件作出的判决。在民事诉讼中,适用缺席判决的情形主要分为以下几种:第一,在人民法院宣判前,原告申请撤诉未获人民法院准许,经传票传唤无正当理由拒不到庭或者未经法庭许可中途退庭的;第二,非必须到庭的被告,经人民法院传票传唤,无正当理由拒不到庭或者未经法庭许可中途退庭的;第三,无独立请求权的第三人经法院传票传唤无正当理由拒不到庭,或者未经法庭许可中途退庭的,不影响案件的审理,此时人民法院可以对无独立请求权的第三人作出缺席判决。

适用要点

1. 何为正当理由?目前法律及相关司法解释并未对何为正当理由作出详细规定,从司法实务来看,正当理由一般是指不可抗拒的理由或者事实,原告无法预见和不能克服的困难或障碍,如自然灾害、突然病重等情况。

2. 在按照自动撤诉处理时应当注意应诉手续送达是否符合正当程序。一般而言,向原告送达传票应当提前3日送达原告处,给原告充分的准备时间,同时需要原告在送达回证上签字。如果是邮寄送达的,则签收之日视为送达之日。如果原告拒收或者退回的不能视为送达。在司法实践中,如果符合上述三个条件,且传票送达均无问题的,法院一般会按照撤诉处理。

3. 对于某些涉及国家利益或者社会公共利益的民事案件,如果原告经传票传唤，无正当理由拒不到庭的，或者未经法庭许可中途退庭的，为了保护国家利益或者社会公共利益，人民法院不宜按撤诉处理，此时应当继续审理该案件。

案例指引

香港新建业有限公司等诉上海新建业有限公司等欠款担保纠纷案[1]

要旨：上诉人上海新建业公司的委托代理人臧某，被上诉人香港新建业公司的法定代表人沈某某、委托代理人岑某某，被上诉人森达公司的委托代理人陈某某、戴某，到庭参加诉讼；上诉人伟成公司经法院合法传唤无正当理由拒不到庭参加诉讼。法院经审理认为：本案二审时，经法院合法传唤，伟成公司无正当理由拒不到庭参加诉讼。根据“原告经传票传唤，无正当理由拒不到庭的，或者未经法庭许可中途退庭的，可以按撤诉处理；被告反诉的，可以缺席判决”的规定，应认定伟成公司撤回了上诉。因此，有关伟成公司的上诉法院不予审查。

第一百四十七条　【被告不到庭和中途退庭的处理】被告经传票传唤，无正当理由拒不到庭的，或者未经法庭许可中途退庭的，可以缺席判决。

条文解读

本条是关于被告无正当理由拒不到庭或者未经法庭许可中途退庭如

[1] 参见最高人民法院(2001)民四终字第13号。

何处理的规定。

一方面,本条规定了对于被告不出庭时,法院的应对和处理方式,即法院可以缺席判决;另一方面,本条对于被告不出庭或未经法庭许可中途退庭的情况,规定了相应的法律后果,即让被告对自己的诉讼行为承担法律上的后果,法院虽然是在被告缺席的情况下作出的判决,但判决对被告依然有约束力。对于“被告”一词,应理解为在诉讼中具有相当于被告地位的其他主体,最典型的就是反诉被告,还包括被告为无民事行为能力人时的法定代理人。“无正当理由”,一般指没有不可抗力、意外事件等使被告无法到庭的特殊情况。“缺席判决”,是与当事人同时到庭的对席判决相对应的,即在部分当事人缺席的情况下对案件作出实体处理结果。司法实务中,法院以作出对席判决为原则,缺席判决为例外。因为对席判决是在法官、当事人同时到庭的情况下产生的,能够贯彻程序参与、直接言词、辩论等程序原则,相较于缺席判决,能够更好地平衡保障双方当事人的合法权益,有助于法官认定案件事实。

对法院而言,未经传票传唤缺席判决的属于《民事诉讼法》规定的再审事由,应慎重适用缺席审判。在具体适用时应严格遵守法定程序,否则就可能导致案件进入再审程序,影响司法的公信力和权威性。对于当事人而言,为了保障自己的合法权益,应当配合人民法院的工作,在人民法院传票传唤之后按时出庭、尊重法庭、遵守规则,明确诉讼中会因自己的不当行为带来不必要的诉讼风险。被告确有不能按时到庭的事由,应当及早向人民法院提出。人民法院经审查,认为被告提出的理由正当,确实不能到庭的,可以决定延期审理,并将延期审理的情况及时通知原告。人民法院经审理,认为被告提出的理由不正当,可以决定不延期审理,并将不延期审理的决定通知被告。被告接到人民法院的通知后,应当按时出庭。如果被告经人民法院传票传唤,无正当理由拒不到庭,或者被告虽然到庭,但在审理过程中,未经法庭许可中途退庭的,人民法院应当按期开庭或者继续开庭审理,对于到庭的当事人的诉讼请求、双方的诉辩理由以及已经提交的证据及其他诉讼材料进行审理后,可以依法缺席判决。

适用要点

根据判决是否为当事人双方出庭之后作出的，可以分为对席判决和缺席判决。对席判决是在双方当事人都出庭进行诉讼后所作出的判决。缺席判决是一方当事人没有出庭进行诉讼所作出的判决。缺席判决与对席判决的法律效力相同。在大多数情况下，人民法院所作出的是对席判决，只有在法律有明确规定的情形时，才能作出缺席判决。

案例指引

丹东保利天赐房地产开发有限公司与东港市恒东建筑安装有限公司、赵某、袁某某合同纠纷案[1]

要旨：上诉人丹东保利天赐房地产开发有限公司（以下简称保利公司）因与上诉人东港市恒东建筑安装有限公司、被上诉人赵某、被上诉人袁某某合同纠纷一案，不服丹东市振兴区人民法院（2017）辽0603民初1088号民事判决，向法院提起上诉。法院于2017年7月19日立案后，依法组成合议庭，开庭进行了审理。保利公司上诉称，一审判决程序违法，请求撤销一审判决，依法驳回赵某的诉讼请求。二审法院经审理认为被告袁某某经一审法院传票传唤，无正当理由，拒不到庭，故依法缺席判决。

第一百四十八条　【撤诉】宣判前，原告申请撤诉的，是否准许，由人民法院裁定。

人民法院裁定不准许撤诉的，原告经传票传唤，无正当理由拒不到庭的，可以缺席判决。

〔1〕 参见辽宁省丹东市中级人民法院（2017）辽06民终1244号。

第一百四十九条 【延期审理】有下列情形之一的，可以延期开庭审理：

（一）必须到庭的当事人和其他诉讼参与人有正当理由没有到庭的；

（二）当事人临时提出回避申请的；

（三）需要通知新的证人到庭，调取新的证据，重新鉴定、勘验，或者需要补充调查的；

（四）其他应当延期的情形。

条文解读

本条是关于延期审理的规定。

延期审理，是指出现法律规定的特殊情形，致使不能按照确定的日期进行法庭审理，法院将法庭审理推延至另一期日的诉讼制度。诉讼程序开始后，应当连续进行，直至案件审理完毕结束。但司法实践中常出现难以预料的特殊情况，致使法院无法按照确定的开庭日期对案件进行审理，延期审理便是为了应对此类特殊情况的应急性保障制度。在适用本条规定时，应注意以下几点：

第一，必须到庭的当事人和其他诉讼参与人有正当理由没有到庭和没有正当理由不到庭时法院处理方式的区别。必须到庭的当事人一般是指负有赡养、抚养义务的被告以及不出庭就无法查清案情的被告。必须到庭的诉讼参与人一般是指知道案件重要情况必须到庭的证人、庭审必不可少的翻译人员等。正当理由主要是指无法预见、无法克服、不能避免的客观上的原因。对于必须到庭的当事人和其他诉讼参与人有正当理由不能到庭的，人民法院可以决定延期审理。如果当事人和其他诉讼代理人没有正当理由而拒不到庭，则要分情况进行处理，既可以将其拘传到庭，也可以作出缺席判决。

第二，临时提出回避申请的时间与非临时提出回避申请的差别。在开庭审理前，合议庭或独任审判员确定后，应当在3日内告知当事人，以便于当事人有充分的时间考虑是否需要申请有关人员回避。但当事人在开庭审理后才知道回避事由的，也可以在法庭辩论终结前提出。除案件需要采取紧急措施外，被申请回避的人员在人民法院作出是否回避的决定之前，应当暂停参加本案的工作。当事人在开庭时才提出回避申请的，人民法院就应当延期开庭审理，以便对回避事项作出处理。

第三，对需要通知新的证人到庭，调取新的证据，重新鉴定、勘验，或者需要补充调查等事项的处理。由于这些事项的进行需要花费时日，不可能在法庭上完成，而需要在法庭审判程序外进行，所以法院应当决定延期审理。

第四，对于其他应当延期审理的情况的理解。这是兜底性的规定，属于弹性条款，其目的是授权法院根据案件具体情况灵活处理，以便适应法庭审理过程中可能出现的各种复杂情况。需要注意的是，延期审理在一定程度上影响法院的审判效率，在审判实践中，人民法院应当严格把握延期审理适用的法定条件，以避免过分滥用自由裁量权导致诉讼迟延。

适用要点

现行《民事诉讼法》并没有关于休庭的规定，但在民事诉讼审理的实践中，法院经常使用“休庭”一词。对于休庭的含义，一般理解为开庭的短暂中止或停止，如参与庭审人员中间休息、进行合议处理相关事务的情形。休庭与延期审理有所不同。延期审理是因为出现法定的事由，使正常的开庭程序无法进行，需要推迟一段时间审理，指较长时间不开庭审理但未中止诉讼的状态。延期审理本质上是一种应急性的保障制度，需要有法定事由才能适用。休庭是庭审过程中程序的暂停，无须法定事由，通常是在案件审理时需要暂时停顿的情况下适用。休庭属于诉讼程序中的正常情况，而延期审理属于诉讼程序中的特殊情况，且延期审理的期限不计入审理期限。

案例指引

王某诉东方肾脏病医院邮购药品赔偿纠纷案[1]

要旨：东方肾脏病医院上诉认为：一审程序违法。因上诉人同时有另一案件需在广东省深圳市福田区人民法院开庭，上诉人有正当理由申请原审法院另定开庭时间，但原审法院未予准许而进行缺席判决是错误的。被上诉人答辩认为：上诉人要求延期审理证据不充分，一审进行缺席判决是正确的。四川省泸州市中级人民法院审理认为：上诉人以另一案件开庭时间与本案一审开庭时间均为同一天为由，要求一审延期审理，但其所举传票为复印件，未证明该证据的来源。故一审以其证据不足，未准许其延期申请并无不当。法院对上诉人因一审未准许其延期审理申请而主张一审程序违法的上诉理由，不予支持。

第一百五十条　【法庭笔录】书记员应当将法庭审理的全部活动记入笔录，由审判人员和书记员签名。

法庭笔录应当当庭宣读，也可以告知当事人和其他诉讼参与人当庭或者在五日内阅读。当事人和其他诉讼参与人认为对自己的陈述记录有遗漏或者差错的，有权申请补正。如果不予补正，应当将申请记录在案。

法庭笔录由当事人和其他诉讼参与人签名或者盖章。拒绝签名盖章的，记明情况附卷。

〔1〕 参见四川省泸州市中级人民法院（2006）泸民终字第783号。

第一百五十一条 【宣判】人民法院对公开审理或者不公开审理的案件，一律公开宣告判决。

当庭宣判的，应当在十日内发送判决书；定期宣判的，宣判后立即发给判决书。

宣告判决时，必须告知当事人上诉权利、上诉期限和上诉的法院。

宣告离婚判决，必须告知当事人在判决发生法律效力前不得另行结婚。

第一百五十二条 【一审审限】人民法院适用普通程序审理的案件，应当在立案之日起六个月内审结。有特殊情况需要延长的，经本院院长批准，可以延长六个月；还需要延长的，报请上级人民法院批准。

条文解读

本条是关于人民法院审理一审民事案件期限的规定。

审结期限是指法律规定人民法院审理案件的期限，也称审限。从我国立法来看，《民事诉讼法》明确规定了人民法院审理民事案件的期限。根据本条规定，人民法院适用普通程序审理的案件，应当在立案之日起6个月内审结。这一规定，不仅有利于促使人民法院及时审结民事案件，而且有利于及时保护当事人的合法权益。同时，考虑到民事案件的复杂性，司法实践中存在一些民事案件在法定的期限内审结有困难，因此本条规定也授权了人民法院根据具体案情的需要，可以适当延长期限，并规定了批准延期的权限和程序：有特殊情况需要延长审结期限的，经本院院长批准，可以延长6个月；还需要延长的，报请上级人民法院批准。这一规定既保证了人民法院可以在法定期限内及时审结民事案件，同时又使《民事诉讼法》对结案期限的规定更加符合客观实际。

适用要点

以下几种情形不计入审理期限：

因当事人、诉讼代理人申请通知新的证人到庭、调取新的证据、申请重新鉴定或者勘验，法院决定延期审理一个月之内的期间；民事案件公告、鉴定的期间；审理当事人提出的管辖权异议和处理法院之间的管辖争议的期间；民事案件由有关专业机构进行审计、评估、资产清理的期间；中止诉讼至恢复诉讼的期间。

案例指引

国泰君安证券股份有限公司天津新开路证券营业部等诉中国投资咨询有限责任公司等债权纠纷案[1]

要旨：关于案件的审限，适用普通程序审理的一审案件应在立案之日起6个月内审结，但公告期间不应计算在内，且经一审法院院长批准，可以延长6个月。本案中，自2013年3月5日立案受理后，因海投公司下落不明，公告送达60日，后又经审批延长审限一个半月，故一审法院于2013年11月25日签署判决，并分别于2013年11月27日和29日将该判决送达各方当事人，一审法院审理本案并未超过审限。

[1] 参见海南省高级人民法院(2014)琼民二终字第11号。

第四节　诉讼中止和终结

第一百五十三条　【中止诉讼】有下列情形之一的，中止诉讼：

（一）一方当事人死亡，需要等待继承人表明是否参加诉讼的；

（二）一方当事人丧失诉讼行为能力，尚未确定法定代理人的；

（三）作为一方当事人的法人或者其他组织终止，尚未确定权利义务承受人的；

（四）一方当事人因不可抗拒的事由，不能参加诉讼的；

（五）本案必须以另一案的审理结果为依据，而另一案尚未审结的；

（六）其他应当中止诉讼的情形。

中止诉讼的原因消除后，恢复诉讼。

条文解读

本条是关于诉讼中止事由的规定。

诉讼中止是指在诉讼进行过程中，因出现某些特殊情况使本案诉讼活动难以继续进行时，受诉法院依法裁定暂时停止本案诉讼程序，在导致中止诉讼的原因消除后，人民法院应当及时恢复诉讼程序。依本条第1款的规定，出现下列情况时应中止诉讼：

（一）一方当事人死亡，需要等待继承人表明是否参加诉讼

根据《民法典》第13条的规定，自然人的民事权利能力始于出生，终于死亡，因民事诉讼对主体要求必须具备诉讼权利能力，而当事人的民事权利能力是民事诉讼权利能力存在的前提，当事人存在又是民事权利能力存在的前提，因此，在财产纠纷案件中，一方当事人死亡，其民事诉讼权利能力即告消灭。当事人死亡后，基于实体权利由其继承人享有，在继承

人表明参加诉讼的情况下，诉讼程序才能继续进行，但是确定继承人可能需要一定的时间，甚至可能发生争议。因此，在确定继承人是否承担被继承人的诉讼权利义务需要一定时间的情况下，人民法院应当中止诉讼；若能够即时确定继承人参加诉讼，人民法院可以不中止诉讼。

（二）一方当事人丧失诉讼行为能力，尚未确定法定代理人

与当事人丧失当事人能力（民事诉讼权利能力）导致诉讼中止的情况相比，该种情况指当事人丧失诉讼行为能力而导致诉讼中止，如突发精神病，以致无法表达自身意志，不能自主行使诉讼权利、履行诉讼义务。当事人因丧失诉讼行为能力而无法亲自实施相关的诉讼行为，在尚未确定法定代理人的情况下，需要人民法院中止诉讼，等待代当事人实施诉讼的法定代理人确定之后再恢复诉讼。

（三）作为一方当事人的法人或者其他组织终止，尚未确定权利义务承受人

当事人为法人或者其他组织的，在因合并、撤销、解散等原因而终止的情况下，其主体资格消灭，在权利义务承受人确定之前，人民法院应当中止诉讼，权利义务承受人确定之后，由其作为新的当事人再继续原来的诉讼。

（四）一方当事人因不可抗拒的事由，不能参加诉讼

不可抗拒的事由是指客观上发生的当事人意志以外的特殊情况，导致当事人在较长时间内不可能参加诉讼，如地震、洪水等自然灾害，或者战争爆发、交通阻断等个人力量无法避免的情况，当事人因不可抗拒的事由而不能参加诉讼的，法院应中止诉讼。

（五）本案必须以另一案的审理结果为依据，而另一案尚未审结

审判实践中，在一个案件的事实认定或法律适用要以另一个案件的审理结果为依据的情况下，如果不等待另一个案件的审理结果而继续对本案进行审理，必然会在认定事实和适用法律上遇到难以逾越的障碍，甚至导致矛盾裁判。出于国家法律实施体系化的要求和维护当事人合法权益的需要，在这种情况下应当中止诉讼，等待另一个案件的审理结果。

（六）其他应当中止诉讼的情形

该项规定作为“兜底性条款”，由受诉法院视案件具体情况灵活掌握，如当事人住所临时变动，一时无法知悉其新的住所地，使案件的审理程序不能进行。因为此处涉及法官自由裁量权，为防止法官滥用该条款损害当事人的利益，所以有必要通过司法解释对其予以具体明确。

适用要点

诉讼中止的裁定既可以是书面的，也可以是口头的，但是口头裁定必须记入法院的笔录之中。中止诉讼的裁定一经作出即发生法律效力，当事人不得对该裁定提起上诉或者申请复议。诉讼中止只是暂时停止诉讼程序，除了已经作出的财产保全和先予执行的裁定需要继续执行外，中止期间不再实施诉讼活动，即使当事人或者人民法院从事某种诉讼行为也不生效，原已进行的程序及其结果暂时保留。在导致诉讼中止的事由消除后，人民法院应当及时恢复诉讼程序，此时无须撤销原裁定，从人民法院通知或者准许双方当事人继续进行诉讼时起，中止诉讼的裁定即失去效力，已经进行的诉讼行为对新出现的诉讼承担人具有约束力。

案例指引

青岛中金渝能置业有限公司与青岛中金实业股份有限公司、滨州市中金豪运置业有限责任公司财产保全损害责任纠纷案[1]

要旨：《民事诉讼法》第150条第1款第5项规定，本案必须以另一案的审理结果为依据，而另一案尚未审结的，中止诉讼。本案中，首先，判断本案中金实业公司在山东省高级人民法院（2011）鲁商初字第2号案中申请财产保全是否错误要看其当时在该案中的诉讼行为是否存在过错，而非该案之

〔1〕 参见最高人民法院（2017）最高法民终118号。

后其是否还享有回购权。不管山东省高级人民法院(2015)鲁民一初字第39号案最终判决结果确定其是否回购青岛渝能公司股权,均不影响本案的裁判。其次,本案判决结果确定的损失赔偿属于青岛渝能公司独立的财产,不仅与其股东利益相关,还涉及青岛渝能公司债权人的利益,即使中金实业公司回购股权后与青岛渝能公司系母公司与子公司的关系,对本案诉争也应作出判决。因此,中金实业公司关于本案应当中止审理的上诉主张不能成立。

第一百五十四条 【终结诉讼】有下列情形之一的,终结诉讼:

(一)原告死亡,没有继承人,或者继承人放弃诉讼权利的;

(二)被告死亡,没有遗产,也没有应当承担义务的人的;

(三)离婚案件一方当事人死亡的;

(四)追索赡养费、扶养费、抚养费以及解除收养关系案件的一方当事人死亡的。

条文解读

本条是关于诉讼终结事由的规定。

《民法典》第1058条规定:"夫妻双方平等享有对未成年子女抚养、教育和保护的权利,共同承担对未成年子女抚养、教育和保护的义务。"为保持文字一致,2021年修改《民事诉讼法》时将"抚育费"的表述方式修改为"抚养费"。

诉讼终结是指在诉讼进行过程中,因出现某些特殊情况使本案诉讼活动无法进行或者没有必要继续进行时,受诉法院依法裁定结束本案诉讼程序的制度。依本条规定,出现下列情况时应终结诉讼:

(一)原告死亡,没有继承人,或者继承人放弃诉讼权利

民事诉讼始于原告向人民法院起诉,申请审理相关民事纠纷,在原告缺失的情况下民事诉讼无从开始。换言之,没有原告就不存在民事诉讼。

在原告死亡且没有继承人或者继承人放弃诉讼权利的情况下，因为没有了权利主张者，民事诉讼程序无法继续进行，所以人民法院只能依法作出终结诉讼的裁定。

(二)被告死亡，没有遗产，也没有应当承担义务的人

在财产纠纷案件中，原告起诉被告的目的是获得财产上的权益，因此，原告实现诉讼请求的前提是被告拥有财产。如果被告死亡留有遗产，在其继承人继承遗产的情况下，其继承人必须参加诉讼，在其继承人放弃继承遗产的情况下，人民法院可以在遗产范围内判决，原诉讼可继续进行；如果被告死亡没有留下遗产，但存在相应的义务承受人，原诉讼亦可继续进行，无须诉讼终结；但是在被告死亡没有留下遗产，且没有义务承受人的情况下，原告的诉讼请求不可能实现，人民法院已经没有继续审理案件的必要，应当裁定终结诉讼。

(三)离婚案件一方当事人死亡

离婚案件属于因身份关系而提起的民事诉讼。离婚案件中一方当事人死亡，婚姻关系自然解除，案件已经没有审理必要，人民法院应当裁定终结诉讼。

(四)追索赡养费、扶养费、抚养费以及解除收养关系案件的一方当事人死亡

此类诉讼是基于特定的身份关系而提起，其他人不能也不可能代替当事人，任何一方当事人死亡，均导致案件中实体权利义务关系的自然消灭。本案诉讼程序因没有继续进行的可能和必要，受诉法院应当裁定终结诉讼。具体而言，在追索赡养费、扶养费、抚养费的情况下，由于一方当事人的死亡，给付赡养费、扶养费、抚养费已经没有可能或者没有必要，案件无须继续审理。在解除收养关系案件的一方当事人死亡的情况下，收养关系自然解除，案件无须继续审理。

诉讼终结的裁定既可以是书面的，也可以是口头的，裁定一经作出即发生法律效力，当事人不得对该裁定提起上诉或者申请复议。需要注意的是，人民法院裁定终结诉讼，并不能确定死亡一方当事人的财产归属，这是因为诉讼终结仅是诉讼程序的终结，表明案件不再系属于诉讼之中，

其既不干涉实体权益的丧失，也不涉及实体义务的免除，人民法院对案件争议的实体性问题不能作出任何处理。

适用要点

1. 诉讼终结与诉讼中止存在一定的联系，诉讼中止是因为某些特殊情况的出现使诉讼暂时停止，在导致诉讼中止的原因消除后，诉讼将继续进行。但是，在某些情况下，诉讼中止之后没有必要恢复诉讼程序，此时人民法院应终结诉讼，如在原告死亡，没有继承人的情形下，诉讼中止转化为诉讼终结。另外，比较诉讼中止和诉讼终结的事由可发现，诉讼中止的事由中，有的与当事人相关，有的与当事人无关，而诉讼终结事由均与当事人的状况相关。

2. 诉讼终结与案件审结具有相同的效力，当事人不得基于同一事实和理由，就同一诉讼标的再行起诉，人民法院也不得再行受理。另外，人民法院裁定诉讼终结直接导致本案审理的终结，当事人对该裁定不得提起上诉和申请复议。

3. 因为诉讼终结从法律上排除当事人诉讼权利的行使，影响当事人民事权益得到保护的权利，所以与《民事诉讼法》规定的诉讼中止的"兜底性条款"不同，该条明确规定诉讼终结只能适用于公民作为当事人死亡后出现的以上四种法定情况。除本条规定的四种诉讼终结的事由外，不允许扩张适用诉讼终结，即便某种情况对诉讼造成严重障碍。

案例指引

张某1、张某2、张某3分家析产纠纷案〔1〕

要旨：法院再审过程中，根据再审查明的事实，案涉房屋所有权人已于2004年5月19日变更登记为案外人李某某，鉴于原审判决考虑房屋的

〔1〕 参见吉林省吉林市船营区人民法院(2021)吉0204民再10号。

来源及实际居住等具体情况将案涉房屋判决归张某有所有并无不当，本案再审时房屋所有权人已变更为案外人，故应当由张某有承担其他共有人的房屋份额对价款给付义务。现张某有已死亡，应由其继承人在继承遗产的范围内承担义务。再审庭审中，张某有的3名法定继承人张某1、张某2、张某3均表示未继承张某有遗产，亦未提供证据证明张某有留有遗产。根据《民事诉讼法》第151条第1款第2项"有下列情形之一的，终结诉讼：（二）被告死亡，没有遗产，也没有应当承担义务的人的"之规定，因析产纠纷中，当事人互相享有权利及负有相应义务，应当承担义务的当事人的诉讼地位相当于被告，故本案再审程序现因张某有死亡，没有遗产，也没有应当承担义务的人，符合上述规定情形，应当终结诉讼。

第五节　判决和裁定

第一百五十五条　【判决书】判决书应当写明判决结果和作出该判决的理由。判决书内容包括：

（一）案由、诉讼请求、争议的事实和理由；

（二）判决认定的事实和理由、适用的法律和理由；

（三）判决结果和诉讼费用的负担；

（四）上诉期间和上诉的法院。

判决书由审判人员、书记员署名，加盖人民法院印章。

条文解读

本条是关于制作民事判决书的规定。

民事判决书是指人民法院对于民事案件进行审理后，将判决的内容按照规定的格式制作的法律文书。人民法院的民事判决可以从不同角度作出不同的分类。根据判决所决定的诉的不同种类或不同性质，可以分为给付之诉、确认之诉和变更之诉；根据判决就其解决案件的全部或部分争议的不同，可以分为全部判决和部分判决；根据判决所处理的民事案件是否具有争议性，可以分为诉讼判决和非诉讼判决；根据判决是否为双方当事人同时到庭的情况所作出的，可以分为对席判决和缺席判决；根据诉讼程序的不同，可以分为一审判决、二审判决和再审判决；根据判决所解决案件结果的不同，可以分为肯定判决和否定判决。

判决书制作的基本要求是写明判决结果和作出该判决的理由。判决书应当以书面形式作出，由审判人员、书记员署名，加盖人民法院印章。具体而言，判决书应当包括以下几个方面的内容：

1. 案由、诉讼请求、争议的事实和理由。案由，是指按照诉讼请求的内容来划分的案件的种类，如继承、离婚、合同、人身损害赔偿纠纷等。判决书中的诉讼请求以及事实和理由部分既要载明原告的诉讼请求、事实和理由，也要载明被告对原告诉讼请求承认或反驳的事实和理由。被告提出反诉的，其诉讼请求以及所根据的事实和理由也应当如实载明。

2. 判决认定的事实和理由、适用的法律和理由。人民法院审理民事案件，必须以事实为根据，以法律为准绳。案件事实的认定以及法律条款的适用是司法裁判的两项重要内容。在事实认定方面，人民法院除了应当在判决书中载明予以认定的事实和不予以认定的事实外，还应当说明相关事实认定的理由。在说理部分应当对证据的客观性、合法性、关联性进行具体分析、论证，并全面呈现法庭审理以及事实认定的全过程，从而增强判决书的说理性，促使当事人服判息讼。在法律适用方面，判决书应当写明裁判所依据的法律条款，并说明理由。判决书不能仅宣告裁判所引用的法律条款，而应当对该法律条款作为裁判依据的理由予以详尽阐释，这不仅有利于使判决获得公众的信服，而且有利于约束法官裁判行为，防止司法权的专横与滥用。

3. 判决结果和诉讼费用的负担。判决结果一般又称判决的主文，是判决书的核心部分，也是法院对当事人诉讼请求的回应。判决结果的内容应当具体、明确，具有可操作性。判决主文应当对当事人所有的诉讼请求和主张予以回应，不得遗漏，同时基于处分原则和不告不理原则的要求，判决主文不得超出当事人请求的范围。人民法院审理终结后还应当根据案件的情况，依法确定诉讼费用由哪一方当事人承担以及承担的具体数额。

4. 上诉期间和上诉的法院。上诉权是当事人一项重要的诉讼权利，因此在判决书的结束部分应当写明上诉的期间和应当向哪个人民法院提起上诉，以便当事人行使上诉权。

除上述内容外，在判决书的开端应当写明原告、被告、第三人及各自诉讼代理人的基本情况。在判决书的主文下面，应当由审判员和书记员署名，加盖人民法院印章并注明作出判决书的日期。

适用要点

民事判决书既是人民法院行使国家审判权的体现，也是对当事人权利和义务的权威性、终局性判定。判决发生效力后，便具有对人的拘束力、对事的确定力和执行力，因而判决书在司法活动中具有重要的意义。

第一百五十六条 【先行判决】人民法院审理案件，其中一部分事实已经清楚，可以就该部分先行判决。

第一百五十七条 【裁定】裁定适用于下列范围：

（一）不予受理；

（二）对管辖权有异议的；

（三）驳回起诉；

（四）保全和先予执行；

（五）准许或者不准许撤诉；

（六）中止或者终结诉讼；

（七）补正判决书中的笔误；

（八）中止或者终结执行；

（九）撤销或者不予执行仲裁裁决；

（十）不予执行公证机关赋予强制执行效力的债权文书；

（十一）其他需要裁定解决的事项。

对前款第一项至第三项裁定，可以上诉。

裁定书应当写明裁定结果和作出该裁定的理由。裁定书由审判人员、书记员署名，加盖人民法院印章。口头裁定的，记入笔录。

第一百五十八条 【生效裁判】最高人民法院的判决、裁定，以及依法不准上诉或者超过上诉期没有上诉的判决、裁定，是发生法律效力的判决、裁定。

第一百五十九条 【裁判文书公开】公众可以查阅发生法律效力的判决书、裁定书，但涉及国家秘密、商业秘密和个人隐私的内容除外。

第十三章 简 易 程 序

第一百六十条 【简易程序适用范围】基层人民法院和它派出的法庭审理事实清楚、权利义务关系明确、争议不大的简单的民事案件,适用本章规定。

基层人民法院和它派出的法庭审理前款规定以外的民事案件,当事人双方也可以约定适用简易程序。

条文解读

本条是关于简易程序适用范围的规定。

本条第 1 款对简易程序适用的条件和范围作出了规定。将简易程序适用的法院层级限定为基层人民法院和它的派出法庭,中级以上人民法院不得适用简易程序,进而也就决定了简易程序仅适用于基层人民法院审理的第一审民事案件。当事人提起上诉的二审案件、发回重审的案件和按照审判监督程序再审的案件不适用简易程序。

本条将简易程序的适用范围限定于简单民事案件,并对简单民事案件的识别标准进行了概括,即"事实清楚、权利义务关系明确、争议不大"。《民诉法解释》第 256 条对何谓"事实清楚、权利义务关系明确、争议不大"作了细化规定:"事实清楚"是指当事人对争议的事实陈述基本一致,并能提供相应的证据,无须人民法院调查收集证据即可查明案件事实;"权利义务关系明确"是指能够明确区分谁是责任的承担者,谁是权利的享有者;“争议不大”是指当事人对于案件的是非、责任承担以及诉讼标的争执无原则性分歧。针对“事实清楚”解释中的“提供相应的证据”这一要求,应当注意在此阶段对于证据真实性、关联性、合法性的审查判断应当尽可能限缩于关联性的范围之内。从法律文本表述出发,仅要求提供“相应”的证据;从证据审查判断的角度出发,对于证据的深入审查应当于庭审程序中进行。此时尚处于庭审开始之前的程序选择阶段,故而此处所谓“相应证据”的审查标准应当尽可能限缩于关联性的范围内,且对其审查的程度也应当是较为缓和的。对于此处“争议不大”的理解应注意其是强调当事人之间对于谁是责任的承担者不存在根本性的分歧,而不是对于责任的性质争议不大。

本条第 2 款是关于当事人约定适用简易程序的规定,赋予了当事人自愿选择适用简易程序的选择权。该款规定具有以下含义:第一,当事人选择适用简易程序的案件范围仅限于基层人民法院及其派出法庭审理的第一审民事案件,对于中级以上人民法院审理的案件无权约定,对于二审案件、发回重审和适用审判监督程序再审的案件也无权约定适用简易程序。第二,当事人选择适用简易程序以双方当事人在自愿的基础上达成合意、协商一致为条件,仅有原告意见或被告意见选择适用简易程序,不能适用。未经当事人的一致同意,法院不得依职权将普通程序转为简易程序,否则即属程序违法。第三,当事人双方约定适用简易程序,约定的形式并无限制,既可以是口头形式,也可以是书面形式。第四,当事人双方仅能约定将原本应适用普通程序的民事案件转为适用简易程序进行审理,不能作出相反的约定,也就是说,当事人不能约定将适用简易程序的案件转为适用普通程序进行审理。第五,当事人双方达成合意,必须是在审理程序开始之前。《民诉法解释》第 260 条规定:“已经按照普通程序审理的案件,在开庭后不得转为简易程序审理。”若审理程序已经开始,那么当事人即便达成合意,也不得再转为简易程序。第六,本条规定虽然并未要求当事人约定适用简易程序需经法院同意,但对于当事人约定适用简易程序也要有必要的限制,不能损害国家利益、社会公共利益或他人合法权益。

适用要点

本条确立的简易程序适用范围在实务中具有一定的局限性，对于简单民事案件的判断是较为主观的，在进入审判程序之前，很难确定案件简单与否。因此，《民诉法解释》第257条规定了适用简易程序的除外情形，对于下列几类案件不适用简易程序：起诉时被告下落不明的；发回重审的；当事人一方人数众多的；适用审判监督程序的；涉及国家利益、社会公共利益的；第三人起诉请求改变或者撤销生效判决、裁定、调解书的；其他不宜适用简易程序的案件。最后一项作为一项弹性条款列入其中，对于简单民事案件并非必须适用简易程序，新类型案件、需要统一裁量标准的较多类似案件以及社会影响较大的案件等，即便案情简单，法院也可以依据该项规定适用普通程序进行审理。

第一百六十一条　【起诉方式】对简单的民事案件，原告可以口头起诉。

当事人双方可以同时到基层人民法院或者它派出的法庭，请求解决纠纷。基层人民法院或者它派出的法庭可以当即审理，也可以另定日期审理。

第一百六十二条　【简便方式传唤、送达和审理】基层人民法院和它派出的法庭审理简单的民事案件，可以用简便方式传唤当事人和证人、送达诉讼文书、审理案件，但应当保障当事人陈述意见的权利。

第一百六十三条　【简单民事案件的审理方式】简单的民事案件由审判员一人独任审理，并不受本法第一百三十九条、第一百四十一条、第一百四十四条规定的限制。

第一百六十四条　【简易程序的审理期限】人民法院适用简易程序审理案件,应当在立案之日起三个月内审结。有特殊情况需要延长的,经本院院长批准,可以延长一个月。

条文解读

本条是关于人民法院适用简易程序审理民事案件的审理期限的规定。

审理期限也称审限,是法律规定人民法院审理民事案件从立案到审结的法定期间限制。《民事诉讼法》针对法院审理民事案件时所适用的程序不同,分别设定了不同的审理期限规定,第 152 条规定了人民法院适用普通程序审理的案件,应当在立案之日起 6 个月内审结;第 168 条规定了人民法院适用小额诉讼的程序审理案件,应当在立案之日起 2 个月内审结。审理期限设定的目的在于促使法院及时审结民事案件,避免诉讼过分迟延,维护当事人的合法权利。当事人将民事纠纷诉诸法院,其目的在于通过诉讼的方式解决纠纷,维护自身合法权益。正如法谚所言"迟来的正义非正义",民事诉讼需要及时审结,快速解决当事人之间的民事纠纷,过分迟延的诉讼程序和迟到的判决,可能会使当事人之间的矛盾激化,导致当事人对于司法丧失信心,有损司法的公信力。审理期限的规定意味着一切诉讼行为的实施和完成都要遵循一定的时间要求,科学的审理期限有利于保证当事人及时行使诉讼权利,履行诉讼义务,促使法院及时履行自身的职责,推动诉讼进程的顺畅进行。小额诉讼程序、简易程序、普通程序这三种不同类型的民事诉讼程序,存在由简到繁的逻辑演进,故而在审理期限的设定方面,也应当与此相契合,即普通程序适用 6 个月的审理期限;简易程序适用 3 个月的审理期限;小额诉讼程序则适用 2 个月的审理期限。

2021 年《民事诉讼法》在沿袭 2015 年《民诉法解释》第 258 条的基础

上新增了关于简易程序审理期限延长的规定，同时对于司法解释所规定的“延长后的审理期限累计不得超过六个月”调整为“可以延长一个月”，以更加契合简易程序的内在要求。对于适用简易程序审理的案件，如果在简易程序规定的审理期限3个月内无法审理完毕，那么在一定程度上就可以说明案件确实复杂，不宜适用简易程序进行审理，此时应当转为普通程序继续进行审理。但是，司法实践中确实存在个别适用简易程序的案件虽然已经临近3个月的审理期限，但审判人员已经查明了案件事实，可以作出裁判，但由于部分非主观原因导致无法在3个月内作出裁判或者案件事实已经基本查清，仅需要再对个别证据进行调查就可以查清全案事实作出裁判，此时一律转为普通程序继续进行审理则将导致当事人诉讼程序的增加和司法资源的浪费。因此，对于适用简易程序审理的案件，在超出审理期限无法按时审结时，应当可以允许延长审理期限，以避免司法资源的无端损耗。但是，对于审理期限延长的上限则需要在综合考量各方面因素的基础上审慎作出决定。

如前文所述，人民法院适用普通程序审理第一审民事案件时，审理期限不得超过6个月，而这与简易程序审理期限延长后的上限相同。审理期限6个月上限的设置与普通程序的审理期限相同，在一定程度上模糊了普通程序与简易程序之间的区别。故而2021年《民事诉讼法》在承袭《民诉法解释》规定的基础上，对延长的上限进行了调整，由可以延长3个月降低至可以延长1个月，更加契合适用简易程序延长审理期限两类情形的需要。对于审判人员已经查明了案件事实，可以作出裁判，只是由于部分非主观原因导致无法在3个月内作出裁判的情形，通常在1个月内足以排除非主观原因的影响，审结案件作出裁判。另一种情形即案件事实已经基本查清，仅需要再对个别证据进行调查就可以查清全案事实作出裁判，通常在一个月内是可以实现的。仅对于个别证据进行调查核实，1个月的延长期限已经较为充足。如果在1个月内无法完成对于个别证据调查核实的工作，那么就意味着该案件确实复杂，不适宜继续采用简易程序进行审理，应当转为普通程序，以更好地保证对案件事实的查证，确保司法判决的公正性。2015年《民诉法解释》第258条所规定的3个月延长期限在一定程度上存在超标现象，延长后的审理期限与普通程序的审理期限等同，可能存在不宜适用简易程序审理的案件错误地适用简易程序进行审理并最终审理终结的情况，如此一来便对当事人的程序保障产生瑕疵，在一定程度上有损司法公正。

适用要点

人民法院适用简易程序审理案件无法在审理期限内按时审结时，法院首先要判断本案是否适宜继续适用简易程序进行审理，认为可以继续适用简易程序审理的，依照本条规定，延长审理期限。如果认为不宜继续适用简易程序进行审理的，就应当转为普通程序进行审理。根据《民诉法解释》的规定，案件转为普通程序审理的，审理期限自人民法院立案之日计算。亦即，对于转为普通程序继续审理的，审理期限并不重新起算，而是从立案之日起算。

第一百六十五条 【小额诉讼程序的适用范围】基层人民法院和它派出的法庭审理事实清楚、权利义务关系明确、争议不大的简单金钱给付民事案件，标的额为各省、自治区、直辖市上年度就业人员年平均工资百分之五十以下的，适用小额诉讼的程序审理，实行一审终审。

基层人民法院和它派出的法庭审理前款规定的民事案件，标的额超过各省、自治区、直辖市上年度就业人员年平均工资百分之五十但在二倍以下的，当事人双方也可以约定适用小额诉讼的程序。

条文解读

本条是关于小额诉讼程序适用范围的规定。

相较于2017年《民事诉讼法》,2021年《民事诉讼法》对小额诉讼程序适用的范围进行了修改,由标的额为各省、自治区、直辖市上年度就业人员年平均工资30%以下的简单的民事案件调整为标的额为各省、自治区、直辖市上年度就业人员年平均工资50%以下的事实清楚、权利义务关系明确、争议不大的简单金钱给付民事案件,并新增了当事人双方约定适用小额诉讼程序的规定。在标的额超出前述范围,但在各省、自治区、直辖市上年度就业人员年平均工资2倍以下的,当事人双方可以约定适用小额诉讼程序。

一、小额诉讼程序的法定范围

本条第1款是关于小额诉讼程序的规定,该款规定包含以下几层含义:

第一,小额诉讼程序只能在基层人民法院和它派出的法庭审理民事案件中适用,中级以上人民法院不得适用小额诉讼程序。

第二,小额诉讼程序审理的案件仅限于标的额为各省、自治区、直辖市上年度就业人员年平均工资50%以下的事实清楚、权利义务关系明确、争议不大的简单金钱给付民事案件。2021年《民事诉讼法》将小额诉讼适用的案件类型由不加以限制的简单民事案件限缩为简单金钱给付民事案件,且在条文上由过去"符合本法第一百五十七条第一款规定的简单的民事案件"修改为"事实清楚、权利义务关系明确、争议不大的简单金钱给付民事案件"。结合本法第160条对简易程序适用范围的规定可以推知,小额诉讼程序仍然作为简易程序进一步简化的特殊程序而存在。因此,对于在小额诉讼程序相关规定中并未明确规定的内容,仍然可以适用简易程序的相关规定进行处理。

第三,小额诉讼程序适用的简单金钱给付案件标的额限制为各省、自治区、直辖市上年度就业人员年平均工资50%以下。该规定系考虑到我国各地经济发展水平不平衡,因此对标的额限额设置为相对标准,可以与各地经济发展水平相适应,较为灵活。

第四,小额诉讼程序一审终审。为了保证小额诉讼程序的简便和快捷,对于适用小额诉讼程序审理的案件实行一审终审,当事人不得提起上诉。为了保证司法公正,维护当事人的合法权益,对于小额诉讼程序仍应保证一定的程序救济手段,对于适用小额诉讼程序审理的民事案件,当事人虽然不能提起上诉,但可以通过审判监督程序提起再审的方式寻求救济。

二、小额诉讼程序的约定范围

本条第2款系2021年《民事诉讼法》新增条款,是关于当事人双方约定适用小额诉讼程序的规定,赋予当事人在一定条件下选择适用小额诉讼程序的权利。该款规定包含以下含义:

第一,当事人双方约定适用小额诉讼程序的简单金钱给付民事案件标的额限制为超过各省、自治区、直辖市上年度就业人员年平均工资50%但在2倍以下。由此可知,赋予当事人的程序选择权对案件标的额进行了限制,即标的额超出各省、自治区、直辖市上年度就业人员年平均工资2倍的,当事人无权约定适用小额诉讼程序。

第二,当事人约定适用小额诉讼程序的其他条件需要满足本条第1款除标的额限制之外的其他规定,即当事人约定适用小额诉讼程序的案件类型仅限事实清楚、权利义务关系明确、争议不大的简单金钱给付民事案件;适用的法院层级限于基层人民法院及其派出法庭,中级以上人民法院审理的案件不得约定适用小额诉讼程序。

第三,当事人双方约定适用小额诉讼程序,对约定的形式并无限制,既可以是口头形式,也可以是书面形式。

第四,与当事人约定适用简易程序相同,当事人双方约定适用小额诉讼程序,也应当在审理程序开始之前达成合意。审理程序开始之后,不能以当事人双方达成合意为由转为小额诉讼程序。

适用要点

对于本条第1款所规定的案件类型限定为简单金钱给付案件应当作扩大解释,即此处所规定的金钱给付案件并非严格限定为以金钱作为给付标的的案件类型,对于金钱以外的其他给付标的的案件类型,只要可以以金钱作为代替给付,都可以将其理解为此处所规定的金钱给付案件。在代替给付的金钱数额符合本条第1款所规定的标的限额,即省、自治区、直辖市上年度就业人员年平均工资50%以下,就可以适用小额诉讼程序。在代替给付的金钱数额符合本条第2款所规定的标的限额时,当事人双方即享有程序选择权,可以在自愿的基础上达成合意,约定适用小额诉讼程序。

案例指引

杨某某、宋某某民间借贷纠纷案[1]

要旨:本案是一起小额民间借贷纠纷案件,适用小额诉讼程序审理。原告对被告微信转账支付凭证、微信清单及电话录音能够证实双方借款关系存在,借款合同成立并有效。根据诚实信用原则,原告借款给被告,被告应当依约定偿还原告借款。原被告双方没有约定利息,原告也没有主张利息。法院对利息不作评判。

〔1〕 参见河南省汝阳县人民法院(2021)豫0326民初3741号。

第一百六十六条 【不适用小额诉讼程序的案件类型】人民法院审理下列民事案件,不适用小额诉讼的程序:

(一)人身关系、财产确权案件;

(二)涉外案件;

(三)需要评估、鉴定或者对诉前评估、鉴定结果有异议的案件;

(四)一方当事人下落不明的案件;

(五)当事人提出反诉的案件;

(六)其他不宜适用小额诉讼的程序审理的案件。

条文解读

本条是关于不适用小额诉讼程序审理的案件类型的规定。

本条系 2021 年修正《民事诉讼法》时增设的条款,在承袭 2015 年《民诉法解释》第 275 条规定的基础上删除了“知识产权纠纷”,增设了“当事人提出反诉的案件”和“一方当事人下落不明的案件”两项除外类型。

第一,涉及人身关系的纠纷不适用小额诉讼程序。在追索赡养费、抚养费等涉及人身关系的纠纷中,主要存在以下两个方面的争议:一是原被告之间是否存在相应的人身关系;二是人身关系清楚,但双方当事人就给付的数额、时间、方式等存在争议。由于人身关系存在与否不仅涉及当事人双方的利益,还涉及多数关系人的利益,甚至进一步影响社会公共利益和国家利益。因此,对于涉及人身关系的诉讼,法官必须投入更多的时间和精力,发挥职权作用,查明案件客观真实,而这与小额诉讼程序简便快捷的特性不相符合。

第二,涉及财产确权的案件不适用小额诉讼程序。此处规定的财产确权案件主要指的是物权确认案件,包括所有权确认案件、用益物权案件、担保物权案件。在司法实践中,财产确权案件最常见的类型是涉及不动产的确权案件,由于不动产价值较大,本身很可能超出小额诉讼程序适用的标的额范围的限制,故而不动产确权案件基本上不可能适用小额诉讼程序。对于动产确权案件而言,由于动产本身价值明确较为复杂,往往需要经过财产价值评估,而这需要消耗一定的时间成本。故而在评估意见形成之后,再决定是否适用小额诉讼程序与小额诉讼程序追求诉讼效率的内在要求不相符合。

第三,涉外民事案件不适用小额诉讼程序。涉外民事案件,是指具有诉讼主体涉外、涉及诉讼标的的事实涉外以及诉讼标的物涉外三种情形之一的民事案件。对于涉外民事诉讼程序,《民事诉讼法》专设一编"涉外民事诉讼程序的特别程序"予以规定。通过该编规定可知,涉外民事案件的程序设计本身具有一定的特殊性。涉外民事案件的送达期限和答辩期限较长,且没有审限要求。由于涉外民事案件的特殊性,其与小额诉讼程序本身是不相契合的。

第四,需要评估、鉴定或者对诉前评估、鉴定结果有异议的案件不适用小额诉讼程序。由于评估、鉴定结果具有较高的专业性,因此在对其存在异议的情形下,通常只能通过再次评估、鉴定予以处理,这往往需要较长的时间才能得到结果,客观上无法满足小额诉讼程序快审快结的要求。

第五,一方当事人下落不明的案件不适用小额诉讼程序。首先,一方当事人下落不明的案件,法院只能通过公告送达的方式送达相关司法文书,而公告送达本身需要消耗较长的时间,这与小额诉讼程序快审快结的要求是相矛盾的。其次,由于当事人下落不明,也就不存在当事人的答辩意见,因而法院无法判断该民事案件是否符合"争议不大"这一小额诉讼程序适用条件,进而也就无法确定是否可以适用小额诉讼程序。

第六,当事人提出反诉的案件不适用小额诉讼程序。适用小额诉讼程序审理的民事案件需要满足"事实清楚、权利义务关系明确、争议不大"的条件,其中"争议不大"是指当事人对于案件的是非、责任承担以及诉讼标的的争议无原则性分歧。在当事人提出反诉的情形下,很难说是当事人对于案件的是非、责任承担以及诉讼标的的争议无原则性分歧，故而当事人提出反诉的案件通常都是不符合“争议不大”这一适用条件的。

第七，其他不宜适用小额诉讼程序审理的案件。该项作为弹性条款予以规定，赋予了法院一定的自由裁量权。在遇有某些认为不宜适用小额诉讼程序审理的新类型案件时，即便符合小额诉讼程序的适用条件，也可以决定不适用小额诉讼程序进行审理。

适用要点

虽然2021年《民事诉讼法》意图将小额诉讼程序从简易程序中独立出来，但从逻辑上出发，小额诉讼程序本质上仍然是在简易程序基础之上的进一步简化。故而，现行法律、司法解释规定不适用简易程序的案件，也不应适用小额诉讼程序。2015年《民诉法解释》第257条规定了适用简易程序的除外情形，对于下列几类案件不适用简易程序：起诉时被告下落不明的；发回重审的；当事人一方人数众多的；适用审判监督程序的；涉及国家利益、社会公共利益的；第三人起诉请求改变或撤销生效判决、裁定、调解书的；其他不宜适用简易程序的案件。对于上述情形，也不应适用小额诉讼程序。

案例指引

沈某玲、崔某某民间借贷纠纷案〔1〕

要旨：再审申请人申请再审称：一审法院在申请人提出书面反诉请求时，依然适用小额程序审理本案，剥夺了申请人的上诉权利，程序违法。《民诉法解释》第280条中规定，因当事人申请增加或者变更诉讼请求、提出反诉、追加当事人等，致使案件不符合小额诉讼案件条件的，应当适用

〔1〕 参见广西壮族自治区北海市银海区人民法院(2021)桂0503民申33号。

简易程序的其他规定审理。前款规定案件,应当适用普通程序审理的,裁定转为普通程序。而一审法院当庭驳回申请人的反诉请求,继续适用小额程序审理本案,2021 年 2 月 2 日开庭,2 月 5 日即作出一审判决,程序显然违法,剥夺了申请人上诉的权利。法院经审查认为,法院于 2021 年 2 月 5 日作出的(2021)桂 0503 民初 259 号民事判决书已经发生法律效力。申请人沈某玲现以双方并非民间借贷法律关系,而是被申请人崔某某参与的一起非法融资行为,认为原审判决认定主要事实不清、定性错误、适用法律错误及程序违法为由申请再审,并向法院提交了申请人沈某玲与被申请人崔某某之间的微信聊天记录、江苏省南京市中级人民法院作出的(2020)苏 01 民终 3297 号民事裁定书等(上诉人王某某;被上诉人恒盛航空、沈某根),作为其申请再审的新证据。根据沈某玲与崔某某之间的微信聊天记录,双方 2020 年 2 月 11 日之前就恒盛航空公司投资项目事宜进行沟通联系,后崔某某于 2 月 11 日去到沈某玲住所处。双方在微信上聊天了解投资方式、投资金额、投资回报、拉人投资等问题。转账的第二日即 2 月 12 日,崔某某在微信聊天记录中陈述"到账了 200 元"。崔某某在沈某玲出具案涉《借条》后,叫其朋友付某某进行投资,且其本人于 2020 年 6 月 26 日以自己作为"推荐人"、沈某玲作为"居间商"还继续转账投资了 2 万元。案涉的 17600 元经崔某某转账给沈某玲,沈某玲将该笔款项转账给案外人孙某,再由孙某汇入江苏恒空公司账户内。崔某某清楚案涉钱款的流向,并通过其个人账户收取恒盛公司的回款。案涉的"借款"实际为崔某某经沈某玲作为中间人后,向恒盛航空公司投资的款项。江苏省南京市中级人民法院作出的(2020)苏 01 民终 3297 号民事裁定书认定恒盛航空及其法定代表人沈某根向社会不特定公众以理财为名进行借款,其行为可能涉嫌非法集资犯罪。综上所述,法院认为,申请人现提供的证据,已经足以推翻原判决,原判决认定事实错误,沈某玲的再审申请符合《民事诉讼法》第 200 条第 1 项规定的情形。

第一百六十七条 【小额诉讼开庭次数、宣判方式】人民法院适用小额诉讼的程序审理案件,可以一次开庭审结并且当庭宣判。

条文解读

本条是关于小额诉讼程序实际运行过程中开庭次数和宣判方式的规定,是 2021 年修正《民事诉讼法》时增设的条款。

根据本条的规定,小额诉讼案件一般应当一次开庭审结并且当庭宣判。首先,人民法院适用小额诉讼的程序审理民事案件可以一次开庭审结。这一方面是满足小额诉讼程序审理案件快审快结的内在要求,如果多次开庭必然造成时间成本的增加,在一定程度上导致诉讼效率的减损,与小额诉讼程序设计本身的内在价值追求不相符合。另一方面是由适用小额诉讼程序审理的案件类型是事实清楚、权利义务关系明确、争议不大的简单金钱给付民事案件所决定的。对于此类案件,由于其本身往往比较简单,审结案件所需查明的各项要素都较为清楚,法官审理案件所需解决的争议问题也较为容易,通常可以在一次庭审过程中予以解决。其次,人民法院适用小额诉讼程序审理民事案件,案件审理终结后原则上应当采用当庭宣判的方式。《民事诉讼法》第 151 条第 2 款规定了宣告判决的两种方式,“当庭宣判的,应当在十日内发送判决书;定期宣判的,宣判后立即发给判决书”。当庭宣判,是指在开庭审理之日,合议庭评议结束之后,由审判长宣布继续开庭并立即宣告判决结果;定期宣判,是指在开庭审理之日,合议庭评议案件结束后,由合议庭另行选择日期宣告判决。对于两种宣判方式的适用,法律并未作出规定,交由法院自主进行选择。一般认为,当庭宣判适用于较为简单的案件,即在合议庭评议结束后可以立即形成判决内容;定期宣判适用于案情较为复杂,合议庭评议结束后难以立即形成判决内容的情形,故另行选择日期进行宣判,给予法官一定的时间进行审慎判断,以形成公正的判决内容。对于适用小额诉讼程序审理的民事案件,由于其本身即为事实清楚、权利义务关系明确、争议不大的简单金钱给付民事案件,故而在实际审理过程中,法官通常在审理结束后立即形成公正准确的判决内容。为了契合小额诉讼程序快审快结的内在要求,尽快化解当事人纠纷,选择当庭宣判的方式是较为恰当的。通过当庭宣判使当事人之间的纠纷在庭审当日即得到圆满解决,免去了当事人等待定期宣判期日到来的急迫心理,有利于促进当事人对选择适用小额诉讼程序的积极性。

应当注意的是,本条规定的是"可以一次开庭审结并且当庭宣判"而非"应当一次开庭审结并且当庭宣判"。故而本条在性质上并非强制性条款,仅具有宣示性作用,对人民法院适用小额诉讼的程序审理民事案件时提供一定的指引,法院本身对于开庭次数和宣告判决的方式享有自主决定权。在遇有特殊情况时,人民法院认为确有必要再次开庭的,可以再次开庭。程序的设计难免出现无法应对的情形,因此需要有一定的应对手段。小额诉讼程序开庭次数的限制仅是在通常情况下的限制,其本身在价值上劣于纠纷解决。因此,当出现有必要再次开庭的情况时,可以再次开庭。对于宣告判决方式的选择也是如此,当法官无法在庭审之后立即形成认为公正准确的判决内容时,可以选择采用定期宣判的方式,以获得一定的斟酌时间,确保最终宣告的判决是公正准确的,从而保证司法公正的实现。

适用要点

本条规定在性质上属于宣示性条款,并非强制性条款,对人民法院在适用小额诉讼的程序审理案件时,仅具有指导性作用,并无强制效力。法院在实际适用小额诉讼程序审理案件时,对于开庭次数和宣判方式,法院享有自主决定权,并非必须一次开庭审结,当庭宣判。若法院无法一次开庭审结时,再次开庭的次数也应当尽量控制在一次以内,如果需要多次开庭方可审结,那么法院需要审慎分析本案是否应适用小额诉讼程序审理,在必要时转为简易程序或普通程序进行审理。在选择不同宣判方式进行宣判时,对于裁判文书的发放,应当适用《民事诉讼法》第151条第2款的规定,即“当庭宣判的,应当在十日内发送判决书;定期宣判的,宣判后立即发给判决书”。对于该条规定在小额诉讼程序中适用时,由于适用小额诉讼程序审结的民事案件判决书的内容可以大幅度简化,故而法院在当庭宣判后,应当尽可能地早日发送判决书。

第一百六十八条 【小额诉讼的审理期限】人民法院适用小额诉讼的程序审理案件,应当在立案之日起两个月内审结。有特殊情况需要延长的,经本院院长批准,可以延长一个月。

条文解读

本条是关于小额诉讼程序审理期限的规定,是2021年修正《民事诉讼法》时增设的条款。

审理期限也称审限,是法律规定人民法院审理民事案件从立案到审结的法定期间限制。《民事诉讼法》针对法院审理民事案件所适用的程序不同,分别设定了不同的审理期限规定,第152条规定了人民法院适用普通程序审理第一审民事案件时,审理期限不得超过6个月;第164条规定了人民法院适用简易程序审理第一审民事案件时,审理期限不得超过3个月。2017年《民事诉讼法》并未对小额诉讼程序的审理期限作出规定,但《民诉法解释》第281条规定:“人民法院审理小额诉讼案件,本解释没有规定的,适用简易程序的其他规定。”亦即,小额诉讼程序依附于简易程序而存在,对于小额诉讼程序的审理期限应当适用简易程序的审理期限规定,即人民法院适用小额诉讼程序审理民事案件时,审理期限不得超过3个月。2021年《民事诉讼法》旨在将小额诉讼程序从简易程序的范畴中独立出来,规定人民法院适用小额诉讼程序审理民事案件时,审理期限不得超过两个月。当事人将民事纠纷诉诸法院，其目的在于通过诉讼的方式解决纠纷，维护自身合法权益。过分迟延的诉讼程序和迟到的判决，可能会使当事人之间的矛盾激化，导致当事人对司法丧失信心，有损司法的公信力。审理期限的规定意味着一切诉讼行为的实施和完成都要遵循一定的时间要求，科学的审理期限有利于保证当事人及时行使诉讼权利，履行诉讼义务，促使法院及时履行自身的职责，推动诉讼进程的顺畅进行，保证诉讼效率的实现。

小额诉讼程序作为民事诉讼审理程序中特别的简化程序，其审理期限相较普通程序和简易程序应当更加简短。这一方面是基于小额诉讼程序本身作为诉讼程序的一种较为简化的表现形式而呈现出来的应有之义。小额诉讼程序在起诉、答辩、传唤、送达和庭审等程序以及裁判文书内容方面作出了简化，降低了时间成本的耗费，其审理期限当然要短于较为复杂的普通程序和简易程序的审理期限。另一方面是为了与诉讼实际相结合。小额诉讼程序所适用的民事案件本身是事实清楚、权利义务关系明确、争议不大的简单金钱给付民事案件，对于此类案件的审理通常较为简便，法院对此类案件往往可以较为快捷地审理清楚并作出判决。

本条还对人民法院适用小额诉讼程序审理民事案件的期限的延长作出了规定，“有特殊情况需要延长的，经本院院长批准，可以延长一个月”。制度在制定时难免存在不周延之处，因此关于审理期限的制度规定应当具有一定的弹性，避免因制度规定过于僵化而造成不必要的损失。对于何为审理期限延长的“特殊情况”，立法并未予以明确，而是交由法院自由裁量。法院需要结合案件审理的实际推进情况判断其是否属于需要延长审理期限的特殊情形，以保证审理期限的应用与案件审理的实际情况相适应。小额诉讼程序审理期限可以延长的时间为 1 个月，即人民法院适用小额诉讼程序审理民事案件的审理期限最长为 3 个月，这与人民法院适用简易程序审理民事案件的正常审理期限相同，该上限的设置与小额诉讼程序快审快结的内在要求相契合。因为延长审限在某种意义上就意味着该案件较为复杂，原定审限内无法审理完成，需要更多的时间进行审理。但是,小额诉讼程序审理期限的延长幅度是有限的。允许小额诉讼程序审理期限延长的前提是本来可以在两个月的审理期限内审结,只是在临近审限时因某些特殊情形无法在审限内及时审结,但只要稍作延长,案件即可审理完毕。因此,对于审理期限的延长不宜过长,故而本法将小额诉讼程序审理期限延长后的上限规定为3个月。

适用要点

法律明确规定了某些诉讼活动所耗费的时间不计入审理期限之中,这些规定不仅适用于普通程序,在小额诉讼程序中也予以适用。例如,因当事人、诉讼代理人申请通知新的证人到庭、调取新的证据、申请重新鉴定或者勘验,法院决定延期审理一个月之内的期间;公告、鉴定期间;审理当事人提出的管辖权异议和处理法院之间管辖权争议的期间;中止诉讼审理至恢复诉讼的期间等都不计入审理期限之中,从而保证审理期限能够得到实质充分的利用。

第一百六十九条 【小额诉讼程序的转化】人民法院在审理过程中,发现案件不宜适用小额诉讼的程序的,应当适用简易程序的其他规定审理或者裁定转为普通程序。

当事人认为案件适用小额诉讼的程序审理违反法律规定的,可以向人民法院提出异议。人民法院对当事人提出的异议应当审查,异议成立的,应当适用简易程序的其他规定审理或者裁定转为普通程序;异议不成立的,裁定驳回。

条文解读

本条是关于将适用小额诉讼程序审理的案件转为适用简易程序或普

通程序的规定，是 2021 年修正《民事诉讼法》时新增的条款。

根据《民事诉讼法》第 165 条的规定，小额诉讼程序适用于“事实清楚、权利义务关系明确、争议不大”的简单金钱给付民事案件。这一规定主观性较强，在司法实践中进行实际判断时，应用性不强。在立案阶段，法院事实上不能完全准确地区分案件是否符合“事实清楚、权利义务关系明确、争议不大”的情形，故而不排除在进入审理程序后发现适用小额诉讼程序审理的案件实际上比较复杂，不应适用小额诉讼程序进行审理，从当事人的程序利益和实体权利保障的角度出发，应当转为适宜的诉讼程序进行审理。值得注意的是，对于不宜适用小额诉讼程序审理的案件，并非一律转为普通程序进行审理，而是要根据案件实际情况进行斟酌判断，在符合简易程序适用条件的情况下，应当转为简易程序进行审理。我国的三类民事诉讼程序即小额诉讼程序、简易程序、普通程序在复杂程度上存在由简到繁的逻辑演进。故而在当案件不宜适用最为简化的小额诉讼程序时，应当逐级向上推进，先判断是否符合简易程序的适用条件，若符合简易程序的适用条件，则应当适用简易程序进行审理；若不符合简易程序的适用条件，再转为适用普通程序进行审理，而非直接由小额诉讼程序转为普通程序进行审理。

关于程序转化的路径分别在本条第 1 款和第 2 款作了规定，第 1 款规定系人民法院依职权主动进行；第 2 款规定系当事人异议成立导致的转化。关于第 2 款规定，具体包含以下几层含义：

第一，该款所规定的当事人异议权系针对诉讼程序而言，涉及当事人双方的程序利益，故而原被告均有权向法院提出案件不应适用小额诉讼程序审理的异议。

第二，该款并未规定当事人提出异议的时间。相较于简易程序转为普通程序当事人提出异议的时间限定为开庭前，小额诉讼程序提出异议的时间不应限定于开庭前，在庭审开始之后也可以提出异议。一方面，第 1 款所规定的法院依职权将小额诉讼程序转为其他程序，这一诉讼行为的发生系在开庭之后庭审进行过程之中，且法院在开庭之前对于案件是否应适用小额诉讼程序的判断难免存在疏漏。法院能够最为准确地判断是否适用小额诉讼程序的阶段系在庭审进行之中,故而对于当事人提出异议的时间限定也应当放宽至庭审过程中。另一方面,相较于简易程序,小额诉讼程序更加简化,若将本应适用普通程序的案件适用简易程序进行审理,对于当事人的程序权利是极大的减损,且也很难保证通过小额诉讼程序审理之后得到的结果是公正的。最关键的是,适用小额诉讼程序审理的案件一审终审,一旦发生错误,当事人只能通过审判监督程序寻求再审的救济。因此,即便在开庭之后,只要法庭辩论尚未终结,当事人就可以提出案件不应适用小额诉讼程序的异议。如果法庭辩论终结前,当事人始终没有提出异议,就意味着当事人认可案件适用小额诉讼程序进行审理,法庭辩论终结后再提出异议更多的情况是当事人为了拖延诉讼进程。

第三,虽然该款并未明确当事人提出异议的形式,但考虑到小额诉讼程序本身的特征,应该可以允许当事人以口头方式提出异议。至于通过书面方式提出异议则在所不问。

第四,关于人民法院对异议是否成立的审查,首先应当从小额诉讼程序规定出发,准确判断是否符合“事实清楚、权利义务关系明确、争议不大”的简单金钱给付民事案件。适用法院层级和标的额限制在判断上较为直观,在庭审开始前可以准确判断,故而不属于此时审查的重点。经法院审查判断之后,若异议不成立,裁定驳回异议;若异议成立,则需要进入下一步的审查程序,即判断是否符合简易程序的适用条件。若符合简易程序的适用条件,则将案件转为简易程序进行审理;若不符合简易程序的适用条件,则将案件转为普通程序进行审理。

第五,本条明确规定了法院决定将案件由小额诉讼程序转为简易程序或普通程序进行审理,应当采用裁定的形式。

适用要点

案件在转为其他程序之前,已经在小额诉讼程序中予以确认的事实如何处理,目前尚无立法规定。依据《民诉法解释》第 281 条"人民法院审理小额诉讼案件,本解释没有规定的,适用简易程序的其他规定"的规定,可以参照适用简易程序转为普通程序时的规定,即《民诉法解释》第 269 条第 3 款"转为普通程序前,双方当事人已确认的事实,可以不再进行举证、质证"。该司法解释所使用的表述是"可以",即并不排除在特别情形下,案件转为其他程序审理后,还有举证、质证的必要。因此,在案件由小额诉讼程序转为适用简易程序或普通程序进行审理前,已经在小额诉讼程序中予以确认的事实原则上可以不再进行举证、质证,但确有必要的,可以再次举证、质证。

案例指引

王某某、吴某某等机动车交通事故责任纠纷案[1]

要旨:原告王某某诉被告吴某某、中国人民财产保险股份有限公司杭州市分公司第五营业部(以下简称中国人保)机动车交通事故责任纠纷一案,法院于 2021 年 3 月 4 日立案受理,依法由审判员郭某某适用小额程序审理。后本案因案情复杂转为普通程序审理,根据《全国人民代表大会常务委员会关于授权最高人民法院在部分地区开展民事诉讼程序繁简分流改革试点工作的决定》,依法由审判员郭某某适用普通程序独任审理。本案于 2021 年 6 月 25 日公开开庭进行了审理。原告王某某及其委托诉讼代理人金某某,被告吴某某、被告中国人保委托诉讼代理人孙某某到庭参加诉讼。双方申请和解 3 个月。本案现已审理终结。法院认为:机动车发生交通事故造成人身伤亡、财产损失的,由承保交强险的保险公司在责任限额范围内予以赔偿;不足部分由承保商业三者险的保险公司根据保险合同予以赔偿;仍有不足的,由侵权人根据过错责任比例承担赔偿责

[1] 参见浙江省杭州市萧山区人民法院(2021)浙 0109 民初 3947 号。

任。被告中国人保作为本案肇事车辆第三者责任强制保险的承保人，应当在交强险责任限额范围内对原告承担赔偿责任。被告吴某某的过失行为造成原告损失，对超出交强险部分根据各方过错责任，由其承担赔偿责任。对被告吴某某应当承担的赔偿责任，原告有权要求保险公司根据保险合同的约定在商业第三者责任险保险金额范围内转承担。

第一百七十条　【简易程序转普通程序】人民法院在审理过程中，发现案件不宜适用简易程序的，裁定转为普通程序。

第十四章　第二审程序

第一百七十一条　【上诉】当事人不服地方人民法院第一审判决的，有权在判决书送达之日起十五日内向上一级人民法院提起上诉。

当事人不服地方人民法院第一审裁定的，有权在裁定书送达之日起十日内向上一级人民法院提起上诉。

第一百七十二条　【上诉状】上诉应当递交上诉状。上诉状的内容，应当包括当事人的姓名，法人的名称及其法定代表人的姓名或者其他组织的名称及其主要负责人的姓名；原审人民法院名称、案件的编号和案由；上诉的请求和理由。

第一百七十三条　【上诉方式】上诉状应当通过原审人民法院提出，并按照对方当事人或者代表人的人数提出副本。

当事人直接向第二审人民法院上诉的，第二审人民法院应当在五日内将上诉状移交原审人民法院。

第一百七十四条　【受理上诉】原审人民法院收到上诉状，应当在五日内将上诉状副本送达对方当事人，对方当事人在收到之日起十五日内提出答辩状。人民法院应当在收到答辩状之日起五日内将副本送达上诉人。对方当事人不提出答辩状的，不影响人民法院审理。

原审人民法院收到上诉状、答辩状，应当在五日内连同全部案

卷和证据，报送第二审人民法院。

第一百七十五条　【审查范围】第二审人民法院应当对上诉请求的有关事实和适用法律进行审查。

第一百七十六条　【二审的审理方式】第二审人民法院对上诉案件应当开庭审理。经过阅卷、调查和询问当事人，对没有提出新的事实、证据或者理由，人民法院认为不需要开庭审理的，可以不开庭审理。

第二审人民法院审理上诉案件，可以在本院进行，也可以到案件发生地或者原审人民法院所在地进行。

条文解读

本条是关于二审审判组织、审理方式和审理地点选择的规定。

本条系2021年《民事诉讼法》修改的条款，本条修改主要是与新修正的本法第41条第2款相对应。亦即，该条增加了二审中适用独任制审理的规定，即“中级人民法院对第一审适用简易程序审结或者不服裁定提起上诉的第二审民事案件，事实清楚、权利义务关系明确的，经双方当事人同意，可以由审判员一人独任审理”。

本条第1款是关于二审人民法院审判组织和审理上诉案件审理方式选择的规定。2021年《民事诉讼法》修改的条款，主要对第二审人民法院审理上诉案件的审判组织进行了调整，增加了独任法官对上诉案件进行审理的规定。在二审法院受理上诉案件后，应当首先明确该案件一审适用的诉讼程序是否为简易程序。若为简易程序，则要对该案件的具体情况进行判断分析，是否符合“事实清楚、权利义务关系明确”的要求。只有在符合该条件的前提下，二审法院才可以适用独任制对该上诉案件进行审理。亦即，并非一审程序系适用简易程序审理结案的上诉案件都可以适用独任制进行审理,还需要满足"事实清楚、权利义务关系明确"和"经双方当事人同意"的条件。除此之外,其他情形下的上诉案件,仍然适用合议庭进行审理。二审的合议庭与一审不同,二审的合议庭只能由审判员组成,不得包括陪审员。

关于二审人民法院审理上诉案件的审理方式,原则上应当开庭审理。但是,对于当事人没有提出新的事实、证据或者理由的上诉案件,经过阅卷、调查和询问当事人,合议庭或者独任审判员如果认为事实清楚,权利义务关系明确,上诉人双方提出的事实基本一致,纠纷较为清楚,不需要开庭进行审理的,法院可以不开庭审理。如果事实和权利义务关系较为复杂,上诉人双方提出的事实分歧较大,或者当事人又提出了新的事实、证据或理由的,则法院应当开庭审理。

本条第 2 款是关于第二审人民法院审理上诉案件审理地点的选择,可以在本院进行,也可以到案件发生地或者原审人民法院所在地进行。该款规定的适用以二审法院选择开庭审理为前提,只有在选择开庭审理时才会面临审理地点选择的问题。二审法院选择本院进行审理的,可以便于本院安排审理工作;选择案件发生地进行审理的,可以便于查明案件事实;选择原审人民法院所在地进行审理的,可以便于当事人参加诉讼。总体而言,本款规定的目的在于方便法院对案件进行审理,便于当事人参诉,便于事实的查明,提高诉讼效率,保障当事人的合法权益。

适用要点

《民诉法解释》第 331 条明确规定了不开庭审理的几种案件类型:其一,不服不予受理、管辖权异议和驳回起诉裁定的。其二,当事人提出的上诉请求明显不能成立的。这主要是指当事人的上诉请求明显与案件的事实认定和法律适用没有关系的情形。其三,原判决、裁定认定事实清楚,但适用法律错误的。在诉讼进程中,适用法律是专属于法官的职责。既然对于事实认定不存在问题,仅认为适用法律错误,那么仅需要法官发挥自身作用进行纠正,故而此类案件可以不开庭审理。其四,原判决严重违反法定程序,需要发回重审的。此类案件主要是法律无法进行补救,直接改判难免损害当事人的程序权益,因此通过不开庭审理的方式直接发回重审。由上述规定可以推知,人民法院不开庭审理的案件需要满足二审审理所依据的事实清楚且不开庭审理不会妨碍当事人依法行使诉权的条件。因此,二审法院审理上诉案件的审判组织不能在没有进行必要的调查和询问工作之前就决定不开庭审理,审判组织只有在完成了这些必备工作之后,才能够对于案件是否属于不开庭审理的情形作出判断。

案例指引

中山市艾普电器有限公司、欧普照明股份有限公司侵害商标权纠纷案〔1〕

要旨:上诉人中山市艾普电器有限公司因与被上诉人欧普照明股份有限公司侵害商标权及不正当竞争纠纷一案,不服广东省中山市第二人民法院(2016)粤2072民初3751号民事判决,向法院提起上诉。法院于2017年1月4日立案后,依法组成合议庭,经过阅卷,询问,审查上诉意见,认为本案事实清楚,决定不开庭审理。后法院依双方申请给予了一个半月时间调解,但双方调解未果。本案现已审理终结。法院认为,注册商标权人非在核定使用商品范围内使用注册商标,构成商标侵权。域名持有人注册域名系对他人字号和驰名商标主要部分的复制或音译,对域名的使用不享有权益,并具有一定的恶意,足以造成公众的误认,构成不正当竞争。

〔1〕 参见广东省中山市中级人民法院(2017)粤20民终38号。

第一百七十七条　【上诉案件的处理】第二审人民法院对上诉案件，经过审理，按照下列情形，分别处理：

(一)原判决、裁定认定事实清楚，适用法律正确的，以判决、裁定方式驳回上诉，维持原判决、裁定；

(二)原判决、裁定认定事实错误或者适用法律错误的，以判决、裁定方式依法改判、撤销或者变更；

(三)原判决认定基本事实不清的，裁定撤销原判决，发回原审人民法院重审，或者查清事实后改判；

(四)原判决遗漏当事人或者违法缺席判决等严重违反法定程序的，裁定撤销原判决，发回原审人民法院重审。

原审人民法院对发回重审的案件作出判决后，当事人提起上诉的，第二审人民法院不得再次发回重审。

条文解读

本条是关于上诉案件如何处理的规定。

本条第1款规定，第二审人民法院对上诉案件根据不同情况应该作出不同的处理：

第一，原判决、裁定认定事实清楚，适用法律正确的，以判决、裁定方式驳回上诉，维持原判决、裁定。在驳回上诉的方式选择上，应当与针对对象保持一致，即针对判决提起上诉的，以判决方式驳回上诉；针对裁定提起上诉的，以裁定方式驳回上诉。驳回上诉，以原判决、裁定认定事实清楚、适用法律正确为条件，事实认定和法律适用两方面同时保持适当的情形下方可驳回上诉。

第二，原判决、裁定认定事实错误或者适用法律错误的，以判决、裁定方式依法改判、撤销或者变更。本项规定所针对的情形包括以下三类：一是认定事实错误；二是适用法律错误；三是认定事实和适用法律都存在错误。对于这三类情形的处理,法院的应对方式较为灵活,针对判决,可以在直接改判和撤销原判发回重审之间进行选择;针对裁定,可以在变更原裁定和撤销原裁定之间进行选择。

第三,原判决认定基本事实不清的,裁定撤销原判决,发回原审人民法院重审,或者查清事实后改判。本项所指的基本事实是指《民诉法解释》第333条规定的“用以确定当事人主体资格、案件性质、民事权利义务等对原判决、裁定的结果有实质性影响的事实”。基本事实不清,是指法院对于该事实具体情况为何并不清楚,无法对该事实作出认定。对于本项规定第一审法院认定基本事实不清的情形下,第二审人民法院如何在“发回原审人民法院重审”和“查清事实后改判”之间作出选择呢?从诉讼经济的原则出发,如果第二审人民法院较为容易地查清案件事实,此时第二审人民法院查清事实并依法改判所消耗的诉讼成本小于发回重审所消耗的诉讼成本,则宜选择在查清事实后直接改判;如果第二审人民法院查清基本事实较为困难,此时第二审人民法院查清事实并依法改判所消耗的诉讼成本大于发回重审所消耗的诉讼成本,则适宜选择通过发回重审的方式进行处理。

第四,原判决遗漏当事人或者违法缺席判决等严重违反法定程序的,裁定撤销原判决,发回原审人民法院重审。原判决严重违反法定程序的,第二审人民法院只能选择通过发回重审的方式处理。这是因为严重违反法定程序给当事人造成了损害,通过发回重审的方式重新进行一遍诉讼的程序可以弥补当事人受损的程序利益;如果选择直接改判的方式,法律无法补救当事人遭受减损的程序利益。

本条第2款是对于二审人民法院发回重审次数限制的规定。由于发回重审的案件,第一审人民法院仍然按照一审程序对其进行审理,作出的判决和裁定仍然属于一审判决和裁定,可以再次提起上诉。本款规定将二审法院发回重审的次数限定为一次,即对于发回重审后再次上诉的同一案件,二审法院不得再次发回重审。

适用要点

对于本条第1款第4项“原判决遗漏当事人或者违法缺席判决等严重违反法定程序”中的“严重违反法定程序”的理解，首先，当然包含本项规定中明确指出的两种类型——“原判决遗漏当事人”和“违法缺席判决”。其次，《民诉法解释》第323条对“严重违反法定程序”进行了封闭式的细化规定，列举出以下4类情形，即“（一）审判组织的组成不合法的；（二）应当回避的审判人员未回避的；（三）无诉讼行为能力人未经法定代理人代为诉讼的；（四）违法剥夺当事人辩论权利的”。需要注意的是，本条第1款第4项规定在表述上系模糊性规定，而司法解释中的规定系对本条模糊性规定的细化而非补充，且在司法解释中并不存在所谓兜底性条款的内容。因此，对于严重违反法定程序的认定系封闭式的，即只有在符合上述6种情形的前提下，才可以发回重审，不允许法院在判断是否严重违反法定程序时进行自由裁量。

案例指引

甘肃居立门业有限责任公司与庆阳市太一热力有限公司、李某某公司盈余分配纠纷案[1]

要旨：法院经审理，对一审法院查明的事实予以确认。法院认为，根据双方当事人的上诉请求和答辩意见，本案的争议焦点是：一、太一热力公司是否应向居立门业公司进行盈余分配；二、如何确定居立门业公司应分得的盈余数额；三、太一热力公司是否应向居立门业公司支付盈余分配款的利息；四、李某某是否应对太一热力公司的盈余分配给付不能承担赔偿责任。根据本案审理查明的事实和相关法律规定，分析评判后，认为太一热力公司、李

〔1〕 参见最高人民法院（2016）最高法民终528号。

某某的上诉请求部分成立。法院依照《民事诉讼法》第170条第1款第2项之规定,判决如下:一、撤销甘肃省高级人民法院(2013)甘民二初字第8号民事判决;二、庆阳市太一热力有限公司于本判决生效后10日内给付甘肃居立门业有限责任公司盈余分配款16313436.72元;三、庆阳市太一热力有限公司到期不能履行上述给付义务,由李某某承担赔偿责任;四、驳回甘肃居立门业有限责任公司的其他诉讼请求。

第一百七十八条　【裁定上诉处理】第二审人民法院对不服第一审人民法院裁定的上诉案件的处理,一律使用裁定。

第一百七十九条　【二审调解】第二审人民法院审理上诉案件,可以进行调解。调解达成协议,应当制作调解书,由审判人员、书记员署名,加盖人民法院印章。调解书送达后,原审人民法院的判决即视为撤销。

第一百八十条　【撤回上诉】第二审人民法院判决宣告前,上诉人申请撤回上诉的,是否准许,由第二审人民法院裁定。

第一百八十一条　【二审适用程序】第二审人民法院审理上诉案件,除依照本章规定外,适用第一审普通程序。

第一百八十二条　【二审裁判效力】第二审人民法院的判决、裁定,是终审的判决、裁定。

第一百八十三条　【二审审限】人民法院审理对判决的上诉案件,应当在第二审立案之日起三个月内审结。有特殊情况需要延长的,由本院院长批准。

人民法院审理对裁定的上诉案件,应当在第二审立案之日起三十日内作出终审裁定。

第十五章　特 别 程 序

第一节　一 般 规 定

第一百八十四条　【特别程序的适用范围】人民法院审理选民资格案件、宣告失踪或者宣告死亡案件、指定遗产管理人案件、认定公民无民事行为能力或者限制民事行为能力案件、认定财产无主案件、确认调解协议案件和实现担保物权案件，适用本章规定。本章没有规定的，适用本法和其他法律的有关规定。

条文对照

2021 年《民事诉讼法》	2023 年《民事诉讼法》
第一百八十四条　人民法院审理选民资格案件、宣告失踪或者宣告死亡案件、认定公民无民事行为能力或者限制民事行为能力案件、认定财产无主案件、确认调解协议案件和实现担保物权案件，适用本章规定。本章没有规定的，适用本法和其他法律的有关规定。	**第一百八十四条**　人民法院审理选民资格案件、宣告失踪或者宣告死亡案件、**指定遗产管理人案件**、认定公民无民事行为能力或者限制民事行为能力案件、认定财产无主案件、确认调解协议案件和实现担保物权案件，适用本章规定。本章没有规定的，适用本法和其他法律的有关规定。

条文解读

本条是关于特别程序的适用范围的规定。

民事特别程序是解决非权益争议事件的审判程序,透过法律事实的确认起到纠纷预防作用。因此,适用特别程序审理的案件,既不存在民事权益争议,也没有地位平等和相对立的双方当事人,并且各类型案件的性质不同,在审理原则、制度和程序上均有各自不同的特点。我国《民事诉讼法》虽然通过督促程序、公示催告程序和特别程序搭建了非讼程序的基本框架,形成了诉讼程序与非讼程序的二分格局,但是多年来立法修改并未对非讼程序的发展给予必要的关注。目前,我国特别程序的类型还不够丰富,导致在实践中众多原本可以通过特别程序略式处理的案件,被迫进入诉讼程序解决,如此既浪费了司法资源,亦肇致民事确认之诉的案件类型冗杂。在《民法典》适用过程中,对于其他案件特别是新型案件是否有必要纳入特别程序规定,仍然值得深入摸索。

本条对特别程序的适用范围重新作出规定,总体分为7大类:(1)选民资格案件。(2)宣告失踪及宣告死亡案件:申请宣告公民失踪案件;申请撤销失踪宣告案件;申请为失踪人财产指定代管人案件;申请为失踪人财产变更代管人案件;申请宣告公民死亡案件;申请撤销死亡宣告案件。(3)指定遗产管理人案件。(4)认定公民无民事行为能力或者限制民事行为能力案件:申请宣告公民为无民事行为能力案件;申请宣告公民为限制民事行为能力案件;申请宣告公民恢复限制民事行为能力案件;申请宣告公民完全恢复民事行为能力案件。(5)认定财产无主案件。(6)确认调解协议案件。(7)实现担保物权案件。

《民法典》第1146条规定:"对遗产管理人的确定有争议的,利害关系人可以向人民法院申请指定遗产管理人。"遗产管理人作为一项新增法律制度在实践中已广泛运用。本条在特别程序种类中增设了"指定遗产管理人案件",明确适用特别程序的一般规定。

适用要点

选举权和被选举权是宪法赋予公民的基本政治权利之一,是公民参加国家管理、实现人民当家作主的基本手段,也是公民行使国家权力的基本形式。选举委员会公布的选民名单把不应列入的公民列入,或者应当列入的公民没有列入,对公布的选民名单有不同意见的人,可以向选举委员会提出申诉,选举委员会对申诉意见,应在3日内作出处理决定。申诉人如果对选举委员会的处理决定不服,可以在选举日的5日以前向选区所在地基层人民法院起诉,人民法院受理选民资格案件后,必须在选举日前审结。

案例指引

张某某申请确定选民资格案[1]

要旨:起诉人张某某申请确定选民资格一案,法院依法适用特别程序进行了审理,现已审理终结庭审。已查明2022年2月22日,雁塔区选委会发布《西安市雁塔区选举委员会公告》(第二号)中,起诉人张某某并未被列为选民。后起诉人张某某向雁塔区人大常委会提出申诉,区人大常委会工作人员口头回复称,其将张某某的申诉问题反映给长延堡街道办选举委员会,经选委会与西八里村沟通后,西八里村不认可张某某选民资格。但西八里村和长延堡街道办选举委员会均未给予张某某书面回复,张某某遂诉至本院。法院认为,起诉人张某某户籍在西八里村,其已申请参加选举,并就该村选委会未将其列入选民名单依法向选举委员会提出异议,但选举委员会并未依法给予书面回复。因此,依照《宪法》第34条、《村民委员会组织法》第13条、《民事诉讼法》第188条、《全国人民代表大会和地方各级人民代表大会选举法》第29条之规定,判决张某某在西

[1] 参见陕西省西安市雁塔区人民法院(2022)陕0113民特26号。

安市雁塔区长延堡街道办事处西八里村选区具有选民资格。

第一百八十五条　【审级及审判组织】依照本章程序审理的案件，实行一审终审。选民资格案件或者重大、疑难的案件，由审判员组成合议庭审理；其他案件由审判员一人独任审理。

第一百八十六条　【特别程序转化】人民法院在依照本章程序审理案件的过程中，发现本案属于民事权益争议的，应当裁定终结特别程序，并告知利害关系人可以另行起诉。

第一百八十七条　【审限】人民法院适用特别程序审理的案件，应当在立案之日起三十日内或者公告期满后三十日内审结。有特殊情况需要延长的，由本院院长批准。但审理选民资格的案件除外。

第二节　选民资格案件

第一百八十八条　【起诉与受理】公民不服选举委员会对选民资格的申诉所作的处理决定，可以在选举日的五日以前向选区所在地基层人民法院起诉。

第一百八十九条　【审限与判决】人民法院受理选民资格案件后，必须在选举日前审结。

审理时，起诉人、选举委员会的代表和有关公民必须参加。

人民法院的判决书，应当在选举日前送达选举委员会和起诉人，并通知有关公民。

第三节　宣告失踪、宣告死亡案件

第一百九十条　【宣告失踪】公民下落不明满二年，利害关系人申请宣告其失踪的，向下落不明人住所地基层人民法院提出。

申请书应当写明失踪的事实、时间和请求，并附有公安机关或者其他有关机关关于该公民下落不明的书面证明。

第一百九十一条　【宣告公民死亡的条件及申请书的内容】公民下落不明满四年，或者因意外事件下落不明满二年，或者因意外事件下落不明，经有关机关证明该公民不可能生存，利害关系人申请宣告其死亡的，向下落不明人住所地基层人民法院提出。

申请书应当写明下落不明的事实、时间和请求，并附有公安机关或者其他有关机关关于该公民下落不明的书面证明。

条文解读

本条是关于宣告公民死亡申请的提出条件以及相关主体向人民法院申请宣告公民死亡时应提交的材料的要求的规定。

本条是在《民法典》出台后根据《民法典》的相关内容进行的配套性调整。意外事件，一般定义为较为重大的、会对一定人群产生一定影响的、意料之外的事情；而“意外事故”一词则有着更浓厚的情感色彩，具体指人（个人或集体）在为实现某种意图而进行的活动过程中突然发生的，违反人意志的，造成死亡、疾病、伤害、损坏或者其他损失的意外情况，通常认为意外事故含有迫使活动暂时或者永久停止的意思。将“意外事故”改为“意外事件”，在语义层面拓宽了本条涵盖的范围，将一些之前对“意外事故”作扩大理解的案件正式纳入适用范围，同时也减少了在事实认定上的主观色彩，使本条在适用上更加严谨、完善。

宣告死亡对于公民的民事权利能力以及与其有关的众多人身财产民事法律关系有着重要的影响。虽然我国有宣告失踪程序存在，但是公民失踪宣告中的财产代管制度仅仅是一种临时性的安排，是一种为了该公民的利益进行的有限度的管理，仍有大量的民事法律关系处于不确定状态。这种不确定状态过于长久地存在，可能会给与下落不明人有关的人带来不利的影响，从更广阔的角度来说，也不利于经济的发展与生活秩序的稳定。自然人被宣告死亡与自然死亡在法律上有大致相同的效力，都将发生丧失民事主体资格、发生遗产继承、婚姻关系自然解除等效果。但是如果该自然人实际上并未死亡，其在被宣告死亡期间实施的民事法律行为的效力不受死亡宣告的影响，其民事权利能力只能于自然死亡时终止。

因此，相比宣告失踪，宣告死亡的程序适用有着更加严格的条件。申请宣告公民失踪需要该公民下落不明满两年，申请宣告公民死亡需要该公民下落不明满 4 年。在出现意外事件的情况下，由于该下落不明的公民存活的可能性降低，因此申请条件缩短为两年。如果是因为意外事件下落不明且经有关机关证明不可能存活的，则没有必要再要求两年的下落不明的时间，可直接申请宣告死亡。

宣告申请应当向下落不明的人住所地的基层人民法院提出，申请必须载明公民下落不明的事实以及时间等必要信息，并附有公安机关或者其他机关出具的下落不明的证明。人民法院接受申请人的宣告失踪或者死亡的书面申请以及有关证明之后，认为不符合条件的，应当裁定驳回申请；认为符合法定条件的，应当受理案件。利害关系人包括宣告失踪人的配偶、父母、子女、兄弟姐妹、祖父母、外祖父母、孙子女、外孙子女以及其他与被申请人有民事权利义务关系的人，申请人的范围较为宽泛。如果有多个符合法律规定的利害关系人申请宣告失踪或者死亡的，为共同申请人。

宣告失踪与宣告死亡是两个存在一定联系但相对独立的程序。人民法院宣告死亡不必先经过宣告失踪的程序，只要满足条件，利害关系人可以直接申请宣告死亡。有的利害关系人申请宣告失踪，有的申请宣告死亡的，若该公民满足宣告死亡条件，人民法院应当宣告其死亡。在人民法院宣告失踪后，利害关系人向人民法院申请宣告该失踪人死亡的，宣告失踪的判决即可作为该公民失踪的证明。自失踪之日起年满4年的，人民法院应当受理，但仍应当按照本法规定重新进行公告。

适用要点

在人民法院受理案件后作出判决之前，如果申请人撤回申请的，由于特别程序不涉及权利义务争议处理，人民法院不必对该撤回申请进行正当性、合法性等审查，应直接裁定终结案件，但是共同申请人不同意或者有其他利害关系人加入并要求继续审理的除外。

案例指引

左某某申请宣告公民死亡案[1]

要旨：下落不明人张某某于2016年10月14日接其孙子放学途中走失，杳无音信，至今已5年之久，申请人左某某系被申请人张某某配偶，有权申请宣告张某某死亡。法院受理后，依法发出了公告，在法定期间内仍无人与法院联系，故应确认宣告张某某死亡的事实。

第一百九十二条　【宣告失踪、宣告死亡案件的审理程序】人民法院受理宣告失踪、宣告死亡案件后，应当发出寻找下落不明人的公告。宣告失踪的公告期间为三个月，宣告死亡的公告期间为

〔1〕参见河北省承德市双桥区人民法院(2020)冀0802民特18号。

一年。因意外事件下落不明，经有关机关证明该公民不可能生存的，宣告死亡的公告期间为三个月。

公告期间届满，人民法院应当根据被宣告失踪、宣告死亡的事实是否得到确认，作出宣告失踪、宣告死亡的判决或者驳回申请的判决。

条文解读

本条是关于人民法院受理宣告失踪、宣告死亡案件之后发出公告寻找相关下落不明人员的规定。

本条是在《民法典》出台后根据《民法典》的相关内容进行的配套性调整。将“意外事故”改为“意外事件”，在语义层面拓宽了本条涵盖的范围，使本条在适用上更加严谨、完善。

人民法院受理申请宣告失踪或者宣告死亡的案件后，应当发出寻找下落不明的人的公告。公告应当在人民法院的公告栏内粘贴，并且在适当的报纸或者刊物上刊登。公告应当载明下落不明的人的姓名、性别、年龄、职业、相貌特征；该公民失去音信的最后时间；公告期间以及知情者向受申请法院陈述该公民的下落和信息的渠道或者方法，以便于对该公民进行寻找以及相关信息的收集确定。宣告失踪的公告期为 3 个月，宣告死亡的公告期为 1 年；因为意外事件下落不明的，经过有关机关证明不能生存的，宣告死亡的公告期为 3 个月。

公告期满，该公民仍下落不明，人民法院应当认定失踪事实，并且依法作出宣告失踪或者宣告死亡的判决，作出死亡宣告判决的时间即为其死亡时间。如果公民是因为意外事件下落不明，则意外事件发生的时间即为该公民死亡的时间。如果在公告期间，失踪的公民出现或者已经确认其下落，人民法院应当作出驳回申请的判决。宣告公民失踪或者宣告公民死亡的判决，都是一审终审不得上诉。人民法院作出判决，判决书除了应当送达申请的利害关系人之外，还应当在人民法院所在地以及被宣告死亡人的住所地进行公告。

若该被宣告失踪或者宣告死亡的公民重新出现，经本人或者利害关系人申请，人民法院应当作出新裁判，撤销原判决。死亡宣告撤销，婚姻关系自动恢复，但是配偶已经再婚或者向民政局书面声明不愿恢复的除外。其子女被合法收养的，即使死亡宣告被撤销，收养关系也不因为未经过该被宣告死亡的人的同意而无效。依照继承获得被宣告死亡的人的财产的，应当返还；不能返还的，应当给予适当补偿。如果利害关系人明知该公民的真实情况并隐瞒，导致该公民被宣告死亡从而取得其财产的，还应对财产损失承担赔偿责任。值得注意的是，该返还责任是有限制的，如当第三人通过正当交易从继承人手中购得“遗产”，该公民无权要求第三人返还，但是可以要求继承人给予补偿。

公民被依法宣告失踪之后，由财产代管人代为行使其财产管理方面的权利义务，财产代管人从配偶、成年子女、父母或者其他愿意担任代管人的人中产生。财产代管人的权限包括除了保存与改良行为外，还包括必要的经营以及处分行为。代管人对失踪人的财产管理应当尽到与管理自己的财产一样的善良管理人的注意义务，因故意或重大过失造成失踪人财产损失的，应承担赔偿责任。如果代管人不能良好地行使代管行为，失踪人的利害关系人可以向法院申请变更财产代管人。

适用要点

寻找下落不明人的公告应当记载下列内容：（1）被申请人应当在规定期间内向受理法院申报其具体地址及其联系方式。否则，被申请人将被宣告失踪、宣告死亡；（2）凡知悉被申请人生存现状的人，应当在公告期间内将其所知道情况向受理法院报告。

案例指引

黄某申请宣告公民失踪案[1]

要旨：自然人下落不明满2年的，利害关系人可以向下落不明人住所地基层人民法院申请宣告该自然人为失踪人。李某运自2015年中秋节与家人最后一次联系至今已长达6年，2016年10月11日经李某运弟弟李某权向辖区派出所报失踪案，仍未找到李某运。本案立案后，法院以多种公告方式寻找，也没有任何人向法院提供有关李某运的下落情况，李某运仍下落不明。申请人黄某作为李某运的母亲，有权提出宣告失踪的申请。综上，本案符合法律规定的申请宣告自然人失踪的条件，对申请人黄某请求宣告李某运失踪的申请依法予以支持。

第一百九十三条　【判决撤销】被宣告失踪、宣告死亡的公民重新出现，经本人或者利害关系人申请，人民法院应当作出新判决，撤销原判决。

第四节　指定遗产管理人案件

第一百九十四条　【指定遗产管理人案件的申请】对遗产管理人的确定有争议，利害关系人申请指定遗产管理人的，向被继承人死亡时住所地或者主要遗产所在地基层人民法院提出。

申请书应当写明被继承人死亡的时间、申请事由和具体请求，并附有被继承人死亡的相关证据。

---

〔1〕 参见广西壮族自治区北流市人民法院(2021)桂0981民特49号。

条文对照

2021 年《民事诉讼法》	2023 年《民事诉讼法》
无	**第一百九十四条　对遗产管理人的确定有争议，利害关系人申请指定遗产管理人的，向被继承人死亡时住所地或者主要遗产所在地基层人民法院提出。 申请书应当写明被继承人死亡的时间、申请事由和具体请求，并附有被继承人死亡的相关证据。**

条文解读

本条是关于指定遗产管理人案件的申请的规定。

遗产管理人制度作为《民法典》的内容之一，为遗产债权人的权利保障提供了实质且具体的新范式，该制度旨在妥善解决涉遗产争议纠纷，防范遗产失当管理毁损风险。遗产管理人制度实际上历经了漫长的演化过程，这一过程源于继承现代化过程中对外来制度的镜鉴和吸收，至《民法典》的制定和出台成形，是我国继承制度不断自我革新和完善的新样态。“遗产管理人”并非停留于先前法律规范中的简单表述，其价值表现于整个继承流程之中，包括保存和管理被继承人的遗产，以实现被继承人遗产的最终妥善有序分配，使继承人以及被继承人生前的债权人等各方利益主体的权利得到公平公正的保障。在诉讼法层面上建立指定遗产管理人制度使得诉讼中自然人的民事权利义务因死亡而发生移转时，继承人的诉讼承担转变为遗产管理人的诉讼担当。因此，遗产管理人制度本质上是一个超越主体性的综合遗产处理制度。立法对指定遗产管理人案件具体程序规则的填补，回应了涉被继承人财产纠纷和遗产分割的相关审判问题。

为填补遗产管理纠纷案件在诉讼程序中的管辖规则的缺失，本条明确了此类案件的诉讼管辖问题，即利害关系人向被继承人死亡时住所地或者主要遗产所在地基层人民法院提出。并且，在本条第2款进一步细化利害关系人指定遗产管理人申请书应当载明的内容：被继承人死亡的时间、申请事由和具体请求。作为申请书的补充材料，申请人还应当附有有关机关关于被继承人死亡的相关证据。

适用要点

《民法典》颁布后，最高人民法院根据实际需要新增指定遗产管理人纠纷和遗产管理纠纷两个与遗产管理人制度相关的案由。实际上，新增的遗产管理纠纷被列为继承纠纷下的子案由，此案由下所涉法律关系包括法定继承、被继承人债务清偿及侵权等。指定遗产管理人纠纷不涉及实体权益处理，也不存在直接对立的双方当事人，故指定遗产管理人纠纷被列为非讼程序案件案由。然而，若法院经审查认为需先行处理遗产的实质性争议才能指定遗产管理人，则不能通过非讼程序具体处理这一争议，应当裁定驳回申请，告知申请人转至诉讼程序予以解决。

案例指引

北京市住房贷款担保中心与北京市丰台区民政局指定遗产管理人纠纷案[1]

要旨：住房担保中心向法院提出申请，指定丰台民政局为被继承人杨某某的遗产管理人。住房担保中心代被继承人杨某某偿还借款后，成为杨某某的债权人，有权作为利害关系人向法院申请指定遗产管理人。经法院多方查询，被继承人杨某某未婚、无子女，其父母、祖父母、外祖父母均先于其死亡，其亦没有兄弟姐妹。现有证据显示杨某某没有法定继承

〔1〕 参见北京市丰台区人民法院(2022)京0106民特66号。

人，亦没有线索表明杨某某生前留有遗嘱或者遗赠扶养协议。杨某某生前户籍地位于北京市丰台区，且户口类别为非农业家庭户。因此，住房担保中心申请丰台民政局担任被继承人杨某某的遗产管理人，于法有据。

第一百九十五条　【指定遗产管理人的审查】人民法院受理申请后，应当审查核实，并按照有利于遗产管理的原则，判决指定遗产管理人。

条文对照

2021年《民事诉讼法》	2023年《民事诉讼法》
无	**第一百九十五条　人民法院受理申请后，应当审查核实，并按照有利于遗产管理的原则，判决指定遗产管理人。**

条文解读

本条是关于指定遗产管理人的审查的规定。

本条旨在明确“有利于遗产管理”原则是判决指定遗产管理人的基本遵循。人民法院依法可以选择和指定遗产管理人的主体范围，是否可以指定规定遗产管理人范围以外的主体，是否应受到遗产管理人优先次序的限制，以上均为实体层面的认定问题。《民法典》引入遗产管理人制度的目的是希冀在保护被继承人遗产的同时，更高效妥当地处理被继承人的债权债务，故而遗产继承纠纷所涉诸多程序的选择关系中，应当遵循更方便、更有利于遗产管理的利害关系人这一基本原则。《民法典》第1145条规定：“继承开始后，遗嘱执行人为遗产管理人；没有遗嘱执行人的，继承人应当及时推选遗产管理人；继承人未推选的，由继承人共同担任遗产管理人；没有继承人或者继承人均放弃继承的，由被继承人生前住所地的民政部门或者村民委员会担任遗产管理人。”依照上述规定，遗产管理人主要分为三类主体，即遗嘱执行人、继承人、民政部门或村委会。遗产管理人确定的具体规则是：第一顺位，由被继承人指定包括继承人和非继承人在内的遗嘱执行人作为遗产管理人；第二顺位，在继承人的范围内推选遗产管理人；第三顺位，由全体继承人作为遗产管理人；第四顺位，由被继承人生前住所地的民政部门或村委会担任遗产管理人。

遗产管理人主体资格的问题上，《民法典》未对此作出限制性规定。具体操作层面，首先应当从遗嘱人和继承人的意思自治出发，只要符合《民法典》所规定的代理人的一般条件、能够履行遗产管理人基本工作职责，就具备遗产管理的主体资格。人民法院认为应当指定遗产管理人时，从有利于遗产的管理与分配出发，依照法定程序确定合适的遗产管理人。值得注意的是，民政部门承担着社会救济、社会福利事业、社区服务等工作，相对于其他主体更能了解本辖区内公民的家庭关系、财产概况等基本生活信息，权威性较高且有能力担任遗产管理人。因此，由民政部门或村委会在遗产管理人的确定顺序中承担兜底性的角色，有利于遗产的妥善管理和处置。当继承人均放弃继承或无继承人的情形发生时，民政部门或村委会依照法律赋予的责任，履行继承遗产的处理义务。

适用要点

在继承人暂时无法对遗产析产确权而又出现多位利害关系人争当遗产管理人时，人民法院可以依申请，通过特别程序指定个别或者部分继承人担任遗产管理人。对遗产管理人的选任，应秉承最有利于遗产保护和管理、最有利于债权债务清理的原则，综合考虑被继承人的内心意愿、各继承人与被继承人的亲疏远近关系、各继承人管理保护遗产的能力水平以及各继承人实际可能继承的遗产份额等各方面因素确定。

案例指引

欧某士申请指定遗产管理人纠纷案[1]

要旨:案件的争议焦点为:1.部分继承人下落不明时,能否暂由其余部分继承人担任遗产管理人;2.其余部分继承人争当遗产管理人时,应如何选定合适的遗产管理人。人民法院经审理认为,魏姜氏遗产的多名继承人目前下落不明、信息不明,遗产房屋将在较长时间内不能明确所有权人,其管养维护责任可能长期无法得到有效落实,确有必要在析产分割条件成就前尽快依法确定管理责任人。而魏姜氏生前未留有遗嘱,未指定其遗嘱执行人或遗产管理人,在案各继承人之间就遗产管理问题又分歧巨大、未能协商达成一致意见,故当秉承最有利于遗产保护、管理、债权债务清理的原则,在综合考虑被继承人内心意愿、各继承人与被继承人的亲疏远近关系、各继承人管理保护遗产的能力水平等方面因素,确定案涉遗产房屋的合适管理人。次女魏某燕一支在魏姜氏生前尽到主要赡养义务,与产权人关系较为亲近,且历代长期居住在遗产房屋内并曾主持危房改造,与遗产房屋有更深的历史情感联系,对周边人居环境更为熟悉,更有实际能力履行管养维护职责,更有能力清理遗产上可能存在的债权债务;长女魏某静一支可查后人现均居住漳州市,客观上无法对房屋尽到充分、周到的管养维护责任。故,由魏某静一支继承人跨市管理案涉遗产房屋暂不具备客观条件;魏某燕一支继承人能够协商支持由陈某萍、陈某芬共同管理案涉遗产房屋,符合遗产效用最大化原则。因此判决指定陈某萍、陈某芬为魏姜氏房屋的遗产管理人。

[1] 参见福建省厦门市思明区人民法院(2021)闽0203民特224号。

第一百九十六条 【另行指定遗产管理人的程序】被指定的遗产管理人死亡、终止、丧失民事行为能力或者存在其他无法继续履行遗产管理职责情形的，人民法院可以根据利害关系人或者本人的申请另行指定遗产管理人。

条文对照

2021 年《民事诉讼法》	2023 年《民事诉讼法》
无	第一百九十六条 被指定的遗产管理人死亡、终止、丧失民事行为能力或者存在其他无法继续履行遗产管理职责情形的，人民法院可以根据利害关系人或者本人的申请另行指定遗产管理人。

条文解读

本条是关于另行指定遗产管理人的程序的规定。

《民法典》出台之前，遗产管理人制度的适用显见于诸多因无人继承诉讼导致适格被告欠缺而陷入诉讼僵局的案件。从裁判方法来分析，如果判决驳回债权人的诉讼请求，尽管继承人因宣告放弃继承权利得以脱身债务囹圄，但是债权人的债权主张必然无法实现；如果直接判决以现有遗产清偿债务，继承人免于承担责任而将遗产视为独立整体，此举明显与我国直接继承原则相悖；倘若法院认定继承人放弃继承的行为无效，或是将继承人作为遗产管理人并以遗产清偿债权，实际上将已无继承权利的继承人留滞于诉讼程序中，倾斜保护债权人的利益以弥补程序欠缺。此前的裁判理由多为强化解释继承人的遗产保护责任乃至负担清偿义务、以违反诚信原则或行为存在瑕疵为由否定放弃继承效力。《民法典》第

1146条规定:“对遗产管理人的确定有争议的,利害关系人可以向人民法院申请指定遗产管理人。”但由于程序法制度协同的缺位,法院在审理指定遗产管理人案件时普遍存在失当现象。例如,在仅有申请人的情形下,亦存在将其他继承人或申请作为指定遗产管理人的主体列为被申请人的情形;案件审理后,存在申请人的请求不被人民法院支持,判决仅驳回申请人诉讼请求而缺失遗产管理人的情形,这无疑将造成利害关系人为诉求新的适格主体作为遗产管理人而必须重新起诉的诉累。

本条增设的变更遗产管理人的具体程序规则及其配套救济规范,既可以确保遗产继承人通过放弃继承权的形式从相关诉讼中脱身,也有效规避了此类诉讼因无适格当事人而陷入裁判僵局。申请人可以申请指定自身作为被继承人的遗产管理人,也可以要求人民法院依法指定遗产管理人。另外,对于申请人的申请内容的具体要求、其他主体应当如何以被申请人或第三人的身份参加诉讼、继承人众多或继承人远离被继承人住所等情形下如何告知潜在遗产管理人等问题,有待进一步的解释和说明。

适用要点

继承的法律效力自被继承人死亡时发生,被继承人死亡,其生前的合法财产即成为遗产,同时也就被继承人所继承,所有权发生转移。遗产管理人失职造成遗产损害,实际损害的是继承人的继承既得权或者所有权,此种损害赔偿责任实质是侵害继承权或者物权的侵权责任。因此,遗产管理人因失职行为造成的遗产损失对继承人承担的赔偿责任构成责任竞合。利害当事人既可以请求承担违约责任,也可以请求承担侵权责任,且以承担侵权责任更为妥帖。

案例指引

施某元与卢某明等申请指定遗产管理人纠纷案[1]

要旨：申请人施某元向法院申请指定被申请人卢某明、郑某凤、温某1、吴某莉为卢某为的遗产管理人，提出的事实与理由为申请人与被申请人股权转让纠纷一案已于2022年1月11日作出生效判决，确认四被申请人在继承卢某为遗产范围内清偿申请人律师费人民币15万元。截至申请人提出申请之日，被申请人未开始进行遗产继承亦未明确表示放弃继承，损害了申请人的合法权益。法院经审查认为，卢某为于2021年1月14日去世，卢某为的法定第一顺序继承人为四被申请人，四被申请人均未放弃对卢某为的遗产继承。申请人要求指定四被申请人作为卢某为遗产管理人的目的是实现其合法权益，且申请人就(2021)沪0115民初53234号案件已向法院申请执行，四被申请人均系执行案件的被执行人，法院亦查封了浦东新区××路××弄××号××室房屋，申请人的15万元律师费完全可通过执行程序得以清偿，无须另行指定遗产管理人。据此，依照《民法典》第1145条的规定，判决驳回申请人施某元的申请。

第一百九十七条　【遗产管理人资格的撤销】遗产管理人违反遗产管理职责，严重侵害继承人、受遗赠人或者债权人合法权益的，人民法院可以根据利害关系人的申请，撤销其遗产管理人资格，并依法指定新的遗产管理人。

[1] 参见上海市浦东新区人民法院(2023)沪0115民特616号。

条文对照

2021年《民事诉讼法》	2023年《民事诉讼法》
无	**第一百九十七条　遗产管理人违反遗产管理职责，严重侵害继承人、受遗赠人或者债权人合法权益的，人民法院可以根据利害关系人的申请，撤销其遗产管理人资格，并依法指定新的遗产管理人。**

条文解读

本条是关于遗产管理人资格的撤销的规定。

遗产管理人的职责主要是帮助解决被继承人遗产的分配问题，首先需要确定被继承人有哪些遗产，将确定的遗产列成清单，并做好防止遗产损毁和灭失的措施，即保管遗产。同时，需要向继承人汇报遗产以及遗产管理的相关情况，积极与被继承人沟通。如果被继承人生前有债务和债权，对于债权需要代表被继承人向债务人催要或者确定债权解决方案，对于债务，积极与债权人沟通解决。当然，遗产管理人最重要的工作是通过与被继承人沟通按照法律规定确定遗产分割方案，并主持分割。

根据《民法典》第1147条的规定，遗产管理人应当履行下列职责：(1)清理遗产并制作遗产清单；(2)向继承人报告遗产情况；(3)采取必要措施防止遗产损毁、灭失；(4)处理被继承人的债权债务；(5)按照遗嘱或者依照法律规定分割遗产；(6)实施与管理遗产有关的其他必要行为。具言之，遗产管理人违反法定职责，严重侵害继承人、受遗赠人或者债权人合法权益的，应当承担民事责任。人民法院可以根据继承人、受遗赠人或者债权人的申请，撤销其遗产管理人资格，并依法指定新的遗产管理人。对遗产管理人“严重侵害合法权益”行为的判定，可根据以下几种情况判断:(1)未尽到妥善保管义务,造成遗产毁损,遗产价值减少,对继承人、受遗赠人、债权人造成损害;(2)未尽到全面清理遗产且向继承人报告的义务,存在漏报、瞒报,致使遗产被个别继承人转移、处分,从而使得其他继承人、受遗赠人和债权人受到损害;(3)未按照遗产债务的法定清偿顺序进行清偿,或者在遗产不能满足全部债权的情况下,未按照债权比例进行清偿,致使债权人利益受到损害;(4)在遗产不足的情况下,对受遗赠人、遗嘱继承人和法定继承人未按法定顺序分配遗产,造成受遗赠人或部分继承人受到损害;(5)在清偿遗产债务时,没有为继承人中缺乏劳动能力又没有生活来源的继承人保留必要的遗产,致使这类继承人利益受损;(6)在遗产分割时未为胎儿保留继承份额,损害胎儿利益。[1]

当然,上述几种情形仅为列举,不能涵盖所有情形,要在具体案件中根据继承关系下遗产管理人的职责,研判遗产管理人实施行为后果的严重性。当发生严重侵害继承人受遗赠人、债权人合法权益的情形时,利害关系人可以向作出指定遗产管理人的人民法院申请撤销遗产管理人资格,另行指定遗产管理人。人民法院作出的判决应当指定适格的遗产管理人,最终实现解决遗产管理问题纠纷的目的。

适用要点

遗产的归属规则可能由被继承人意愿或者按照法律规定来确定。遗产的最终归属者可能是继承人、遗嘱信托受托人、受遗赠人、债权人、国家或者集体;有的遗产处于可被直接处置的状态,有的遗产因性质或状态的原因而不宜分割处置,由他人占有、保管的遗产或者死者的债权则需要先追索回来。法院在判决撤销遗产管理人前,须考量是否需要为适当、妥善管理遗产及受益人的利益而撤销遗产管理人的所有相关情况,进而作出评估及价值判断。遗产管理人并非但凡有任何错误或疏忽均会被撤销,

〔1〕 最高人民法院民法典贯彻实施工作领导小组主编:《中华人民共和国民法典婚姻家庭编继承编理解与适用》,人民法院出版社2020年版,第635-637页。

其行为或不作为必须是危及受托财产、欠缺执行职责的适当能力或严重违反管理职责，才会导致被撤销遗产管理人资格。

案例指引

赵某、宁某1诉宁某2遗产管理纠纷案[1]

要旨：上诉人赵某、上诉人宁某1因与被上诉人宁某2遗产管理纠纷一案，不服贵州省贵阳市南明区人民法院于2021年7月29日作出（2021）黔0102民初8589号民事判决，向贵阳市中级人民法院提起上诉。本案争议焦点是宁某2作为宁某仁遗嘱中确定的遗产管理费人之一，是否存在法定情形应当取消其遗产管理人资格。本案中，被继承人宁某仁生前以遗嘱形式，指定赵某在宁某1未成年时代为管理宁某1继承的案涉货棚的承租使用权等权益，同时指定"后期对该笔财产的使用及处置必须由赵某与宁某2协商一致决定，赵某不可私自处理（包括但不限于产权变更、出售和所获拆迁款使用）"。根据该遗嘱，赵某与宁某2均系宁某仁生前指定的特定遗产管理人。现两位遗产管理人对案涉货棚拆迁应当货币安置还是房屋安置达不成一致意见，导致迟迟不能取得安置利益。法院认为，就拆迁安置的方式而言，因各人的标准不同，货币安置和房屋安置难以判断孰优孰劣，不能说选择货币安置就损害了宁某1的利益，二上诉人以此为由要求取消宁某2的遗产管理人资质缺乏事实和法律依据，对其主张法院不予采信。判决驳回上诉，维持原判。

---

[1] 参见贵州省贵阳市中级人民法院（2021）黔01民终10003号。

第五节　认定公民无民事行为能力、限制民事行为能力案件

第一百九十八条　【申请认定公民无民事行为能力、限制民事行为能力】申请认定公民无民事行为能力或者限制民事行为能力，由利害关系人或者有关组织向该公民住所地基层人民法院提出。

申请书应当写明该公民无民事行为能力或者限制民事行为能力的事实和根据。

条文解读

本条是关于认定公民无民事行为能力或限制民事行为能力的申请人范围以及申请人向法院提交的申请书应包含的内容的规定。

本条于2021年进行的修改，是在《民法典》出台后根据其相关内容进行的配套性调整。将申请主体由被申请人的近亲属或其他利害关系人变更为利害关系人或者有关组织，实际上扩大了申请人的范围，而原规定中的近亲属可纳入利害关系人的范围内。在原先规定的基础上，2021年《民事诉讼法》赋予有关组织申请认定公民无民事行为能力或者限制民事行为能力的主体资格。根据《民法典》的规定，此处的有关组织包括居民委员会、村民委员会、学校、医疗机构、妇女联合会、残疾人联合会、依法设立的老年人组织、民政部门等。这些组织本身多从事弱势群体帮扶保护或者基层治理工作，在2021年《民事诉讼法》出台前就已经或多或少参与到与无民事行为能力或者限制民事行为能力人相关的工作中。2021年《民事诉讼法》将其纳入申请主体的范围，是对无民事行为能力或者限制民事行为能力人合法权益保护的进一步强化。

根据《民法典》的规定，我国民事行为能力分为完全民事行为能力、限制

民事行为能力以及无民事行为能力三个层次。其中,完全民事行为能力人可以独立实施民事法律行为;限制民事行为能力人只能独立实施与其年龄、智力相适应的民事法律行为以及纯获利益的民事法律行为,不属于其可以独立实施范围的民事法律行为效力待定,经过其法定代理人同意或者追认有效;无民事行为能力人实施的民事法律行为无效,由其监护人代理实施民事法律行为。

在我国,年满 18 周岁的人以及年满 16 周岁并以自己的劳动收入为主要生活来源的人为完全民事行为能力人,可以独立实施民事法律行为。未满 18 周岁的人为未成年人,其中 8 周岁以上的未成年人为限制民事行为能力人,8 周岁以下的为无民事行为能力人。但是,由于人年龄增长、疾病或者意外等各种各样的原因,自然人可能出现与上述年龄划分不相符的不能辨认自己的行为或者不能完全辨认自己的行为的情况。为了保护当事人及其有民事权利义务关系的利害关系人的合法权益,维护民事活动的正常秩序,法律规定了认定公民为无民事行为能力、限制民事行为能力的特别程序,个案评定当事人丧失其民事行为能力的情况,作出判决。

由于作为被申请人的公民存在具有一定精神障碍的可能,而公民的民事行为能力认定对公民的日常生活至关重要,为充分维护其权益,人民法院审理此类案件时,应当先为该公民确定代理人。代理人为除申请人之外的该公民的近亲属,近亲属相互推诿不愿意担任代理人时,由人民法院在其中指定。被申请人无近亲属的,可以指定其他亲属为代理人。如果被申请人没有亲属,则可以指定与被申请人关系密切的朋友,但是该关系密切的朋友必须经过被申请人所在的单位或者住所地的居民委员会、村民委员会同意。如果没有符合上述要求的人选,则由被申请人所在单位或者居民委员会、村委会或者民政部门担任代理人。

此处的代理人并非当然成为该公民的监护人。在设立中,如果该公民的健康状况允许的,法庭应当询问其本人意见。如果被申请人不能到庭,则应就地询问本人,告知其申请书的内容,也通过与其本人的接触,了解其精神状况。必要时,应当对该公民进行行为能力鉴定,如果申请人自己提供鉴定意见的,应当对该鉴定意见进行审查。人民法院对鉴定意见的审查包括形式上的审查以及实质的审查两个层面，鉴定意见应当具备作为民事证据的全部条件，人民法院对该鉴定意见有疑问的，可以指定鉴定单位重新鉴定。

如果人民法院认为该公民精神正常，难以被认定为无民事行为能力或限制民事行为能力，申请人的申请没有依据，则应当判决驳回申请。如果经过审理，人民法院认为该公民不能辨认或者不能完全辨认自己的行为，精神不正常，则应当支持申请人的申请，判决认定该公民为限制民事行为能力人或无民事行为能力人。

适用要点

代理人的指定有顺位要求，只有在无前一顺位的人可以担任代理人时，才考虑指定后一顺位人选；另外，代理人的人数限制为两人。被申请人是否真正丧失或者部分丧失民事行为能力，人民法院应当综合各方面信息对其状态进行判断，尤其是司法精神病学鉴定或者医院的诊断，因为年龄增大而导致的身体机能的衰退并不一定意味着民事行为能力的丧失。部分仅以年纪大、行动不便、记忆力衰退等理由提出的申请经常面临被驳回的局面。

案例指引

王某甲、王某乙申请宣告王某无民事行为能力案[1]

要旨：特别程序案件中的当事人不享有提出管辖权异议的权利。人民法院受理特别程序案件后，被申请人向法院提出管辖权异议的，人民法院应当告知当事人对其提出的异议不予审查。但人民法院应依职权对管辖权进行审

〔1〕 参见北京市第一中级人民法院(2014)一中民终字第2350号。

查，如经审查发现受理的特别程序案件确实不属于该院管辖的，应当将案件移送有管辖权的人民法院。

第一百九十九条 【医学鉴定】人民法院受理申请后，必要时应当对被请求认定为无民事行为能力或者限制民事行为能力的公民进行鉴定。申请人已提供鉴定意见的，应当对鉴定意见进行审查。

第二百条 【代理人、审理与判决】人民法院审理认定公民无民事行为能力或者限制民事行为能力的案件，应当由该公民的近亲属为代理人，但申请人除外。近亲属互相推诿的，由人民法院指定其中一人为代理人。该公民健康情况许可的，还应当询问本人的意见。

人民法院经审理认定申请有事实根据的，判决该公民为无民事行为能力或者限制民事行为能力人；认定申请没有事实根据的，应当判决予以驳回。

第二百零一条 【撤销认定公民无民事行为能力或者限制民事行为能力的判决】人民法院根据被认定为无民事行为能力人、限制民事行为能力人本人、利害关系人或者有关组织的申请，证实该公民无民事行为能力或者限制民事行为能力的原因已经消除的，应当作出新判决，撤销原判决。

条文解读

本条是关于原本被认定为无民事行为能力或者限制民事行为能力的公民恢复其民事行为能力后的处理程序的规定。

本条于 2021 年进行的修改，是《民法典》出台后根据其相关内容进行的配套性调整。与本法第 198 条申请认定公民无民事行为能力或者限制民事行为能力的申请主体的范围扩张相同,在导致公民无民事行为能力或者限制民事行为能力的原因消除后,在强调该公民本人可以申请的同时,也相应增加了利害关系人、有关组织的申请权。此处的有关组织包括居民委员会、村民委员会、学校、医疗机构、妇女联合会、残疾人联合会、依法设立的老年人组织、民政部门等,其中民政部门为兜底规定。在其他申请主体由于种种原因无法申请时,民政部门应当向法院申请。原规定中的无民事行为能力人、限制民事行为能力人的监护人则纳入利害关系人的范畴中。

公民被宣告为无民事行为能力人或者限制民事行为能力人后,应当为其确认监护人。监护人代理被监护人实施民事法律行为,保护被监护人的人身财产权利等合法权益。监护人应当具备监护能力,按照顺位从该无民事行为能力人或者限制民事行为能力人的配偶、父母子女、其他近亲属、经过监护人所在地的居民委员会或村民委员会同意的其他愿意担任监护人的个人或组织中指定。除此之外,监护人的指定方式还包括被监护人父母担任监护人时的遗嘱指定监护以及有监护资格的人之间的协议确定监护。具有完全民事行为能力的成年人也可以与其近亲属或者愿意担任其监护人的个人或组织协商,以书面形式确定在其丧失或者部分丧失民事行为能力之后的监护人。民政部门或者具备履行监护职责条件的居民委员会或者村民委员会是没有符合条件的监护人时的兜底性选择,属于公职监护人,并且在由于特殊情况导致监护人无法履行职责时提供必要的临时照料措施。

监护人指定后不得擅自变更,擅自变更也不影响该被指定的人的监护责任。监护人有争议的,可由被监护人住所地的村民委员会或者居民委员会指定,有关当事人不服的可以向人民法院申请指定,也可以不经过村民委员会或居民委员会的指定而直接向人民法院申请。监护人的指定应当尊重被监护人的真实意愿,并按照最大限度保护被监护人利益的原则进行。监护人不履行监护职责造成被监护人或其他第三人损失的,应对此承担责任,非为维护被监护人的利益不得处分被监护人的财产。

当造成公民无法辨认或者无法完全辨认其行为的原因消失后,如精神疾病获得治愈，法律应当重新承认该公民独自实施民事行为的能力，认定其为完全民事行为能力人。这一目的也同样通过本特别程序完成。民事行为能力认定的变动依申请启动，未经适格主体申请，即使人民法院知道该公民已经重新取得民事行为能力，也不得自行启动程序撤销原判决。由于认定公民无民事行为能力或者限制民事行为能力属于特殊程序，一审终审不得上诉，也不适用审判监督程序，因此经人民法院查证申请内容属实，该公民确实恢复了民事行为能力，应当撤销原判决，作出新判决。这在法律层面恢复了该公民的民事行为能力，同时撤销原来关于监护的安排。如果该公民丧失了原本存有的部分辨识自己行为的能力，法院应当依照申请，重新判决该公民为无民事行为能力人。判决一经宣告即发生法律效力。

适用要点

被指定的监护人不服居民委员会、村民委员会或者民政部门指定，应当自接到通知之日起30日内向人民法院提出异议。经审理，认为指定并无不当的，裁定驳回异议；认为指定不当的，判决撤销指定，同时另行指定监护人。判决书应当送达异议人、原指定单位及判决指定的监护人。有关当事人依法直接向人民法院申请指定监护人的，适用特别程序审理，判决指定监护人。判决书应当送达申请人和判决指定的监护人。

案例指引

何某恢复民事行为能力案[1]

要旨：被申请人何某颅脑损伤经治疗和恢复，诊断精神活动、智力正常，经鉴定具有完全民事行为能力，证实该公民为限制民事行为能力的原

〔1〕 参见四川省崇州市人民法院(2018)川0184民特22号。

因已经消除。申请人辜某某申请宣告被申请人何某恢复完全民事行为能力的请求符合法律规定，法院依法予以支持。

第六节　认定财产无主案件

第二百零二条　【管辖与申请书】申请认定财产无主，由公民、法人或者其他组织向财产所在地基层人民法院提出。

申请书应当写明财产的种类、数量以及要求认定财产无主的根据。

第二百零三条　【公告与判决】人民法院受理申请后，经审查核实，应当发出财产认领公告。公告满一年无人认领的，判决认定财产无主，收归国家或者集体所有。

第二百零四条　【认定财产无主判决的撤销】判决认定财产无主后，原财产所有人或者继承人出现，在民法典规定的诉讼时效期间可以对财产提出请求，人民法院审查属实后，应当作出新判决，撤销原判决。

条文解读

本条是关于法院作出认定财产无主的判决后，又有人对财产提出请求的处理规定。

2021年《民事诉讼法》并未对本条作出实质性改变。由于《民法通则》被《民法典》所取代，故将本条中的《民法通则》变更为《民法典》。

公民的财产权受法律保护，财产的所有权包括对财产的占有、使用、处分、收益等权利，任何组织和个人不得侵犯。但是，在某些情况下会出现财产本身与其所有权人分离并且所有权人不明的情形，为了更加充分并且有效率地使用社会资源，减少在无主财产管理上的资源消耗，预防或解决由于财产所有权人不明而导致的侵占与纠纷，需要一种能够兼顾公平与效率的程序，去实现对财产的合理处理。通过为该无主财产重新确定明确的所有人，解决由此引发的纠纷，使该财产能够重新被保护和充分利用，进而保障社会的安定，促进经济发展。

常见的认定财产无主案件的情形有：遗失物（包括漂流物或者失散的动物），无继承人的财产，所有人不明的隐藏物、埋藏物被发现，没有登记的不动产或者特殊动产长期所有权人不明，等等。归纳起来大致可以分为两类：一类是新发现了所有权不明的财产；另一类是财产的所有权明确，但是该所有权人死亡，其没有继承人或者继承人不明确。没有继承人的情形应当作广义理解，除了常见的继承人都已经死亡，还包括全体继承人都放弃继承或者继承人被剥夺继承权的情形。此外，根据《民法典》第318～319条的规定，遗失物经过公安机关或有关单位自发布招领公告满一年后无人认领的，可直接收归国家所有。拾得漂流物、发现埋藏物或者隐藏物的，参照适用拾得遗失物的有关规定。

无主财产认定的申请人应当提交申请书，申请书要写明财产的种类、数量以及要求认定财产无主的根据。人民法院决定受理该案件之后，应当首先进行审查核实。值得注意的是，为了便利财产所有权情况的查明以及所有权人的找寻与通知，对认定财产无主案件有管辖权的人民法院为财产所在地的人民法院，而非一般情况下的申请人或者被申请人所在地人民法院。

如果经审查发现，该财产可以确定是有主的财产，则应当驳回申请并通知所有人对该财产进行认领；如果经审查核实之后，认为确实存在财产所有人不明或者不存在的情况，则应当发出财产认领的公告以寻找财产所有人或者继承人，为财产所有人或者继承人提供认领财产的机会。公告应当载明申请人的名称、住所，财产的种类、数量、形状，公告期间以及财产所有人或继承人认领财产的途径。公告期间为1年。公告期内，如果有人对该财产的所有权提出申请，主张是该财产的所有权人，法院则应当作出裁定终止本认定财产无主的特别程序,并告知申请人另行起诉,此时该诉讼适用普通程序审理。公告期内有人对财产的所有权提出申请,表明此时财产的所有权情况在申请人与认领人之间存在争议,该争议在特别程序启动之后出现,而特别程序并不解决争议,民事权益纠纷只能通过一般的民事诉讼程序审理。

若公告期满,该财产仍然无人认领,人民法院应当作出认定财产无主的判决。应当注意的是,此处所指的对财物的所有权提出请求限于对财产主张所有权的情形。司法实践中存在承认该财产无主的前提之下,提出请求要求将无主的财产归为己有的情形,不属于此处所指的对财产所有权提出请求。

然而,在现实中,经过本程序被认定为无主的财产并不一定是真正的无主财产,有可能是所有权人由于种种情况不知道或者无法在公告期内向发出公告的人民法院提出申请。为了保护公民的所有权,法律允许所有权人或者继承人在法院对某财产作出认定无主的判决之后主张权利。但是,考虑到民事关系的稳定性以及效率性,本规则与诉讼时效相衔接,要求原所有权人或者继承人在诉讼时效内提出请求。亦即,若财产的原所有权人或者其继承人在该认定财产无主的判决作出后的诉讼时效期间内向法院提出请求,法院不得以公告期已过为由径行驳回,而应当对当事人的请求进行审查,审查成立的应当撤销原判决。

适用要点

根据不同情况,无主财产既可能收归国家所有,也可能收归集体所有。公告期间可由人民法院指定专人对财产进行管理,如果该财产被他人占有,则应当自判决之日交归国家或者集体。收归集体所有的财产为集体组织成员死亡后无人继承的财产。收归国有的财产,可由国家授权的机关或者单位进行使用或经营管理。收归国有之后财产真正权利人出现的,有关单位和机关应当返还财物。若该财物有消耗或者折旧,应当给予权利人适当补偿。若该财物已经灭失，则应当按照财物的实际价值进行折价。

案例指引

北京市西城区人民政府展览路街道办事处申请认定财产无主案[1]

要旨：人民法院受理认定财产无主申请后，经审查核实，发出财产认领公告满一年无人认领的，判决认定财产无主，收归国家或集体所有。据此，依照《民事诉讼法》第192条之规定，判决如下：于某某名下账号为×××的北京银行定期储蓄存单、账号为×××的北京银行定期储蓄存单、账号为×××的北京银行定期储蓄存单、账号为×××的北京银行存折、账号为×××的北京银行存折、账号为×××的北京银行存折、账号为×××的北京银行存折内的全部款项以及现金7984.13元为无主财产，收归申请人北京市西城区人民政府展览路街道办事处所有。本判决为终审判决。

第七节　确认调解协议案件

第二百零五条　【申请司法确认调解协议】经依法设立的调解组织调解达成调解协议，申请司法确认的，由双方当事人自调解协议生效之日起三十日内，共同向下列人民法院提出：

（一）人民法院邀请调解组织开展先行调解的，向作出邀请的人民法院提出；

---

〔1〕参见北京市西城区人民法院（2020）京0102民特347号。

（二）调解组织自行开展调解的，向当事人住所地、标的物所在地、调解组织所在地的基层人民法院提出；调解协议所涉纠纷应当由中级人民法院管辖的，向相应的中级人民法院提出。

条文解读

本条是关于确认调解协议申请程序的规定。

2021年《民事诉讼法》对确认调解协议案件的管辖法院进行了变更。按照2017年《民事诉讼法》的规定，申请司法确认调解协议，当事人向调解组织所在地基层人民法院提出。依据2021年《民事诉讼法》的规定，人民法院邀请调解组织开展先行调解的，向作出邀请的人民法院提出；调解组织自行开展调解的，向当事人住所地、标的物所在地、调解组织所在地的基层人民法院提出；调解协议所涉纠纷应当由中级人民法院管辖的，向相应的中级人民法院提出。

调解协议的司法确认程序是依据双方当事人的申请，对当事人在诉讼程序之外达成的民事调解协议进行自愿性、合法性审查，对符合法律规定的协议予以确认的制度。在性质上，调解协议的司法确认程序属于非讼程序。法院在对调解协议进行审查确认的过程中，原则上应当遵循非讼原理，在管辖以及审查方式等方面都有其独特性。

人民调解以及司法确认制度脱胎于“枫桥经验”，是具有中国特色的社会基层治理以及人民内部矛盾解决方式，于我国的历史传统以及具体国情有重要意义。但随着社会的发展以及改革开放的逐步加深，人们的思想观念以及经济格局发生了巨大变化，非诉调解逐渐呈现出“合意易、执行难”的问题。如何使调解协议最终能够落到实处，成为非诉调解制度进一步发展要解决的问题。经过多年的尝试与总结，2009年最高人民法院出台《关于建立健全诉讼与非诉讼相衔接的矛盾纠纷解决机制的若干意见》，对司法确认程序进行了初步设定。随后，2010年出台的《人民调解法》第33条对司法确认制度在立法层面予以了肯定。2012年修改《民事诉讼法》时,在第194条对申请司法确认调解协议的管辖等程序事项作出了更为细致的规定。2021年《民事诉讼法》对于调解协议司法确认制度的安排,主要来自最高人民法院《繁简分流办法》中"优化司法确认程序"部分,并在其基础上结合各地试点情况等作出相应的调整。

可以申请司法确认的调解协议的范围并不限于人民调解协议,还可以包括行政机关、商事调解组织等其他有调解职能的组织调解达成的协议。在调解的主体上,《繁简分流办法》新增一类调解主体,除了原本的人民调解委员会之外,还包括特邀调解组织。在纠纷纷繁复杂、涉及领域宽泛的经济环境中,这一创新进一步挖掘和应用了我们紧密联系人民群众的历史经验,将更多或是在纠纷领域具有专业性或是具有特殊社会地位等有助于纠纷解决的调解组织纳入司法确认体系,促进案件繁简分流乃至纠纷的多元化解决的发展。在缓解法院审判业务压力的同时,也能够帮助当事人更有效率且更有保障地解决矛盾。

在管辖上,2021年《民事诉讼法》也作出了相比2017年《民事诉讼法》更加细致的规定。《最高人民法院关于人民调解协议司法确认程序的若干规定》规定,当事人申请确认调解协议的,由主持调解的人民调解委员会所在地基层人民法院或者它派出的法庭管辖,不属于人民法院受理民事案件范围或不属于接受申请的人民法院管辖的,不予受理。即申请司法确认须满足两个条件,实际上对司法确认的案件范围进行了更进一步的限缩。在调解组织自行开展调解的案件中,新增设当事人住所地、标的物所在地、调解组织所在地人民法院可以管辖。这一方面更加便利当事人的申请以及法院的执行,另一方面也体现出对于非诉调解作为纠纷解决方式与诉讼解决的对应性。

此外,对比《繁简分流办法》,将"委派调解"的表述更改为"邀请调解",更加突出了调解的非诉性质以及当事人的主体地位。应当注意的是,原本司法确认程序应当是在调解完成、调解协议生效之后的30日内,由双方当事人共同向法院申请司法确认,之后再由法院立案审查。"委派调解”以及实践中“一站式”司法确认制度的尝试都存在法院提前介入调解程序的趋势。事实上，拓展诉前调解是推动司法确认程序的一个重要改革方向。通过法院积极主动拓展诉前调解，可以提升司法确认程序的适用量，甚至实现诉前调解与司法确认的“一站式”无缝衔接。

适用要点

人民法院受理调解协议司法确认申请后，经审查，符合法律规定的，裁定调解协议有效，一方当事人拒绝履行或者未全部履行的，对方当事人可以向人民法院申请执行；不符合法律规定的，裁定驳回申请，当事人可以通过调解方式变更原调解协议或者达成新的调解协议，也可以向人民法院提起诉讼。

案例指引

贵州省环境保护厅与息烽诚诚劳务有限公司等生态环境损害赔偿案

——生态环境损害赔偿行政磋商协议的司法确认〔1〕

要旨：本案是全国首例生态环境损害赔偿行政磋商案，也是首起经司法确认的生态环境损害赔偿行政磋商案。根据《生态环境损害赔偿制度改革试点方案》、《贵州省生态环境损害赔偿制度改革试点工作实施方案》（黔委厅字〔2016〕72号）规定及国务院授权，贵州省政府是本行政区域内生态环境损害赔偿权利人，省环境保护等职能部门具体负责各自职责范围内的生态环境损害赔偿工作。省环境保护厅经省试点工作领导小组同意后，作为省政府代表，与贵阳开磷化肥有限公司和息烽诚诚劳务有

〔1〕 参见贵州省清镇市人民法院（2017）黔法0181民特6号。

限公司共同委托贵州省律师协会作为第三方机构，就息烽县小寨坝镇大鹰田工业废渣造成生态环境损害进行磋商，达成赔偿协议，并据黔委厅字〔2016〕72号文件及相关法律规定共同向清镇市人民法院申请司法确认。人民法院认为符合司法确认调解协议法定条件，依法裁定该协议有效。

第二百零六条　【裁定与执行】人民法院受理申请后，经审查，符合法律规定的，裁定调解协议有效，一方当事人拒绝履行或者未全部履行的，对方当事人可以向人民法院申请执行；不符合法律规定的，裁定驳回申请，当事人可以通过调解方式变更原调解协议或者达成新的调解协议，也可以向人民法院提起诉讼。

第八节　实现担保物权案件

第二百零七条　【实现担保物权案件的申请】申请实现担保物权，由担保物权人以及其他有权请求实现担保物权的人依照民法典等法律，向担保财产所在地或者担保物权登记地基层人民法院提出。

条文解读

本条是关于申请实现担保物权程序的申请人、管辖法院以及实体法依据的规定。2021年《民事诉讼法》并未对本条作出实质性改变。由于《物权法》被《民法典》所取代，故将本条中的《物权法》变更为《民法典》。

担保物权是为了确保债权实现，进而直接以支配特定财产的交换价值为内容的物权。在我国,担保物权可以通过向人民法院提起诉讼得以实现,但是这种实现方式程序复杂并且时间较长。此外,担保物权人也可以通过特别程序拍卖、变卖担保财产,就拍卖所得的价款直接优先受偿实现。当然,在不需要公权力介入的情况下,当事人也可以通过自己拍卖、变卖或者协议折价等方式解决。为了方便法院对当事人申请的审查以及执行措施的实施,担保物权的实现程序由担保财产所在地或者担保物权登记地的基层人民法院管辖。

本程序的申请主体包括两类:一是担保物权人,包括抵押权人、质权人以及留置权人;二是其他有权实现担保物权的人,如留置权人怠于行使权利,长期单纯地留置财产却不实现债权,此行为可能导致留置物价值下跌,债务人有权通过此程序启动留置物换价程序以避免损失,质权人实现质权的条件已经满足却怠于行使权利。从适用范围来看,担保物权的实现程序可以适用于抵押权、质权、留置权,由于特别程序不产生有既判力的判决以及其本身的效率追求,不管担保物权是否登记,都可以适用本程序。

实现担保物权程序的审查一般由一名审判员独任完成,遇到重大疑难案件如担保财产的标的物超过基层人民法院管辖的情形,应当组成合议庭进行审查。与其他特别程序相同,当事人申请时应当提供法院要求的所有材料,并且对材料的真实性负责。提交的材料有疏漏的,申请人应当在法院规定的时间内补齐材料,否则按撤回申请处理。

经审查,法院认为当事人的申请符合法律规定,应当作出拍卖、变卖担保财产的裁定,该裁定可以作为执行依据,向人民法院申请强制执行。若人民法院经审查发现当事人的申请不符合实现担保物权的条件,则应当驳回其申请。特别程序一审终审,不能上诉,但是当事人可以通过另行起诉获得救济。

根据《民诉法解释》第 369 条第 1 款的规定,人民法院应当就主合同的效力、期限、履行情况,担保物权是否有效设立、担保财产的范围、被担保的债权范围、被担保的债权是否已届清偿期等担保物权实现的条件,以及是否损害他人合法权益等内容进行审查。归纳而言,特别程序中担保物权实现的条件一般认为有三个:一是担保合同合法有效;二是担保债权履行期限届满或者约定的履行条件实现;三是债务未受清偿。此外,还应对合同是否损害第三人合法权益以及被申请人或者其他利害关系人提出的异议进行审查。

应当注意的是,由于特别程序不解决民事争议,一般情况下对申请人或其他利害关系人的异议的审查,司法实践中主要有两种做法:一是要求被申请人对其实体异议提供一定的证据,若审查发现确实存在民事争议,则驳回担保物权实现申请,并告知当事人可通过另诉解决。二是书面通知提出异议的人在限定期限内向法院提起诉讼,否则实现担保物权的程序仍继续进行。对异议的审查要坚持特别程序不解决实体纠纷的原则,对异议的审查不宜过于深入。为尽快实现担保物权,本程序对当事人的实质争议作了部分争议与全部争议的区分。若当事人对担保物权无异议且担保物权的实现条件成就,法院即应裁定准许拍卖、变卖担保财产。如果当事人对实现担保物权有部分实质争议的,可以就无争议部分实现担保物权。

适用要点

实现担保物权案件,人民法院裁定拍卖、变卖担保财产的,申请费由债务人、担保人负担;人民法院裁定驳回申请的,申请费由申请人负担。申请人另行起诉的,其已经交纳的申请费可以从案件受理费中扣除。此外,被担保的债权既有物的担保又有人的担保,当事人对实现担保物权的顺序有约定,实现担保物权的申请违反该约定的,人民法院裁定不予受理;没有约定或者约定不明的,人民法院应当受理。

案例指引

沧州银行股份有限公司桥西支行与沧州科达船务有限公司申请实现担保物权案[1]

要旨：宁波海事法院经审理作出“对科达公司所有的‘润达116’轮准予采取拍卖、变卖等方式依法变价，沧州银行对变价后所得款项在最高债权限额（本金余额2500万元及主债权利息和实现债权等费用）的范围内优先受偿”的民事裁定，此后，沧州银行申请执行。2016年7月12日，宁波海事法院作出（2016）浙72执1070号民事裁定，拍卖被执行人沧州科达船务有限公司所有的“润达116”轮，并发出公告，要求与该轮有关的债权人登记债权。2016年10月11日，“润达116”轮以1698万元拍卖成交。

第二百零八条 【裁定与执行】人民法院受理申请后，经审查，符合法律规定的，裁定拍卖、变卖担保财产，当事人依据该裁定可以向人民法院申请执行；不符合法律规定的，裁定驳回申请，当事人可以向人民法院提起诉讼。

〔1〕 参见宁波海事法院（2016）浙72民特397号。

第十六章　审判监督程序

第二百零九条　【法院依职权提起再审】各级人民法院院长对本院已经发生法律效力的判决、裁定、调解书，发现确有错误，认为需要再审的，应当提交审判委员会讨论决定。

最高人民法院对地方各级人民法院已经发生法律效力的判决、裁定、调解书，上级人民法院对下级人民法院已经发生法律效力的判决、裁定、调解书，发现确有错误的，有权提审或者指令下级人民法院再审。

第二百一十条　【当事人申请再审】当事人对已经发生法律效力的判决、裁定，认为有错误的，可以向上一级人民法院申请再审；当事人一方人数众多或者当事人双方为公民的案件，也可以向原审人民法院申请再审。当事人申请再审的，不停止判决、裁定的执行。

第二百一十一条　【申请再审的条件】当事人的申请符合下列情形之一的，人民法院应当再审：

（一）有新的证据，足以推翻原判决、裁定的；

（二）原判决、裁定认定的基本事实缺乏证据证明的；

（三）原判决、裁定认定事实的主要证据是伪造的；

（四）原判决、裁定认定事实的主要证据未经质证的；

（五）对审理案件需要的主要证据，当事人因客观原因不能自

行收集,书面申请人民法院调查收集,人民法院未调查收集的;

(六)原判决、裁定适用法律确有错误的;

(七)审判组织的组成不合法或者依法应当回避的审判人员没有回避的;

(八)无诉讼行为能力人未经法定代理人代为诉讼或者应当参加诉讼的当事人,因不能归责于本人或者其诉讼代理人的事由,未参加诉讼的;

(九)违反法律规定,剥夺当事人辩论权利的;

(十)未经传票传唤,缺席判决的;

(十一)原判决、裁定遗漏或者超出诉讼请求的;

(十二)据以作出原判决、裁定的法律文书被撤销或者变更的;

(十三)审判人员审理该案件时有贪污受贿,徇私舞弊,枉法裁判行为的。

第二百一十二条 【对调解书申请再审】当事人对已经发生法律效力的调解书,提出证据证明调解违反自愿原则或者调解协议的内容违反法律的,可以申请再审。经人民法院审查属实的,应当再审。

第二百一十三条 【离婚判决、调解不得再审】当事人对已经发生法律效力的解除婚姻关系的判决、调解书,不得申请再审。

第二百一十四条 【当事人申请再审程序】当事人申请再审的,应当提交再审申请书等材料。人民法院应当自收到再审申请书之日起五日内将再审申请书副本发送对方当事人。对方当事人应当自收到再审申请书副本之日起十五日内提交书面意见;不提交书面意见的,不影响人民法院审查。人民法院可以要求申请人和对方当事人补充有关材料,询问有关事项。

第二百一十五条 【再审申请的审查与再审案件的审级】人民

法院应当自收到再审申请书之日起三个月内审查，符合本法规定的，裁定再审；不符合本法规定的，裁定驳回申请。有特殊情况需要延长的，由本院院长批准。

因当事人申请裁定再审的案件由中级人民法院以上的人民法院审理，但当事人依照本法第二百一十条的规定选择向基层人民法院申请再审的除外。最高人民法院、高级人民法院裁定再审的案件，由本院再审或者交其他人民法院再审，也可以交原审人民法院再审。

第二百一十六条 【当事人申请再审期限】当事人申请再审，应当在判决、裁定发生法律效力后六个月内提出；有本法第二百一十一条第一项、第三项、第十二项、第十三项规定情形的，自知道或者应当知道之日起六个月内提出。

第二百一十七条 【再审对执行程序的效力】按照审判监督程序决定再审的案件，裁定中止原判决、裁定、调解书的执行，但追索赡养费、扶养费、抚养费、抚恤金、医疗费用、劳动报酬等案件，可以不中止执行。

条文解读

本条是关于审判监督程序中决定再审对原裁判执行程序的效力的相关规定。

2021 年《民事诉讼法》并未对本条进行实质性修改，将“抚育费”变更为“抚养费”，是在《民法典》出台后根据其相关内容进行的配套性调整。

审判监督程序可由当事人申请、作出生效判决的法院或其上级法院以及人民检察院的检察建议或者抗诉而启动。享有再审申请权的当事人，包括原、被告双方以及第三人。当事人可以申请再审的案件类型亦有限制,对于已经发生法律效力的解除婚姻关系的判决,已经经过了再审并且维持原判的案件,当事人不能申请再审。特别程序案件有自己的救济途径,也不适用审判监督程序。本条适用于所有途径启动的再审。

对于当事人申请的再审而言,再审程序的启动构造包括申请再审与决定再审两个阶段,总体体现出"宽进严出"的特点。亦即,对于当事人的申请只进行形式要求,但是法院最终决定再审需要严格具备法定事由。一方面,这体现出对案件真实的追求与对当事人权益的尊重,为对判决不服的当事人提供进一步救济的途径,倡导依法维权,促进社会的和谐与稳定;另一方面,司法的公信力与生效判决的稳定性需求都要求我们不能随意否认生效判决,否则会影响社会生活的稳定,使已经确定的法律关系再次回到波动的不确定的状态。因此,当事人申请再审的,不停止判决、裁定的执行。这一规定除了基于执行本身对于效率的要求外,更在于申请再审本身"宽进严出"的制度设计。如果执行会因当事人简单的再审申请而中止,则会出现大量的当事人为阻挠执行滥用申请再审的权利,使执行工作难以开展下去,从而损害其他当事人的正当权益,损害司法公信力。法院对再审申请的审查期为3个月,虽然执行不因当事人申请再审中止,但是一旦法院裁定再审,原则上应当裁定中止原判决、裁定的执行。法院审查之后裁定再审,意味着原审在程序上或者实体上存在法律规定的需要通过审判监督程序进行纠正的错误,继续执行原审判决、裁定或者调解书会损害再审申请人的利益,也会给将来可能的执行回转程序带来更重的负担。

从另一个方面来说,由于部分案件如追索赡养费、扶养费、抚养费、抚恤金等通常具有紧迫性,中止执行将会给原告方当事人的生活带来巨大的影响,甚至连基本生活都无法得到保障。基于此,考虑到决定再审仅仅是再审的启动,而案件最终也不一定会改判。对于追索劳动报酬、医疗费用、抚养费、扶养费等涉及生命健康、基本生活的案件,一旦中止执行将造成无法挽回的后果,而不中止执行更加符合以人为本、扶危济困的价值追求。况且,追索赡养费、扶养费、抚养费、抚恤金、医疗费用、劳动报酬等案件属于可以申请先予执行的案件范围。换言之,即使案件尚未作出判决,也可以申请先予执行。更何况,已经有生效判决摆在面前,更加可以继续执行。因此,权衡之下,本条规定了裁定再审后不中止执行的例外情形。此外,有的再审申请人本身在原审中就是胜诉方,由于其诉讼请求未能得到全部支持而申请再审。如果决定再审一律导致原审执行的中止,该债权人的债权实现则会面临更长久的拖延。

适用要点

人民法院对已经发生法律效力的判决、裁定、调解书依法决定再审,依照《民事诉讼法》规定需要中止执行的,应当在再审裁定中同时写明中止原判决、裁定、调解书的执行;情况紧急的,可以将中止执行裁定口头通知负责执行的人民法院,并在通知后 10 日内发出裁定书。

案例指引

陈某某、中国人民财产保险股份有限公司泉州市分公司等机动车交通事故责任纠纷案[1]

要旨:再审申请人陈某某因与被申请人中国人民财产保险股份有限公司泉州市分公司、刘某某机动车交通事故责任纠纷一案,不服福建省泉州市中级人民法院(2020)闽 05 民终 1390 号民事判决,向法院申请再审。法院认为,陈某某的再审申请符合《民事诉讼法》第 200 条第 6 项规定的情形。依照《民事诉讼法》第 204 条、第 206 条,《民诉法解释》第 395 条第 1 款规定,裁定如下:一、本案由该院提审;二、再审期间,不中止原判决的执行。

〔1〕 参见福建省高级人民法院(2021)闽民申 1310 号。

第二百一十八条 【再审审理程序】人民法院按照审判监督程序再审的案件，发生法律效力的判决、裁定是由第一审法院作出的，按照第一审程序审理，所作的判决、裁定，当事人可以上诉；发生法律效力的判决、裁定是由第二审法院作出的，按照第二审程序审理，所作的判决、裁定，是发生法律效力的判决、裁定；上级人民法院按照审判监督程序提审的，按照第二审程序审理，所作的判决、裁定是发生法律效力的判决、裁定。

人民法院审理再审案件，应当另行组成合议庭。

第二百一十九条 【检察院提出抗诉或者检察建议】最高人民检察院对各级人民法院已经发生法律效力的判决、裁定，上级人民检察院对下级人民法院已经发生法律效力的判决、裁定，发现有本法第二百一十一条规定情形之一的，或者发现调解书损害国家利益、社会公共利益的，应当提出抗诉。

地方各级人民检察院对同级人民法院已经发生法律效力的判决、裁定，发现有本法第二百一十一条规定情形之一的，或者发现调解书损害国家利益、社会公共利益的，可以向同级人民法院提出检察建议，并报上级人民检察院备案；也可以提请上级人民检察院向同级人民法院提出抗诉。

各级人民检察院对审判监督程序以外的其他审判程序中审判人员的违法行为，有权向同级人民法院提出检察建议。

第二百二十条 【当事人申请检察建议或者抗诉】有下列情形之一的，当事人可以向人民检察院申请检察建议或者抗诉：

（一）人民法院驳回再审申请的；

（二）人民法院逾期未对再审申请作出裁定的；

（三）再审判决、裁定有明显错误的。

人民检察院对当事人的申请应当在三个月内进行审查，作出提出或者不予提出检察建议或者抗诉的决定。当事人不得再次向人民检察院申请检察建议或者抗诉。

第二百二十一条 【检察院的调查权】人民检察院因履行法律监督职责提出检察建议或者抗诉的需要,可以向当事人或者案外人调查核实有关情况。

第二百二十二条 【抗诉案件的审理】人民检察院提出抗诉的案件,接受抗诉的人民法院应当自收到抗诉书之日起三十日内作出再审的裁定;有本法第二百一十一条第一项至第五项规定情形之一的,可以交下一级人民法院再审,但经该下一级人民法院再审的除外。

第二百二十三条 【抗诉书】人民检察院决定对人民法院的判决、裁定、调解书提出抗诉的,应当制作抗诉书。

第二百二十四条 【检察员出庭】人民检察院提出抗诉的案件,人民法院再审时,应当通知人民检察院派员出席法庭。

第十七章 督 促 程 序

第二百二十五条 【支付令的申请】债权人请求债务人给付金钱、有价证券，符合下列条件的，可以向有管辖权的基层人民法院申请支付令：

（一）债权人与债务人没有其他债务纠纷的；

（二）支付令能够送达债务人的。

申请书应当写明请求给付金钱或者有价证券的数量和所根据的事实、证据。

条文解读

本条是关于支付令的申请的规定。

支付令，是指在债权债务关系中，债权人向有管辖权的法院申请，由受理的法院依法作出的督促债务人承担一定给付义务的法律文书。与诉讼程序相比，在督促程序中申请支付令的优势体现在程序相对简单，而且申请费按照财产案件受理费标准的1/3交纳，因此成本较低。根据本条以及《民诉法解释》的规定，申请支付令应当满足如下条件：(1)请求给付的对象为金钱或汇票、本票、支票、股票、债券、国库券、可转让的存款单等有价证券。有价证券，是指券面所表示的财产权利必须实际持有其券才得以实现的证券，如本票、汇票、支票、股票、公债、国库券、提货单、抵押单等。其他物的给付请求或者行为给付请求，不得适用督促程序。(2)债权已经到期且数额明确,并写明了请求所根据的事实、证据。尚未到期或者虽然到期,但数额不确定的债权不得适用督促程序。(3)债权人没有对等给付义务,即债权人与债务人之间没有其他债务纠纷,债务关系是单向的,如果债权人对债务人也负有给付义务则不适用督促程序。(4)债务人在我国境内且不存在下落不明的情况。(5)支付令能够送达债务人。原因在于,债务人的权利是对支付令提出书面异议,如果支付令未能送达债务人,便无法保障债务人行使对支付令的异议权。需要注意的是,如果向债务人本人送达支付令而债务人拒绝接收,人民法院可以留置送达支付令。(6)收到申请书的人民法院有管辖权。债权人应当向债务人住所地的基层人民法院提出申请,基层人民法院受理债权人依法申请支付令的案件,不受争议金额的限制。共同债务人住所地、经常居住地不在同一基层人民法院辖区,各有关人民法院都有管辖权的,债权人可以向其中任何一个基层人民法院申请支付令;债权人向两个以上有管辖权的人民法院申请支付令的,由最先立案的人民法院管辖。(7)债权人未向人民法院申请诉前保全,这是因为债权人不能同时获得诉讼程序和非讼程序的救济。

法院应当在当事人提出申请后5日内通知其是否受理。法院受理申请后,经审查债权人提供的事实、证据,对债权债务关系明确、合法的,应当在受理之日起15日内向债务人发出支付令;申请不成立的,裁定驳回申请,该裁定不得上诉。基于督促程序的非讼特点,人民法院发出支付令仅对债权人提交的证据进行形式上的审查,即人民法院只根据债权人提供的书面材料进行审查,而不经过债务人的答辩,并且法院不对支付令申请进行实质性的开庭调查与审理。

对人民法院发布的支付令,债务人自收到支付令之日起15日内没有清偿债务,也没有向人民法院提出书面异议,支付令即发生法律效力,债权人可以向法院申请强制执行。若债务人提出书面异议,法院经形式审查认为债务人提出的书面异议成立的,应当裁定终结督促程序,支付令自行失效。支付令失效后,案件自动转入诉讼程序。申请支付令的一方当事人不同意提起诉讼的,应当自收到终结督促程序裁定之日起7日内向受理申请的人民法院提出。支付令失效后，申请支付令的一方当事人自收到终结督促程序裁定之日起7日内未向受理申请的人民法院表明不同意提起诉讼的，视为向受理申请的人民法院起诉。债权人提出支付令申请的时间，即为向人民法院起诉的时间。

适用要点

债权人基于同一债权债务关系，在同一支付令申请中向债务人提出多项支付请求，债务人仅就其中一项或者几项请求提出异议的，不影响其他各项请求的效力。

案例指引

重庆市博庆物业服务有限公司与常某申请支付令案[1]

要旨：被申请人常某在收到支付令之日起15日内向法院提出异议申请，认为申请人履行物业服务协议不到位。被申请人常某的异议成立，终结本案的督促程序。依照《民事诉讼法》第217条第1款、《民诉法解释》第437条第4项之规定，裁定如下：终结本案的督促程序。(2021)渝0102民督273号支付令自行失效。

第二百二十六条　【受理】债权人提出申请后，人民法院应当在五日内通知债权人是否受理。

第二百二十七条　【支付令的审理、异议和执行】人民法院受理申请后，经审查债权人提供的事实、证据，对债权债务关系明确、合法的，应当在受理之日起十五日内向债务人发出支付令；申请不

〔1〕参见重庆市涪陵区人民法院(2021)渝0102民督273号。

成立的，裁定予以驳回。

债务人应当自收到支付令之日起十五日内清偿债务，或者向人民法院提出书面异议。

债务人在前款规定的期间不提出异议又不履行支付令的，债权人可以向人民法院申请执行。

第二百二十八条 【终结督促程序】人民法院收到债务人提出的书面异议后，经审查，异议成立的，应当裁定终结督促程序，支付令自行失效。

支付令失效的，转入诉讼程序，但申请支付令的一方当事人不同意提起诉讼的除外。

第十八章　公示催告程序

第二百二十九条　【公示催告程序的启动】按照规定可以背书转让的票据持有人，因票据被盗、遗失或者灭失，可以向票据支付地的基层人民法院申请公示催告。依照法律规定可以申请公示催告的其他事项，适用本章规定。

申请人应当向人民法院递交申请书，写明票面金额、发票人、持票人、背书人等票据主要内容和申请的理由、事实。

条文解读

本条是关于公示催告程序启动的规定，该规定的目的在于催促利害关系人在一定时期内向受理申请的法院申报权利，是否有利害关系人申报权利会产生不同的法律后果。

公示催告程序是票据丧失后失票人保全和恢复其票据权利的重要补救措施，能够解决因票据被盗、遗失或者灭失而引起的票据权利主体不明问题。因此，公示催告主要解决两个问题：一是解除票据的效力，使票据失权；二是确定申请人享有票据上的权利。

1. 公示催告的适用范围。公示催告（包括公示催告程序）的适用范围包括可以背书转让的票据被盗、遗失或灭失以及其他依照法律规定可以申请公示催告的事项（如记名股票、提单、仓单等）。可以背书转让的票据包括本票、汇票和支票，背书转让是指票据持有人在票据背面签名，将票据上的权利转让给他人。

2.公示催告的申请与受理。申请人必须是享有权利凭证的最后合法持有人,即票据被盗、遗失或者灭失前的最后持有人,但无明确的相对人;申请的对象是可以背书转让的票据以及法律规定允许公示催告的事项;票据被盗、遗失或者灭失;申请人应当向票据支付地的基层人民法院申请,且一审终审,不得申请再审,不得上诉。法院收到公示催告的申请后,应当进行书面审查并在7日内决定是否受理。法院经审查认为申请不符合条件的,应当裁定驳回申请;经审查认为申请符合条件的,应在受理案件的同时发出停止支付的通知。支付人收到法院的停止支付通知后,应当停止支付,直至公示催告程序终结;法院的止付通知,是具有强制力的司法决定,因此支付人应当执行。支付人收到止付通知后拒不止付的,支付人仍应承担票据责任。另外,法院受理公示催告申请后,应当在3日内发出公告,告知相关利害关系人催促其向法院申报权利,且公示催告期间,转让票据权利的行为无效。

3.权利申报与审查。如果在公告期间届满仍然没有利害关系人申报权利,申请人可以在公告期限届满的一个月内申请法院作出判决,以法院的判决要求付款人付款。如果公告期内或者公告期届满后法院作出判决前利害关系人申报权利的,人民法院通知公示催告申请人前来查看票据(形式审查),如果经确认票据核对一致,那么人民法院会终结公示催告程序,并及时通知支付人。这是因为公示催告程序属于非诉程序,不解决当事人之间的实质性纠纷。

适用要点

恶意申请公示催告(票据出卖方以票据丢失为由恶意向人民法院申请公示催告,阻止合法持票人行使票据权利)在实践中时有发生,因此最高人民法院于2019年11月8日印发的《全国法院民商事审判工作会议纪要》中对恶意公示催告的救济作出了回应。在适用公示催告程序时,应当区别付款人是否已经付款等情形而作出不同认定：(1)在除权判决作出后，付款人尚未付款的情况下，最后合法持票人可以根据《民事诉讼法》的规定，在法定期限内请求撤销除权判决，待票据恢复效力后再依法行使票据权利。最后合法持票人也可以基于基础法律关系向其直接前手退票并请求其直接前手另行给付基础法律关系项下的对价。(2)除权判决作出后，付款人已经付款的，因恶意申请公示催告并持除权判决获得票款的行为损害了最后合法持票人的权利，最后合法持票人请求申请人承担侵权损害赔偿责任的，人民法院依法予以支持。由此可见，在恶意申请公示催告的情形下，合法持票人除了可以依据基础法律关系向前手主张权利外，还可以向恶意公示催告申请人提起票据损害责任纠纷之诉。

案例指引

中山市玺盛塑胶制品有限公司申请公示催告案[1]

要旨：申请人中山市玺盛塑胶制品有限公司申请公示催告一案，法院于2021年10月14日立案后，依法于2021年10月20日发出公告，催促利害关系人在60日内申报权利。现公示催告期间已满，无人向法院提出申报。依照《民事诉讼法》第222条、《民诉法解释》第452条规定，出票人中山市玺盛塑胶制品有限公司，票面金额空白的普通支票1张无效。

第二百三十条 【公告及期限】人民法院决定受理申请，应当同时通知支付人停止支付，并在三日内发出公告，催促利害关系人申报权利。公示催告的期间，由人民法院根据情况决定，但不得少于六十日。

第二百三十一条 【停止支付】支付人收到人民法院停止支付

〔1〕 参见广东省中山市第二人民法院(2021)粤2072民催222号。

的通知，应当停止支付，至公示催告程序终结。

公示催告期间，转让票据权利的行为无效。

第二百三十二条 【申报票据权利】利害关系人应当在公示催告期间向人民法院申报。

人民法院收到利害关系人的申报后，应当裁定终结公示催告程序，并通知申请人和支付人。

申请人或者申报人可以向人民法院起诉。

第二百三十三条 【公示催告判决】没有人申报的，人民法院应当根据申请人的申请，作出判决，宣告票据无效。判决应当公告，并通知支付人。自判决公告之日起，申请人有权向支付人请求支付。

第二百三十四条 【利害关系人起诉】利害关系人因正当理由不能在判决前向人民法院申报的，自知道或者应当知道判决公告之日起一年内，可以向作出判决的人民法院起诉。

第三编 执行程序

第十九章 一般规定

第二百三十五条 【执行根据、管辖】发生法律效力的民事判决、裁定，以及刑事判决、裁定中的财产部分，由第一审人民法院或者与第一审人民法院同级的被执行的财产所在地人民法院执行。

法律规定由人民法院执行的其他法律文书，由被执行人住所地或者被执行的财产所在地人民法院执行。

第二百三十六条 【对违法执行行为的异议】当事人、利害关系人认为执行行为违反法律规定的，可以向负责执行的人民法院提出书面异议。当事人、利害关系人提出书面异议的，人民法院应当自收到书面异议之日起十五日内审查，理由成立的，裁定撤销或者改正；理由不成立的，裁定驳回。当事人、利害关系人对裁定不服的，可以自裁定送达之日起十日内向上一级人民法院申请复议。

第二百三十七条 【变更执行法院】人民法院自收到申请执行书之日起超过六个月未执行的，申请执行人可以向上一级人民法院申请执行。上一级人民法院经审查，可以责令原人民法院在一定期限内执行，也可以决定由本院执行或者指令其他人民法院执行。

第二百三十八条 【案外人异议】执行过程中，案外人对执行标的提出书面异议的，人民法院应当自收到书面异议之日起十五日内审查，理由成立的，裁定中止对该标的的执行；理由不成立的，裁定驳回。案外人、当事人对裁定不服，认为原判决、裁定错误的，依照审判监督程序办理；与原判决、裁定无关的，可以自裁定送达之日起十五日内向人民法院提起诉讼。

第二百三十九条 【执行机构、程序】执行工作由执行员进行。

采取强制执行措施时，执行员应当出示证件。执行完毕后，应当将执行情况制作笔录，由在场的有关人员签名或者盖章。

人民法院根据需要可以设立执行机构。

第二百四十条 【委托执行】被执行人或者被执行的财产在外地的，可以委托当地人民法院代为执行。受委托人民法院收到委托函件后，必须在十五日内开始执行，不得拒绝。执行完毕后，应当将执行结果及时函复委托人民法院；在三十日内如果还未执行完毕，也应当将执行情况函告委托人民法院。

受委托人民法院自收到委托函件之日起十五日内不执行的，委托人民法院可以请求受委托人民法院的上级人民法院指令受委托人民法院执行。

第二百四十一条 【执行和解】在执行中，双方当事人自行和解达成协议的，执行员应当将协议内容记入笔录，由双方当事人签名或者盖章。

申请执行人因受欺诈、胁迫与被执行人达成和解协议，或者当事人不履行和解协议的，人民法院可以根据当事人的申请，恢复对原生效法律文书的执行。

第二百四十二条 【执行担保】在执行中，被执行人向人民法院提供担保，并经申请执行人同意的，人民法院可以决定暂缓执行及暂缓执行的期限。被执行人逾期仍不履行的，人民法院有权执行被执行人的担保财产或者担保人的财产。

第二百四十三条　【执行承担】作为被执行人的公民死亡的，以其遗产偿还债务。作为被执行人的法人或者其他组织终止的，由其权利义务承受人履行义务。

第二百四十四条　【执行回转】执行完毕后，据以执行的判决、裁定和其他法律文书确有错误，被人民法院撤销的，对已被执行的财产，人民法院应当作出裁定，责令取得财产的人返还；拒不返还的，强制执行。

第二百四十五条　【调解书执行】人民法院制作的调解书的执行，适用本编的规定。

第二百四十六条　【民事执行法律监督】人民检察院有权对民事执行活动实行法律监督。

第二十章　执行的申请和移送

第二百四十七条　【申请执行和移送执行】发生法律效力的民事判决、裁定，当事人必须履行。一方拒绝履行的，对方当事人可以向人民法院申请执行，也可以由审判员移送执行员执行。

调解书和其他应当由人民法院执行的法律文书，当事人必须履行。一方拒绝履行的，对方当事人可以向人民法院申请执行。

第二百四十八条　【仲裁裁决执行】对依法设立的仲裁机构的裁决，一方当事人不履行的，对方当事人可以向有管辖权的人民法院申请执行。受申请的人民法院应当执行。

被申请人提出证据证明仲裁裁决有下列情形之一的，经人民法院组成合议庭审查核实，裁定不予执行：

（一）当事人在合同中没有订有仲裁条款或者事后没有达成书面仲裁协议的；

（二）裁决的事项不属于仲裁协议的范围或者仲裁机构无权仲裁的；

（三）仲裁庭的组成或者仲裁的程序违反法定程序的；

（四）裁决所根据的证据是伪造的；

（五）对方当事人向仲裁机构隐瞒了足以影响公正裁决的证据的；

（六）仲裁员在仲裁该案时有贪污受贿，徇私舞弊，枉法裁决行为的。

人民法院认定执行该裁决违背社会公共利益的，裁定不予执行。

裁定书应当送达双方当事人和仲裁机构。

仲裁裁决被人民法院裁定不予执行的，当事人可以根据双方达成的书面仲裁协议重新申请仲裁，也可以向人民法院起诉。

第二百四十九条 【公证债权文书执行】对公证机关依法赋予强制执行效力的债权文书，一方当事人不履行的，对方当事人可以向有管辖权的人民法院申请执行，受申请的人民法院应当执行。

公证债权文书确有错误的，人民法院裁定不予执行，并将裁定书送达双方当事人和公证机关。

第二百五十条 【申请执行期限】申请执行的期间为二年。申请执行时效的中止、中断，适用法律有关诉讼时效中止、中断的规定。

前款规定的期间，从法律文书规定履行期间的最后一日起计算；法律文书规定分期履行的，从最后一期履行期限届满之日起计算；法律文书未规定履行期间的，从法律文书生效之日起计算。

条文解读

本条是关于申请执行期限的规定。

一、申请执行时效的含义

申请执行时效，是当事人申请人民法院对具有执行内容的生效法律文书进行执行的保护期限。根据本条规定，申请执行的期限为 2 年，不同于 1991 年《民事诉讼法》规定的 1 年或 6 个月短期申请执行时限，2 年的申请执行期限有利于保护权利人这一执行时效的受益者。但这并不意味着债权人可以“躺在权利上睡觉”，申请执行人必须严格遵守2年的申请执行期限规定。在义务人不主动履行生效法律文书的情况下，为了保护自己的合法权益，权利人可以在期限届满前向法院申请执行。

《民法典》第188条中规定：“向人民法院请求保护民事权利的诉讼时效期间为三年。”在《民法典》出台之后，是否有必要对应诉讼时效期间来修改执行时效期间？学者们对于本条规定的申请执行时效是否为诉讼时效在执行程序中的体现存在不同的观点，但由于2021年《民事诉讼法》本着“对标民法典，修改完善民事案件申请执行时效制度”这一理念，已经对分期履行的起算点进行了修改，与《民法典》规定的“自最后一期履行期限届满之日起计算”相一致。因此，如果将来修改申请执行的期间为3年，则有利于避免出现申请执行期间与普通诉讼时效期间这两种制度不一致的情况，以保持逻辑的一贯性。

二、申请执行时效中止、中断的事由以及法律效果

就申请执行时效的中止而言，根据《最高人民法院关于适用〈中华人民共和国民事诉讼法〉执行程序若干问题的解释》第19条的规定，在申请执行时效期间的最后6个月内，因不可抗力或者其他障碍不能行使请求权的，申请执行时效中止。从中止时效的原因消除之日起，申请执行时效期间继续计算。具体来讲，不可抗力是指不能预见、不能避免并不能克服的客观情况，而“其他障碍”情形可以参照《民法典》第194条第1款第2～5项的规定予以适用。

就申请执行时效的中断而言，根据《最高人民法院关于适用〈中华人民共和国民事诉讼法〉执行程序若干问题的解释》第20条的规定，申请执行时效因申请执行、当事人双方达成和解协议、当事人一方提出履行要求或者同意履行义务而中断。从中断时起，申请执行时效期间重新计算。例如，如果债务人提出分期履行、部分履行、提供担保等，可以认定为当事人同意履行义务，产生申请执行时效中断的效力。

三、申请执行期间的起算点

根据本条规定，申请执行的期间从法律文书规定履行期间的最后一日起计算；若为分期履行，则从最后一期履行期限届满之日起计算。但是，2017年《民事诉讼法》规定，分期履行申请执行的期间从规定的每次履行期间的最后一日起计算。之所以进行修改，是为了与《民法典》的相关规定保持一致。《民法典》第189条规定，“当事人约定同一债务分期履行的，诉讼时效期间自最后一期履行期限届满之日起计算”。因此，立法者为了维护既存法律秩序的安定，修改了分期履行情况下申请执行期间的起算点。

四、超过申请执行时效申请执行的法律后果

根据《民诉法解释》第481条的规定，申请执行人超过申请执行时效期间向人民法院申请强制执行的，人民法院应予受理。被执行人对申请执行时效期间提出异议，人民法院经审查异议成立的，裁定不予执行。被执行人履行全部或者部分义务后，又以不知道申请执行时效期间届满为由请求执行回转的，人民法院不予支持。据此，一方面，申请执行人超过执行时效期间申请强制执行，法院应当依法受理。与诉讼时效相一致，法院不得主动释明申请执行时效期间，也不得主动适用执行时效期间的规定进行裁判。另一方面，在债权人超过执行时效期间申请强制执行的情况下，法律也赋予了债务人相应的救济方式。根据《最高人民法院关于人民法院办理执行异议和复议案件若干问题的规定》第1条的规定，债务人应当以书面形式提出异议，要求裁定不予执行。因此，法院对申请执行时效期间是否届满的审查应当以被执行人提出异议为前提。

适用要点

抵押权的执行期限受主债权执行期限的限制。一方面，抵押权具有

从属性,其成立、变更和消灭均从属于主债权,抵押权的执行期限与主债权的申请执行期限相一致,法律后果相同;另一方面,我国现行法律没有对抵押权的强制执行申请权作出特别规定,基于抵押权的从属性,抵押权的执行期限受主债权执行申请期限的限制。

案例指引

李某对申请执行时效期间提出异议案[1]

要旨:申请执行时效期间,又称申请执行期限、执行时效,是人民法院依国家强制力对生效法律文书所确认的执行债权保护的期限,即根据生效法律文书享有权利的一方当事人,在对方当事人拒绝履行义务时向人民法院申请强制执行的期限。法律规定申请执行时效期间的目的,在于促使当事人及时行使生效法律文书所确认的权利,促使生效法律文书所确定的内容及早实现,尽快稳定交易秩序,加速民事流转,促进社会发展。《最高人民法院关于人民法院执行工作若干问题的规定(试行)》第18条将"在法定期限内提出申请"规定为法院受理执行案件的必要条件。我国立法上对消灭时效期间届满的法律效果采抗辩权发生主义,即消灭时效援引与否应首先取决于义务人是否以此作为抗辩理由,如果义务人不以消灭时效抗辩,那么法院不主动审查时效问题,更不主动援引时效驳回原告的执行请求。申请执行时效期间的性质为消灭时效,不再由法院主动加以审查,而是视被执行人是否就期间届满问题提出异议而定。执行法院(2011)芙民初字第1120号民事判决生效后,李某已在申请执行时效期限内申请执行了两次。第三次没有在申请执行时效期限内申请执行,且没有提供证据证明有时效的中止、中断法定情形。故异议人的异议理由成立,依法应当裁定不予执行。

---

[1] 参见湖南省长沙市中级人民法院(2017)湘01执复58号。

第二百五十一条　【执行通知】执行员接到申请执行书或者移交执行书，应当向被执行人发出执行通知，并可以立即采取强制执行措施。

第二十一章　执 行 措 施

第二百五十二条　【被执行人报告义务】被执行人未按执行通知履行法律文书确定的义务,应当报告当前以及收到执行通知之日前一年的财产情况。被执行人拒绝报告或者虚假报告的,人民法院可以根据情节轻重对被执行人或者其法定代理人、有关单位的主要负责人或者直接责任人员予以罚款、拘留。

第二百五十三条　【查询、扣押、冻结、划拨、变价金融资产】被执行人未按执行通知履行法律文书确定的义务,人民法院有权向有关单位查询被执行人的存款、债券、股票、基金份额等财产情况。人民法院有权根据不同情形扣押、冻结、划拨、变价被执行人的财产。人民法院查询、扣押、冻结、划拨、变价的财产不得超出被执行人应当履行义务的范围。

人民法院决定扣押、冻结、划拨、变价财产,应当作出裁定,并发出协助执行通知书,有关单位必须办理。

第二百五十四条　【扣留、提取收入】被执行人未按执行通知履行法律文书确定的义务,人民法院有权扣留、提取被执行人应当履行义务部分的收入。但应当保留被执行人及其所扶养家属的生活必需费用。

人民法院扣留、提取收入时,应当作出裁定,并发出协助执行通知书,被执行人所在单位、银行、信用合作社和其他有储蓄业务的单位必须办理。

第二百五十五条 【查封、扣押、冻结、拍卖、变卖被执行人财产】被执行人未按执行通知履行法律文书确定的义务，人民法院有权查封、扣押、冻结、拍卖、变卖被执行人应当履行义务部分的财产。但应当保留被执行人及其所扶养家属的生活必需品。

采取前款措施，人民法院应当作出裁定。

第二百五十六条 【查封、扣押财产程序】人民法院查封、扣押财产时，被执行人是公民的，应当通知被执行人或者他的成年家属到场；被执行人是法人或者其他组织的，应当通知其法定代表人或者主要负责人到场。拒不到场的，不影响执行。被执行人是公民的，其工作单位或者财产所在地的基层组织应当派人参加。

对被查封、扣押的财产，执行员必须造具清单，由在场人签名或者盖章后，交被执行人一份。被执行人是公民的，也可以交他的成年家属一份。

第二百五十七条 【查封财产保管】被查封的财产，执行员可以指定被执行人负责保管。因被执行人的过错造成的损失，由被执行人承担。

第二百五十八条 【拍卖、变卖财产】财产被查封、扣押后，执行员应当责令被执行人在指定期间履行法律文书确定的义务。被执行人逾期不履行的，人民法院应当拍卖被查封、扣押的财产；不适于拍卖或者当事人双方同意不进行拍卖的，人民法院可以委托有关单位变卖或者自行变卖。国家禁止自由买卖的物品，交有关单位按照国家规定的价格收购。

第二百五十九条 【搜查被执行人财产】被执行人不履行法律文书确定的义务，并隐匿财产的，人民法院有权发出搜查令，对被执行人及其住所或者财产隐匿地进行搜查。

采取前款措施，由院长签发搜查令。

第二百六十条 【指定交付】法律文书指定交付的财物或者票证，由执行员传唤双方当事人当面交付，或者由执行员转交，并由被交付人签收。

有关单位持有该项财物或者票证的，应当根据人民法院的协助执行通知书转交，并由被交付人签收。

有关公民持有该项财物或者票证的，人民法院通知其交出。拒不交出的，强制执行。

第二百六十一条 【强制迁出】强制迁出房屋或者强制退出土地，由院长签发公告，责令被执行人在指定期间履行。被执行人逾期不履行的，由执行员强制执行。

强制执行时，被执行人是公民的，应当通知被执行人或者他的成年家属到场；被执行人是法人或者其他组织的，应当通知其法定代表人或者主要负责人到场。拒不到场的，不影响执行。被执行人是公民的，其工作单位或者房屋、土地所在地的基层组织应当派人参加。执行员应当将强制执行情况记入笔录，由在场人签名或者盖章。

强制迁出房屋被搬出的财物，由人民法院派人运至指定处所，交给被执行人。被执行人是公民的，也可以交给他的成年家属。因拒绝接收而造成的损失，由被执行人承担。

第二百六十二条 【财产权证照转移】在执行中，需要办理有关财产权证照转移手续的，人民法院可以向有关单位发出协助执行通知书，有关单位必须办理。

第二百六十三条 【对行为执行】对判决、裁定和其他法律文书指定的行为，被执行人未按执行通知履行的，人民法院可以强制执行或者委托有关单位或者其他人完成，费用由被执行人承担。

第二百六十四条 【迟延履行】被执行人未按判决、裁定和其他法律文书指定的期间履行给付金钱义务的，应当加倍支付迟延履行期间的债务利息。被执行人未按判决、裁定和其他法律文书指定的期间履行其他义务的，应当支付迟延履行金。

第二百六十五条 【继续履行】人民法院采取本法第二百五十三条、第二百五十四条、第二百五十五条规定的执行措施后，被执行人仍不能偿还债务的，应当继续履行义务。债权人发现被执行人有其他财产的，可以随时请求人民法院执行。

第二百六十六条 【对被执行人的限制措施】被执行人不履行法律文书确定的义务的，人民法院可以对其采取或者通知有关单位协助采取限制出境，在征信系统记录、通过媒体公布不履行义务信息以及法律规定的其他措施。

第二十二章　执行中止和终结

第二百六十七条　【执行中止】有下列情形之一的，人民法院应当裁定中止执行：

（一）申请人表示可以延期执行的；

（二）案外人对执行标的提出确有理由的异议的；

（三）作为一方当事人的公民死亡，需要等待继承人继承权利或者承担义务的；

（四）作为一方当事人的法人或者其他组织终止，尚未确定权利义务承受人的；

（五）人民法院认为应当中止执行的其他情形。

中止的情形消失后，恢复执行。

第二百六十八条　【执行终结】有下列情形之一的，人民法院裁定终结执行：

（一）申请人撤销申请的；

（二）据以执行的法律文书被撤销的；

（三）作为被执行人的公民死亡，无遗产可供执行，又无义务承担人的；

（四）追索赡养费、扶养费、抚养费案件的权利人死亡的；

（五）作为被执行人的公民因生活困难无力偿还借款，无收入

来源,又丧失劳动能力的;

(六)人民法院认为应当终结执行的其他情形。

条文解读

本条是关于执行终结的规定。

2021年《民事诉讼法》并未对本条进行实质性修改,将“抚育费”变更为“抚养费”,是在《民法典》出台后根据其相关内容进行的配套性调整。

一、执行终结的相关概念及意义

执行终结,是指在民事执行程序中,由于出现法定特殊事由,执行机关对于没有必要执行或者不可能继续实施执行而结束民事执行程序的制度。由此可见,执行终结意味着执行程序不再继续,原则上不再恢复执行,因此执行终结具有防止执行案件拖延、减少积案的发生以及提高执行效率的特点。

此处需要厘清与执行终结相关的几个概念:(1)终结本次执行程序,是指被执行人无财产可供执行或者发现的财产不能处置的,由人民法院暂时中止执行程序并作结案处理,之后若发现可供执行财产再继续恢复执行的一项制度。其与执行终结的不同之处在于终结本次执行不是彻底的执行终结,是暂时性地退出,即执行程序还可以恢复或重新启动。(2)执行程序终结,包括执行完毕、终结执行、销案、不予执行和驳回申请五种情形,但不包含前述的终结本次执行程序。其中执行完毕是指生效法律文书确定的执行内容经被执行人自动履行、由人民法院强制执行生效法律文书的内容已经全部执行,或者当事人达成执行和解协议,且执行和解协议履行完毕。因此,终结执行与执行完毕有所不同,执行终结后申请执行人的目的并未完全实现。以“销案”方式结案的情形有:①被执行人提出管辖异议，经审查异议成立，将案件移送有管辖权的法院或申请执行人撤回申请的；②发现其他有管辖权的人民法院已经立案在先的；③受托法院报经高级人民法院同意退回委托的。不予执行是指执行立案后，被执行人对仲裁裁决或公证债权文书提出不予执行申请，人民法院经审查裁定不予执行。驳回申请是指执行实施案件立案后，经审查发现不符合《最高人民法院关于人民法院执行工作若干问题的规定（试行）》第16条规定的受理条件，裁定驳回申请的情形。

二、人民法院裁定终结执行的情形

人民法院裁定终结执行的情形如下：(1)申请人撤销申请的。由于向有管辖权的人民法院申请执行是当事人依法享有的重要权利，因此在法律允许的范围内，申请执行人有权以自己的意志处分其合法权益以撤销执行申请。此时，执行程序再继续已毫无意义，法院应当终结执行。(2)据以执行的法律文书被撤销的。此处的生效法律文书是指执行根据，主要包括以下几种类型：①生效的法院民事、行政判决、裁定、调解书，刑事附带民事判决、裁定、调解书，支付令。②我国仲裁机构作出的仲裁裁决和调解书。③公证机关依法赋予强制执行效力的债权文书。④经人民法院裁定，承认其效力的外国法院作出的判决、裁定，以及国外仲裁机构作出的仲裁裁决。⑤法律规定由人民法院执行的其他法律文书。(3)作为被执行人的公民死亡，无遗产可供执行，又无义务承担人的。(4)追索赡养费、扶养费、抚养费案件的权利人死亡的。赡养费、扶养费、抚养费涉及特定人身关系，属于与人身有关的专属性财产权。此种专属性决定了权利主体消灭后，则该权利也随之消灭，义务人的义务即不存在，因此应当终结执行。(5)作为被执行人的公民因生活困难无力偿还借款，无收入来源，又丧失劳动能力的。即被执行人没有收入，没有劳动能力，也没有有效的可供执行财产。(6)人民法院认为应当终结执行的其他情形。

除此之外，《最高人民法院关于执行案件立案、结案若干问题的意见》

第17条第1款规定以“终结执行”方式结案的情形有:(1)申请人撤销申请或者是当事人双方达成执行和解协议,申请执行人撤回执行申请的;(2)据以执行的法律文书被撤销的;(3)作为被执行人的公民死亡,无遗产可供执行,又无义务承担人的;(4)追索赡养费、扶养费、抚育费案件的权利人死亡的;(5)作为被执行人的公民因生活困难无力偿还借款,无收入来源,又丧失劳动能力的;(6)作为被执行人的企业法人或其他组织被撤销、注销、吊销营业执照或者歇业、终止后既无财产可供执行,又无义务承受人,也没有能够依法追加变更执行主体的;(7)依照《刑法》第53条规定免除罚金的;(8)被执行人被人民法院裁定宣告破产的;(9)行政执行标的灭失的;(10)案件被上级人民法院裁定提级执行的;(11)案件被上级人民法院裁定指定由其他法院执行的;(12)按照《最高人民法院关于委托执行若干问题的规定》,办理了委托执行手续,且收到受托法院立案通知书的;(13)人民法院认为应当终结执行的其他情形。

适用要点

执行终结后可以再恢复执行主要有以下情形:(1)申请执行人因受欺诈、胁迫与被执行人达成和解协议,申请恢复执行原生效法律文书的;(2)一方当事人不履行或不完全履行执行和解协议,对方当事人申请恢复执行原生效法律文书的;(3)执行实施案件以裁定终结本次执行程序方式报结后,如发现被执行人有财产可供执行,申请执行人申请或者人民法院依职权恢复执行的;(4)执行实施案件因委托执行结案后,确因委托不当被已立案的受托法院退回委托的;(5)依照《民事诉讼法》的规定而终结执行的案件,申请执行的条件具备时,申请执行人申请恢复执行的。

案例指引

丹东益阳投资有限公司申请丹东市中级人民法院错误执行国家赔偿案[1]

要旨：最高人民法院赔偿委员会认为，执行程序终结不是国家赔偿程序启动的绝对标准。一般来讲，执行程序只有终结以后，才能确定错误执行行为给当事人造成的损失数额，才能避免执行程序和赔偿程序之间的并存交叉，也才能对赔偿案件在穷尽其他救济措施后进行终局性的审查处理。但是，这种理解不应当绝对化和形式化，应当从实质意义上进行理解。在人民法院执行行为长期无任何进展、也不可能再有进展，被执行人实际上已经彻底丧失清偿能力，申请执行人等已因错误执行行为遭受无法挽回的损失的情况下，应当允许其提出国家赔偿申请。否则，有错误执行行为的法院只要不作出执行程序终结的结论，国家赔偿程序就不能启动，这样理解与《国家赔偿法》以及相关司法解释的目的是背道而驰的。本案中，丹东中院的执行行为已经长达11年没有任何进展，其错误执行行为亦已被证实给益阳公司造成了无法通过其他渠道挽回的实际损失，故应依法承担国家赔偿责任。辽宁高院赔偿委员会以执行程序尚未终结为由决定驳回益阳公司的赔偿申请，属于适用法律错误，应予纠正。

第二百六十九条　【中止、终结裁定效力】中止和终结执行的裁定，送达当事人后立即生效。

〔1〕 参见最高人民法院(2018)最高法委赔提3号。

第四编　涉外民事诉讼程序的特别规定

第二十三章　一般原则

第二百七十条　【适用本国法】在中华人民共和国领域内进行涉外民事诉讼，适用本编规定。本编没有规定的，适用本法其他有关规定。

第二百七十一条　【国际条约优先】中华人民共和国缔结或者参加的国际条约同本法有不同规定的，适用该国际条约的规定，但中华人民共和国声明保留的条款除外。

第二百七十二条　【外交特权与豁免】对享有外交特权与豁免的外国人、外国组织或者国际组织提起的民事诉讼，应当依照中华人民共和国有关法律和中华人民共和国缔结或者参加的国际条约的规定办理。

第二百七十三条　【语言文字】人民法院审理涉外民事案件，应当使用中华人民共和国通用的语言、文字。当事人要求提供翻译的，可以提供，费用由当事人承担。

第二百七十四条　【中国律师代理】外国人、无国籍人、外国企业和组织在人民法院起诉、应诉，需要委托律师代理诉讼的，必须委托中华人民共和国的律师。

第二百七十五条 【公证和认证】在中华人民共和国领域内没有住所的外国人、无国籍人、外国企业和组织委托中华人民共和国律师或者其他人代理诉讼，从中华人民共和国领域外寄交或者托交的授权委托书，应当经所在国公证机关证明，并经中华人民共和国驻该国使领馆认证，或者履行中华人民共和国与该所在国订立的有关条约中规定的证明手续后，才具有效力。

第二十四章　管　　辖

第二百七十六条　【涉外民事案件的管辖权】因涉外民事纠纷，对在中华人民共和国领域内没有住所的被告提起除身份关系以外的诉讼，如果合同签订地、合同履行地、诉讼标的物所在地、可供扣押财产所在地、侵权行为地、代表机构住所地位于中华人民共和国领域内的，可以由合同签订地、合同履行地、诉讼标的物所在地、可供扣押财产所在地、侵权行为地、代表机构住所地人民法院管辖。

除前款规定外，涉外民事纠纷与中华人民共和国存在其他适当联系的，可以由人民法院管辖。

条文对照

2021 年《民事诉讼法》	2023 年《民事诉讼法》
第二百七十二条　因**合同纠纷或者其他财产权益纠纷**，对在中华人民共和国领域内没有住所的被告提起的诉讼，如果**合同在中华人民共和国领域内签订或者履行，或者诉讼标的物在中华人民共和国领域内，或者被告在中华人民共和国领域内有可供扣押的财产，或**	第二百七十六条　因**涉外民事**纠纷，对在中华人民共和国领域内没有住所的被告提起**除身份关系以外**的诉讼，如果**合同签订地、合同履行地、诉讼标的物所在地、可供扣押财产所在地、侵权行为地、代表机构住所地位于中华人民共和国领域内的**，可以由合同签订

续表

2021 年《民事诉讼法》	2023 年《民事诉讼法》
者被告在中华人民共和国领域内设有代表机构，可以由合同签订地、合同履行地、诉讼标的物所在地、可供扣押财产所在地、侵权行为地或者代表机构住所地人民法院管辖。	地、合同履行地、诉讼标的物所在地、可供扣押财产所在地、侵权行为地、代表机构住所地人民法院管辖。 **除前款规定外，涉外民事纠纷与中华人民共和国存在其他适当联系的，可以由人民法院管辖。**

条文解读

本条是关于涉外民事案件管辖权的规定。

在涉外民事诉讼案件中，首先要解决的问题就是该涉外案件应当由谁来管辖，也即某国或者某地区法院是否具有处理该国际民事争议的资格。涉外民事诉讼管辖，是我国人民法院审理涉外民事案件的分工和权限，解决的是我国人民法院对于涉外民事案件是否具有管辖权、能否进行审判的问题。由于案件属于涉外性质，所以由不同国家法院审理会产生不同的裁判结果。因此，涉外民事案件的管辖权与国内一般民事诉讼案件的管辖权存在一些区别。涉外民事案件的管辖权既涉及我国公民合法的民事权益是否能够得到保护的问题，也牵涉国家主权能否得到维护的问题。据此，在确定涉外民事案件的管辖权问题上，各国都力争本国法院获得更大的管辖范围。在确定涉外民事案件管辖原则时，需要考虑维护国家主权、意思自治、便利管辖法院审理、以减少冲突为目的的国际协调等多重因素。

在涉外民事诉讼案件中，我国一般地域管辖规则是以被告住所地为管辖法院。如果涉外案件的被告在我国境内有住所，那么无论其是否具有中国国籍，我国法院均享有管辖权。被告的住所地与经常居住地不一致的，只要其经常居住地在我国境内的，我国法院也享有管辖权。对于因涉外民事纠纷而向在我国境内没有住所的被告提起的除身份关系以外的诉讼,适用本条法律规定的特殊地域管辖规则。

各国法院在处理涉外民事案件管辖权问题上,大多实行国家主权原则,同时又要兼顾与本国具有的某种连接点。确定管辖权通常实行属人原则、属地原则、实际控制原则。我国针对涉外民事案件的管辖主要依照属地管辖原则,要求在我国境内进行的涉外民事诉讼,适用《民事诉讼法》的相关规定。同时又注重涉外案件与我国的实际联系。根据本条规定,与我国具有实际联系的诉讼,我国都享有案件管辖权。对于在我国没有居住地的被告关于非身份关系的民事诉讼,管辖法院具体如下:

第一,如果当事人之间的合同的签订地或者合同的履行地在我国境内的,由合同签订地、合同履行地的人民法院管辖。

第二,如果诉讼标的物在我国境内的,由诉讼标的物所在地的人民法院管辖。

第三,如果被告有财产在我国境内可以扣押的,由可供扣押财产所在地的人民法院管辖。

第四,如果侵权行为发生在我国境内的,由侵权行为发生地的人民法院管辖。

第五,如果被告在我国境内设有代表机构,由被告代表机构住所地的人民法院管辖。

2023 年《民事诉讼法》对本条的修改主要集中在两个方面。一方面,将"因合同纠纷或者其他财产权益纠纷"改为"除身份关系以外"的涉外民事纠纷,不再将我国涉外民事案件的管辖权限制在合同和财产性纠纷之列,扩张了我国涉外案件的管辖范围。另一方面,增设了"其他适当联系"作为管辖依据。本条第 2 款规定,除第 1 款规定之外的与我国存在其他适当联系的争议,我国法院也享有管辖权。此规定完善了"适当联系地管辖"的管辖规则,为我国公民和法人等回国诉讼奠定了基础。

适用要点

本条主要规定了我国涉外民事案件的管辖范围和类型。除了已经明确规定的位于我国境内的合同签订地、合同履行地、诉讼标的物所在地、可供扣押财产所在地、侵权行为发生地或者代表机构住所地外，还规定了“其他适当联系”地的管辖权，这里的适当联系地包括货物装载地、货物运输目的地、登记注册地等。需要注意的是，根据我国《海事诉讼特别程序法》的规定，当事人双方均非我国公民或企业，若当事人书面协议选择了我国海事法院管辖，即使该案件实际联系地不在我国境内，我国法院也有权管辖该案件。

案例指引

东亚泛海国际商务咨询（北京）有限公司与西班牙商业银行股份有限公司信用证纠纷案〔1〕

要旨：根据《民事诉讼法》相关规定，因为合同纠纷或者其他财产权益纠纷，对在我国境内没有住所的被告提起诉讼，若被告有代表机构住所地在我国境内，代表机构住所地的人民法院享有管辖权。本案中，原被告双方因案涉信用证的付款问题发生纠纷，属于其他财产权益纠纷的范畴，且被告西班牙商业银行股份有限公司在我国境内没有住所，但是其代表机构西班牙商业银行股份有限公司北京代表处在我国境内，位于北京市东城区。此外，原被告双方之间不存在相关协议管辖或仲裁条款的约定，案件的标的额也不超出北京市高级人民法院指定北京市东城区人民法院管辖部分第一审涉外民商事案件的标的限额。因此，本案由北京市东城区人民法院管辖。

---

〔1〕 参见北京市东城区人民法院（2016）京0101民初1929号。

第二百七十七条 【涉外案件的协议管辖】涉外民事纠纷的当事人书面协议选择人民法院管辖的,可以由人民法院管辖。

条文对照

2021 年《民事诉讼法》	2023 年《民事诉讼法》
无	**第二百七十七条 涉外民事纠纷的当事人书面协议选择人民法院管辖的,可以由人民法院管辖。**

条文解读

本条是关于涉外民事案件协议管辖的规定,为 2023 年《民事诉讼法》新增条文。

协议管辖,是指当事人在纠纷发生前或者纠纷发生后,以书面形式协议选择管辖法院的一种制度。2007 年《民事诉讼法》将协议管辖规定在"涉外民事诉讼程序的特别规定"中,涉外合同或者财产权益纠纷的当事人可以书面选择与案件有实际联系地的法院管辖,但不得违反专属管辖和级别管辖的规定。2012 年《民事诉讼法》将涉外协议管辖与国内协议管辖的内容相统一。2015 年《民诉法解释》规定,若管辖协议中约定两个以上与争议有实际联系的法院,当事人可以择一提起诉讼。2023 年《民事诉讼法》再次将涉外案件的协议管辖单独规定在涉外民事诉讼程序中,并且与国内协议管辖的规定有所不同。相较于国内协议管辖的规定,涉外民事案件的协议管辖不要求与案件具有实际联系,而国内协议管辖的范围限定在与案件具有实际联系地的法院。

协议管辖是意思自治原则在民事诉讼程序上的具体体现,也是处分权原则在管辖领域的表达。涉外协议管辖必须符合以下几个条件:

第一,当事人协议管辖要采取书面形式,口头约定的管辖协议无效。

书面形式可以是当事人在合同订立时就约定的协议管辖条款，专门的管辖协议，当事人之间在产生纠纷后再约定并记录下来的协议，双方在交涉或沟通过程中来往的书信、电子邮件、微信聊天记录等。

第二，不得违反我国对级别管辖和专属管辖的规定，即在级别管辖和专属管辖的范围内选择管辖法院。虽然本条没有规定"涉外协议管辖不得违反级别管辖和专属管辖的规定"，但并不代表涉外协议管辖不受专属管辖和级别管辖的限制。专属管辖指的是对于某些特定类型的案件，管辖权只能交由特定的法院，其他法院无管辖权。专属管辖具有排他性和强制性，当事人针对属于专属管辖范畴的案件订立的管辖协议无效。因为案件的性质、繁简程度、影响范围和诉讼标的额均存在不同，所以立法对于级别管辖有着严格的规定。虽然各级法院均可以受理第一审案件，但是每一级法院有自己独特的分工和权限，涉外案件也应当遵守级别管辖的规定。

第三，从审级上来讲，协议管辖只适用于第一审民事案件，二审、再审、重审案件均不适用协议管辖的规定。管辖只能针对第一审程序，第二审法院只能是第一审法院的上一级法院，不可以任由当事人进行约定。

在2023年《民事诉讼法》修改之前，国内和涉外民事诉讼中的协议管辖都需要与"实际联系地"有关。"实际联系原则"体现出我国协议管辖规定设置上的谨慎性，但是该原则的规定实际上限制了我国涉外民事案件当事人对管辖的选择，容易造成当事人无法选择有利于自己的法院或者中立法院进行案件审判，在一定程度上对经济发展产生了限制。从根本上看，涉外民事诉讼与国内普通民事诉讼之间存在差异。涉外民事案件牵扯到的关系远比国内民事案件复杂，案件当事人需要在不同法系的国家之间选择双方均信任的地域及法院来审理他们之间的纠纷。若将协议管辖的范围限制在与案件有"实际联系"，可能会无法契合当事人的需求，进而造成当事人的利益损失。放开对于"实际联系原则"的限制，给予当事人更大的选择范围和空间，也更加贴合国际民商事诉讼的现实。

适用要点

合同转让的，合同中协议约定的管辖条款依旧有效，对合同受让人发生效力。但若受让人在合同转让时不知道有管辖协议的，对其不发生效力。若转让协议对协议管辖问题另有约定且原合同相对人同意的，则协议管辖规定不约束合同受让人。

案例指引

德国亚欧交流有限责任公司与绥芬河市青云经贸有限公司合作协议纠纷案〔1〕

要旨：涉外合同中当事人已约定若双方当事人之间争议的管辖法院为合同签订地法院，后在另一地点签订了补充协议，因为补充协议并未修改原合同中的管辖协议条款，所以双方当事人之间争议的管辖法院不因补充协议的签订而改变，当事人之间争议的管辖法院仍为原合同签订地法院。被告认为，双方合同中约定了出现纠纷由合同签订地法院管辖，该合同签订地法院享有管辖权。补充协议是双方合作协议的组成部分，所以补充协议签订地的法院同时也拥有该案的管辖权。法院认为，原被告之间的协议管辖符合我国关于涉外协议管辖的规定，该管辖条款有效。本案并不是当事人之间签订合作协议存在多个签字地点应如何认定协议签订地的问题，而应该是当事人选择了管辖法院后该管辖条款是否有效以及当事人是否变更了管辖条款的问题。本案中的原被告双方签订协议时，明确了该协议的管辖法院为签订地法院。即使当事人随后又在另外一地对合作协议进行了补充，但补充协议没有修改管辖条款。因此，合作协议中的管辖条款对本案双方当事人具有约束力。故裁定驳回被告的管辖权异议。

〔1〕 参见最高人民法院(2006)民四终字第8号。

第二百七十八条　【涉外应诉管辖】当事人未提出管辖异议，并应诉答辩或者提出反诉的，视为人民法院有管辖权。

条文对照

2021 年《民事诉讼法》	2023 年《民事诉讼法》
无	**第二百七十八条　当事人未提出管辖异议，并应诉答辩或者提出反诉的，视为人民法院有管辖权。**

条文解读

本条是关于涉外民事案件应诉管辖的规定。

应诉管辖，又称默认管辖、默示管辖、拟制合意管辖，是指被告面对原告起诉直接应诉产生的管辖。应诉答辩是当事人默认起诉法院管辖的一种外在表现形式，通过出庭应诉答辩或者提起反诉来推定被告对原告起诉法院管辖权的默认。应诉管辖制度是通过被告不提出管辖权异议并且应诉答辩的行为，对其进行法律评价并产生特定的法律效果——法院获得管辖权。制定这一制度的目的是防止被告恶意随时提起管辖权异议。此外，应诉管辖制度对于节省司法资源、提升诉讼效率具有积极意义。

一、我国涉外应诉管辖的历史演进

1991 年《民事诉讼法》第 245 条规定了涉外案件应诉管辖，涉外民事案件的被告对于人民法院的管辖不提出异议并应诉答辩的，视为该法院具有管辖权。1991 年《民事诉讼法》的应诉管辖仅规定在涉外民事诉讼特别程序部分，也即只有涉外的民事案件才能适用。2007 年《民事诉讼法》第 243 条延续了 1991 年《民事诉讼法》的规定。2012 年《民事诉讼法》将采取推定模式的涉外民事案件应诉管辖规则拓展至所有的民事案件，并且删除了涉外民事诉讼程序中的应诉管辖规则。2015 年《民诉法解释》第 223 条补充了应诉管辖的相关规则，若当事人在提交答辩状期间提出管辖异议，又针对起诉状的内容进行答辩的，人民法院应当对该管辖异议进行审查；若当事人仅针对实体内容进行答辩、陈述或者反诉，而未对管辖提出异议的，可认定为应诉答辩。2023 年《民事诉讼法》再次将涉外民事案件的应诉管辖规定在涉外程序中。

二、构成涉外应诉管辖的要件

（一）涉外应诉管辖的积极要件

涉外应诉管辖的积极要件是被告对原告的起诉在案件受理之后应诉进行答辩或者提出反诉。这里的“应诉答辩”，指的是当事人到法院参加诉讼，并就案件实体问题进行陈诉与答辩，如被告向法院提交答辩状。因为本诉是反诉存在的前提，故当被告提起反诉时，也视为受诉法院对本诉具有管辖权。

（二）涉外应诉管辖的消极要件

涉外应诉管辖的消极要件是被告对中华人民共和国人民法院管辖未提出管辖权异议。提出管辖权异议的时间为被告收到起诉状副本之日起 15 日之内。如果在收到起诉状副本 15 日之内未提出管辖权异议，或者以书面或口头的方式表明接受法院管辖的，就可以视为当事人自动放弃了对管辖权提出异议的权利。

三、对于既提出管辖权异议又应诉答辩的处理

司法实践中，若被告只提出管辖权异议，不构成应诉管辖。若被告未提出管辖权异议同时进行应诉答辩的，才构成应诉管辖。但是，实践中被告除了提出管辖权异议之外，还会伴有其他行为，如抗辩不方便法院、申请延长答辩期限、提交答辩状、申请专家证人出庭等。这些行为是否应当视为对于法院管辖的承认，给应诉管辖的认定也带来了一定的困难。

根据《民事诉讼法》第 130 条的规定，被告在答辩期限届满前提出管

辖权异议,人民法院会对此异议进行审查,若异议成立,则移送给有管辖权的人民法院。若异议不成立,则裁定驳回。由此可见,我国立法强调应诉管辖制度构成条件的必要性,被告是否提出管辖权异议是应诉管辖构成与否的重要条件。因此,如果被告一方面提出管辖权异议,另一方面又有申请延长答辩期限等行为,不成立应诉管辖。对于既提出管辖异议又进行实体答辩的被告,我国现阶段的立法态度是视为被告提出管辖异议,而不因其针对实体问题答辩而构成应诉管辖。

适用要点

《民诉法解释》第35条规定,当事人在答辩期间届满后未应诉答辩,人民法院在一审开庭前,发现案件不属于本院管辖的,应当裁定移送有管辖权的人民法院。这是人民法院纠正管辖权错误的一种方式,是人民法院错误受理案件的补救措施。

案例指引

江苏外企公司诉上海丰泰保险公司海上货物运输保险合同纠纷案[1]

要旨:因为本案中保险合同履行地以及合同标的均涉及域外,所以本案属于涉外保险合同纠纷。根据《民事诉讼法》第245条的规定,涉外民事诉讼的被告对人民法院管辖不提出异议,并应诉答辩的,视为承认该人民法院为有管辖权的法院。本案中,原告与法国S公司达成木材进口贸易协议,交易条件为FOB,由原告负责海上保险。原告填写货物运输投保书,被告签发了保单,后因运货船舶遭遇风暴沉默致使货物全损,原告要求被告理赔遭被告拒绝,遂向上海海事法院提起诉讼。因为本案被告在

〔1〕 参见《最高人民法院公报》2005年第11期。

诉讼过程中并未提起管辖权异议，并且对原告起诉状内容进行答辩，所以可以推定被告接受本院管辖，故法院依法有权对该涉外保险合同纠纷进行审理。

第二百七十九条 【涉外专属管辖】下列民事案件，由人民法院专属管辖：

（一）因在中华人民共和国领域内设立的法人或者其他组织的设立、解散、清算，以及该法人或者其他组织作出的决议的效力等纠纷提起的诉讼；

（二）因与在中华人民共和国领域内审查授予的知识产权的有效性有关的纠纷提起的诉讼；

（三）因在中华人民共和国领域内履行中外合资经营企业合同、中外合作经营企业合同、中外合作勘探开发自然资源合同发生纠纷提起的诉讼。

条文对照

2021年《民事诉讼法》	2023年《民事诉讼法》
第二百七十三条　因在中华人民共和国履行中外合资经营企业合同、中外合作经营企业合同、中外合作勘探开发自然资源合同发生纠纷提起的诉讼，**由中华人民共和国人民法院管辖**。	**第二百七十九条　下列民事案件，由人民法院专属管辖：** **（一）因在中华人民共和国领域内设立的法人或者其他组织的设立、解散、清算，以及该法人或者其他组织作出的决议的效力等纠纷提起的诉讼；** **（二）因与在中华人民共和国领域内审查授予的知识产权的有效性有关的纠纷提起的诉讼；** （三）因在中华人民共和国领域内

续表

2021 年《民事诉讼法》	2023 年《民事诉讼法》
	履行中外合资经营企业合同、中外合作经营企业合同、中外合作勘探开发自然资源合同发生纠纷提起的诉讼。

条文解读

本条是关于涉外民事案件专属管辖的规定，第 1 项、第 2 项是 2023 年《民事诉讼法》新增的内容。

涉外专属管辖，是指特定类型的涉外民事案件，法律强制规定只能专属于我国人民法院管辖，不承认其他国家法院对这类特定涉外民事案件具有管辖权。凡是专属管辖的案件，当事人无权以约定或者协议的方式变更管辖法院。适用涉外专属管辖的案件有以下几类：

一、因在中华人民共和国领域内设立的法人或者其他组织的设立、解散、清算，以及该法人或者其他组织作出的决议的效力等纠纷提起的诉讼

法人或者其他组织由国家的主权机关认可成立，自然应由法人或者其他组织的成立地国家的法院管辖。法人和其他组织作为民事主体，自成立就享有民事权利能力和民事行为能力，它的解散、清算将清理其财产，以了结其作为当事人的法律关系，这也是使其主体资格消灭的必经程序。所以，涉及在我国领域内设立、解散、清算等事务的法人及其他组织时，必须要通过我国法院的审查。故与法人和其他组织能力有关的问题也因法人和其他组织的成立地使我国具有专属管辖权。

二、因与在中华人民共和国领域内审查授予的知识产权的有效性有关的纠纷提起的诉讼

知识产权是一种依法设定智力成果的专有权。对知识产权进行保护

主要源于知识产权具有的地域性和法定性，知识产权的地域性决定了在哪国取得的知识产权就在哪国受到保护，其他国家并没有保护外国授予的知识产权的义务。相对地，知识产权人想要在某国获得保护，就必须向该国提出申请并获得批准，被授予专有权后才会获得保护。

知识产权有效性案件的专属管辖，即注册类知识产权案件专属管辖，是指注册类知识产权的授予、登记、有效性、放弃、取消的管辖权专属于该知识产权注册国法院或具有审判权的其他司法机关。获得知识产权的注册性权利需要国家机关的直接参与，这也是主权国家在自己领土范围内实施的行为，所以该知识产权的效力原则上不及于其他国家，故别国也无权干涉。需要注意的是，涉外知识产权纠纷中的专属管辖仅限于我国授予的知识产权的有效性事项，而与知识产权的合同、侵权等事项有关的诉讼并非只能由权利保护国的法院行使管辖权。一般知识产权侵权管辖问题，我国将侵权行为地、侵权商品储藏地、查封扣押地、被告住所地作为此类诉讼的法定客观性管辖连接点。

三、因在中华人民共和国领域内履行中外合资经营企业合同、中外合作经营企业合同、中外合作勘探开发自然资源合同发生纠纷提起的诉讼

本条第 3 项中专属管辖需要具备两个条件：一是中外合资经营企业合同、中外合作经营企业合同、中外合作勘探开发自然资源合同发生纠纷；二是合同在我国境内履行。若上述 3 种涉外合同并未在我国境内履行，则与我国实际联系相对较小，不适用专属管辖的规定。中外合资经营企业和中外合作经营企业都具有中国法人资格，中外合作勘探开发自然资源合同涉及国家主权，故因在我国领域内履行此 3 种涉外合同发生纠纷提起的诉讼均应当由我国法院管辖，并受到我国法律的保护。除此之外，国际上普遍认为，合同纠纷诉讼由与合同有最密切联系的国家的法院管辖，大多数国家在面对涉外合同纠纷时普遍遵从此规则。就中外合资经营企业合同、中外合作经营企业合同、中外合作勘探开发自然资源合同而言，这 3 类合同无疑与我国联系最为密切，根据合同纠纷诉讼由与合同

有最密切联系的国家的法院管辖的规则,这3类合同的纠纷诉讼专属于我国法院管辖更为适合。

适用要点

属于我国专属管辖的案件排除了其他国家对于案件的管辖权,但是若当事人合同中有仲裁条款或者有相关协议约定了向我国或者外国的仲裁机构申请仲裁以解决纠纷,当事人仍然可以选择仲裁裁决解决争议。

案例指引

沛时投资公司诉天津市金属工具公司中外合资合同纠纷案[1]

要旨:该案中,原告是我国公司,被告是我国香港公司。原被告之间签订合同成立合资经营有限公司,约定原告出资49%,被告出资51%,被告以现金分五次投入,被告第四期、第五期的应投入资金到期未投,侵犯了原告的合法权益,并且给双方的合资公司造成了损失。据此原告将被告起诉至法院,要求被告追缴未付的到期资金及利息。法院认为,原被告双方签订了合资合同内容没有违反法律规定,应当认定为有效。被告仅按合同规定按期投入第一、二、三期,第四和第五期未按时投入,系违约。本案属于中外合资经营企业合同纠纷,根据1991年《民事诉讼法》第244条的规定,"涉外合同或者涉外财产权益纠纷的当事人,可以用书面协议选择与争议有实际联系的地点的法院管辖。选择中华人民共和国人民法院管辖的,不得违反本法关于级别管辖和专属管辖的规定。"本案应由我国人民法院管辖。并且,根据当时有效的《涉外经济合同法》第5条的规定,在我国境内履行的中外合资经

〔1〕 参见最高人民法院(2002)民四终字第3号。

营企业合同,适用我国法律。因此,本案审理适用我国法律。

第二百八十条　【国际间的平行诉讼和排他性管辖协议】当事人之间的同一纠纷,一方当事人向外国法院起诉,另一方当事人向人民法院起诉,或者一方当事人既向外国法院起诉,又向人民法院起诉,人民法院依照本法有管辖权的,可以受理。当事人订立排他性管辖协议选择外国法院管辖且不违反本法对专属管辖的规定,不涉及中华人民共和国主权、安全或者社会公共利益的,人民法院可以裁定不予受理;已经受理的,裁定驳回起诉。

条文对照

2021 年《民事诉讼法》	2023 年《民事诉讼法》
无	第二百八十条　当事人之间的同一纠纷,一方当事人向外国法院起诉,另一方当事人向人民法院起诉,或者一方当事人既向外国法院起诉,又向人民法院起诉,人民法院依照本法有管辖权的,可以受理。当事人订立排他性管辖协议选择外国法院管辖且不违反本法对专属管辖的规定,不涉及中华人民共和国主权、安全或者社会公共利益的,人民法院可以裁定不予受理;已经受理的,裁定驳回起诉。

条文解读

本条是关于国际间的平行诉讼和涉外民事案件排他性管辖协议的规定。

一、国际间的平行诉讼

国际平行诉讼,又称未决诉讼或国际诉讼竞合,指的是相同当事人就同一争议基于相同事实和相同目的同时在两个或两个以上国家的法院进行诉讼。其中,原告向某一国法院起诉后,同案的被告以原告的身份向另一国的法院提起诉讼,也即原被告的身份完成互换,这种情况被称为对抗型平行诉讼。原告在一国法院提起诉讼之后,又针对同一被告和同一诉请向另一有管辖权的国家法院提起诉讼,这种情形被称为重复型平行诉讼。本条涵盖了国际平行诉讼的两种表现形式,对于同一诉讼,当我国法院和外国法院均享有管辖权时,管辖权之间会产生一定的冲突。根据司法主权原则,我国法院根据《民事诉讼法》等相关法律规定享有某一案件的管辖权,不受外国法院享有该案管辖权的影响。亦即,我国是否有权管辖某纠纷与外国法院是否同样有权管辖无关。

根据《民诉法解释》第 531 条的规定,除我国与外国之间存在相应的国际条约外,在我国法院作出生效判决之后,外国法院申请或者当事人请求我国法院承认和执行外国法院对于同一争议在外国法院所作出的判决的,我国法院不予准许。换言之,若我国法院与外国法院之间存在平行诉讼程序,一旦我国法院先于外国法院作出判决,无论外国法院的诉讼程序是否先于我国法院开始,我国法院均不承认与执行外国法院的判决。若外国法院对于某一争议已经作出裁判,并且该裁判已经被我国法院承认,该案的当事人再向我国法院就同一争议提起诉讼的,我国法院不再受理,即不再对该争议行使管辖权。但是,如果外国法院已经将案件审理完结,只要还未向我国申请承认和执行,我国法院依然对该案享有管辖权,仍可以审理该案。

二、排他性管辖

排他性管辖协议,是与非排他性管辖协议相对应的概念,指的是当事人对于法院的选择是排他性质的,被选中的法院对于案件有排他性的管辖权。即使未被选择的法院依据其国内法对于该案有权管辖，但是由于排他性管辖协议的存在，除被选择法院以外的其他任何法院对于该案均无法行使管辖权。这项规则作为当事人合理意思自治权利的最大化，已被国际社会与大部分的主权国家接受。本条规定以法律的形式确认了我国在涉外民事案件中对于排他性管辖的开放态度。

在我国，排他性管辖协议有效需具备以下几个条件：

1. 排他性管辖协议本身成立并生效。在审查管辖协议的效力时，首先，法院应当根据实体法审查管辖协议的契约效力。若协议是双方当事人的真实意思表示，管辖协议成立。其次，协议符合《民法典》规定的合同生效条件。注意：若存在格式条款，协议制定方未以合理方式履行提示或说明义务，相对方可以主张协议条款无效。

2. 排他性管辖协议不违反专属管辖的规定。专属管辖要求特定的案件由特定的法院管辖，其他法院对这一类案件无管辖权。专属管辖的范围参照本法第 34 条和第 279 条的规定。

3. 排他性管辖协议不涉及中华人民共和国主权、安全或者社会公共利益。我国的国家主权、安全和社会公共利益均属于我国的核心利益，是我国作为主权国家拥有的基本权利。管辖协议虽然以当事人的意思自治为出发点，但是作为涉外诉讼，维护我国主权、安全和社会利益是保证各类行动顺利开展的前提，也是最低要求。

适用要点

选择法院的确定性与协议管辖是不同的。允许当事人选择一个以上的管辖法院，并不影响协议管辖的排他性。比如，当事人之间约定，因合同纠纷提起诉讼，可以由被告住所地、合同签订地、标的物所在地的人民法院管辖，作上述约定的管辖协议是有效的，当事人可以向三地法院中的任何一地法院提起诉讼，但是当事人不能向该三地法院以外的法院起诉。此外，针对重复型平行诉讼不应参照我国针对国内重复起诉的规定处理。

原因在于《民诉法解释》第247条关于重复起诉的规定仅适用于国内诉讼，而外国法院已就同一诉讼标的案件受理审判，案件当事人向我国法院起诉的行为不构成重复起诉。

案例指引

罗克韦尔航运有限公司与法国达飞轮船有限公司、普罗旺斯船东有限公司船舶碰撞损害赔偿纠纷案[1]

要旨：原告罗克韦尔公司从秦皇岛山海关船厂离岗计划前往澳大利亚某港，被告法国达飞公司开着从普罗旺斯公司租赁的船只从上海洋山港离岗，计划前往韩国釜山港。2013年3月19日两船出现碰撞，因双方对赔偿事宜协商未果，原告罗克韦尔公司将两被告起诉至宁波海事法院。本案是两艘外轮在我国海域因为未正确履行避碰协议而发生的船舶碰撞损害责任纠纷，两被告以其已经向澳大利亚法院起诉为由提出管辖权异议。法院认为，案涉船只的扣押地是宁波海事法院的管辖范围，根据2012年《民事诉讼法》第30条的规定，因船舶碰撞请求损害赔偿提起的诉讼，由碰撞发生地、碰撞船舶最先到达地、加害船舶被扣留地或者被告住所地人民法院管辖。宁波海事法院享有该案的管辖权。并且，我国与澳大利亚之间未签订司法协助条约，我国也没有加入相关的国际公约，根据《最高人民法院关于适用〈中华人民共和国民事诉讼法〉若干问题的意见》第306条的规定，中华人民共和国人民法院和外国法院都有管辖权的案件，一方当事人向外国法院起诉，而另一方当事人向中华人民共和国人民法院起诉的，人民法院可予受理。综上，即使被告已经向澳大利亚法院起诉，宁波海事法院也享有该案的管辖权。

---

[1] 参见浙江省高级人民法院(2013)浙辖终字第118号。

第二百八十一条　【涉外案件平行诉讼协调机制】人民法院依据前条规定受理案件后，当事人以外国法院已经先于人民法院受理为由，书面申请人民法院中止诉讼的，人民法院可以裁定中止诉讼，但是存在下列情形之一的除外：

（一）当事人协议选择人民法院管辖，或者纠纷属于人民法院专属管辖；

（二）由人民法院审理明显更为方便。

外国法院未采取必要措施审理案件，或者未在合理期限内审结的，依当事人的书面申请，人民法院应当恢复诉讼。

外国法院作出的发生法律效力的判决、裁定，已经被人民法院全部或者部分承认，当事人对已经获得承认的部分又向人民法院起诉的，裁定不予受理；已经受理的，裁定驳回起诉。

条文对照

2021年《民事诉讼法》	2023年《民事诉讼法》
无	第二百八十一条　人民法院依据前条规定受理案件后，当事人以外国法院已经先于人民法院受理为由，书面申请人民法院中止诉讼的，人民法院可以裁定中止诉讼，但是存在下列情形之一的除外： （一）当事人协议选择人民法院管辖，或者纠纷属于人民法院专属管辖； （二）由人民法院审理明显更为方便。 外国法院未采取必要措施审理案件，或者未在合理期限内审结的，依当事人的书面申请，人民法院应当恢复诉讼。

续表

2021 年《民事诉讼法》	2023 年《民事诉讼法》
	外国法院作出的发生法律效力的判决、裁定，已经被人民法院全部或者部分承认，当事人对已经获得承认的部分又向人民法院起诉的，裁定不予受理；已经受理的，裁定驳回起诉。

条文解读

本条是关于涉外案件平行诉讼协调机制的规定，为 2023 年《民事诉讼法》增设的条款。本条规定了在涉及国内外法院管辖冲突时国内法院中止诉讼的构成条件及除外情形、中止诉讼后恢复诉讼的条件。

一、基于域外法院诉讼而中止我国法院诉讼的条件

第一，外国法院先于我国法院受理该案。本条规定符合受理优先原则，受理优先原则是国际间普遍采用的应对平行诉讼中管辖冲突的规则。如果某一地法院已经受理了某一跨法域的国际诉讼，另一地法院应当拒绝管辖或者中止诉讼。第二，当事人以外国法院已经先于我国法院受理为由，向法院申请中止诉讼。第三，当事人向我国法院提出的申请为书面形式。

二、我国法院无须中止诉讼的情形

第一，当事人协议选择由我国法院行使管辖权。协议管辖是当事人对于纠纷以书面协议的方式约定管辖法院，体现的是对当事人意思自治的保护和对当事人处分权的尊重。如果纠纷当事人已经达成协议由我国法院来行使管辖权，并且我国法院同意受理本案，那么，即使出现中外法院管辖冲突的情况，甚至中外法院作出内容相悖的冲突判决，依照《民事诉讼法》第 300 条的规定，我国法院经审查发现外国法院对案件无管辖权

的,裁定不予承认和执行。因此,假如当事人协议约定由我国法院管辖,即使外国法院作出判决,我国法院也可以以外国法院对该案无管辖权为由,不予承认和执行该域外判决。

第二,纠纷属于我国法院专属管辖。专属管辖指的是在特定的涉外民事案件中,只能由我国法院管辖,当事人不得以协议管辖为由选择其他国家的法院管辖。专属管辖作为地域管辖的一种,具有排他性和强制性。如若某一涉外民事案件属于我国法院专属管辖的范畴,且我国法院同意受理该案件,即使未来中外法院针对该案存在管辖冲突和判决冲突,同样属于《民事诉讼法》第 301 条规定的外国法院无管辖权的情况,适用《民事诉讼法》第 300 条的规定,对域外判决不予承认和执行。即使外国法院先于我国法院立案受理,我国法院也不因此中止诉讼。

第三,纠纷由我国法院审理明显更为方便。本条并未对“由我国法院审理明显更为方便”作出具体的规定,但是《民事诉讼法》第 282 条规定了“不方便管辖”原则,在一定程度上对“由我国法院审理明显更为方便”有重要参考意义。但不可否认的是,对“由我国法院审理明显更为方便”的判断确实存在一定的主观性。

三、恢复诉讼的条件

若外国法院没有采取必要的措施来审理案件,或者外国法院无法在合理的期限内将案件审理结束,说明外国法院很有可能在短期之内无法查清案件事实,进而无法作出生效判决,故也很难有外国生效判决与我国生效裁判相矛盾的情况出现。如此,当事人通过书面形式申请法院恢复已被中止的诉讼,一方面有利于当事人的合法权益尽早得到保护,另一方面也可以防止我国诉讼程序受制于其他国家。

适用要点

我国民事诉讼在确立案件管辖权时,主要从两个方面来判断是否“方便”:一是是否便利当事人诉讼;二是是否便利法院审理和执行案件。在司法实践中,通常还会从案件的整体出发,以“案件最密切联系地”为基础,加之是否便利当事人、是否便利法院来综合评价由域外法院来审理涉外民事案件是否更加方便。此外,满足一定条件时,当事人以外国法院先于我国受理为由申请我国法院中止诉讼,我国法院“可以”中止诉讼程序,并非“应当”中止诉讼。亦即,是否中止诉讼程序由我国法院根据案件具体情况决定,而非申请即中止。

案例指引

山东聚丰网络有限公司与韩国 MGAME 公司、天津风云网络技术有限公司网络游戏代理及许可合同纠纷管辖权异议案〔1〕

要旨:涉外合同或者其他财产权益纠纷的当事人,可以书面协议选择与案件有实际联系地的法院管辖。若选择我国法院管辖,不能违反级别管辖和专属管辖的规定。而协议选择适用法律与协议选择管辖法院是两个截然不同的法律行为,协议管辖法院条款的效力,应当依据法院地法来进行判断,而非准据法所属国的法律。原告聚丰公司因与被告韩国 MGAME 公司之间的合同纠纷起诉至山东省高级人民法院,原被告之间签订的协议约定:“本协议受中国法律管辖并根据中国法律解释。由本协议产生或与本协议相关的所有的争议应当在新加坡最终解决,且所有本协议产生的争议应当接受新加坡的司法管辖。”被告据此协议提出管辖权异议,认为山东省高院没有管辖权。法院认为,我国现行法认为,针对涉外合同纠纷,当事人协议选择管辖法院应当遵循书面原则和实际联系原则。本案虽然原被告

〔1〕 参见最高人民法院(2009)民三终字第4号。

之间协议选择新加坡法院管辖,但是,新加坡并非当事人住所地、合同履行地、标的物所在地、侵权行为地等,同时当事人也没有协议选择适用新加坡的法律,故可以认定新加坡与本案并没有实际联系。因此,双方关于管辖法院的约定无效,不能作为确定本案管辖的依据。除此之外,本案中双方协议中的产品只在中国大陆推广,也即争议合同系在中华人民共和国领域内履行,部分合同的履行地在原告山东聚丰公司的场所,因此,本案纠纷与中国的联系更密切,新加坡法院对该争议的审理不比中国法院更便利。故管辖权异议不能得到支持。

第二百八十二条 【不方便法院原则】人民法院受理的涉外民事案件,被告提出管辖异议,且同时有下列情形的,可以裁定驳回起诉,告知原告向更为方便的外国法院提起诉讼:

(一)案件争议的基本事实不是发生在中华人民共和国领域内,人民法院审理案件和当事人参加诉讼均明显不方便;

(二)当事人之间不存在选择人民法院管辖的协议;

(三)案件不属于人民法院专属管辖;

(四)案件不涉及中华人民共和国主权、安全或者社会公共利益;

(五)外国法院审理案件更为方便。

裁定驳回起诉后,外国法院对纠纷拒绝行使管辖权,或者未采取必要措施审理案件,或者未在合理期限内审结,当事人又向人民法院起诉的,人民法院应当受理。

条文对照

2021 年《民事诉讼法》	2023 年《民事诉讼法》
无	第二百八十二条　人民法院受理的涉外民事案件，被告提出管辖异议，且同时有下列情形的，可以裁定驳回起诉，告知原告向更为方便的外国法院提起诉讼： （一）案件争议的基本事实不是发生在中华人民共和国领域内，人民法院审理案件和当事人参加诉讼均明显不方便； （二）当事人之间不存在选择人民法院管辖的协议； （三）案件不属于人民法院专属管辖； （四）案件不涉及中华人民共和国主权、安全或者社会公共利益； （五）外国法院审理案件更为方便。 裁定驳回起诉后，外国法院对纠纷拒绝行使管辖权，或者未采取必要措施审理案件，或者未在合理期限内审结，当事人又向人民法院起诉的，人民法院应当受理。

条文解读

本条是 2023 年《民事诉讼法》的增设条文，规定了“不方便法院原则”的适用条件，同时为“不方便法院原则”的适用设置了兜底条款。

不方便法院原则缘起苏格兰，是指根据国内法或者国际条约的规定，受诉法院对于该案有权管辖，但是受诉法院在行使该管辖权时会给当事人和该院带来种种不便。这一方面不能保障司法公正,另一方面不能使纠纷得到迅速解决。此种情况下,若其他国家或地区的法院同时对该案享有管辖权,考虑到案件中的诸多不便因素,由其他国家或地区的法院行使管辖权更为便利,受诉法院可以以自己为不方便法院为由拒绝行使管辖权。我国传统立法中不存在该原则,经历了拒绝、部分接受、成文多个过程,最终在《民诉法解释》第530条明确了该原则及其适用条件,在符合6个条件的情况下可以适用“不方便法院原则”。

2023年《民事诉讼法》修改较《民诉法解释》“不方便法院原则”的规定有了较大突破。一方面,首次以法律的形式对“不方便法院原则”作出规定;另一方面,放宽了对“不方便法院原则”的适用条件。2023年《民事诉讼法》关于“不方便法院原则”适用条件的修改主要有两点:一是规定“案件争议的基本事实不是发生在中华人民共和国领域内,人民法院审理案件和当事人参加诉讼均明显不方便”,对比《民诉法解释》的规定,不再将不适用我国法律作为认定不方便法院的标准。二是规定“案件不涉及中华人民共和国主权、安全或者社会公共利益”可以认定受诉法院为不方便法院,不再以《民诉法解释》中“案件不涉及中华人民共和国国家、公民、法人或者其他组织的利益”作为不方便法院适用的条件。

一般而言,针对不方便法院的审查标准主要分为以下三个方面:

(一)受诉法院对于案件享有管辖权

只有在确定了我国法院享有该案的管辖权,才能在此基础上进一步考虑影响案件审理的因素,继而判断是否有必要让渡该案的司法管辖权。虽然立法和司法解释对此均未明确规定,但是从法理上分析,我国法院对于该案件有权管辖是“不方便法院原则”适用的前提条件。如果受诉法院对于案件本身无权管辖,那么受诉法院对于该案的审理是否方便便无从考量了。因此,受诉法院能够依据“不方便法院原则”驳回原告起诉的前提条件便是受诉法院享有该案的管辖权。法院在审查该案件能否让渡管辖权给域外法院时应当先根据《民事诉讼法》及相关规定审查本院对该案是否有权管辖。

(二)被告提出管辖权抗辩

我国规定的“不方便法院原则”的启动程序属于依当事人申请的模式,被告对于受诉法院管辖该案件不满,向受诉法院提出管辖权异议,而法院和其他当事人不能主动适用该原则。我国相关法律规定了管辖权异议的时间,但是并未规定提出不方便法院原则的时间,提出不方便法院原则的时间可以参照管辖权异议的提出时间予以适用。

(三)法院认为自身审理该案存在不方便因素

法院认为自身审理该案存在不方便因素主要基于以下几点:

1. 案件争议的基本事实不是发生在中华人民共和国领域内。案件争议的基本事实不是发生在我国领域内,人民法院审理案件和当事人参加诉讼均明显不方便。

2. 当事人之间不存在选择人民法院管辖的协议。若当事人之间存在协议约定了争议出现时的管辖法院不是我国法院,则该案不可适用“不方便法院原则”。

3. 案件不属于人民法院专属管辖。专属管辖的案件由法律强制规定只能专属于我国人民法院管辖,不承认其他国家法院对此类案件具有管辖权。法院只能对不属于我国专属管辖的案件主张本院属于不方便法院,继而裁定驳回起诉,将案件管辖权让渡给更为方便的法院。

4. 案件不涉及中华人民共和国主权、安全或者社会公共利益。相较于《民诉法解释》的规定,本条规定对不涉及我国主体的利益进行了限缩。将“不涉及中华人民共和国国家、公民、法人或者其他组织的利益”的宽泛规定缩小为“不涉及中华人民共和国主权、安全或者社会公共利益”。如此一来,有利于不方便法院原则在我国司法实践中得到更广泛的适用,更好地发挥其制度价值。

5. 外国法院审理案件更为方便。与《民诉法解释》相比,本条删除了“外国法院对案件享有管辖权”的规定。境外法院审理更加方便主要体现在当事人参加诉讼的便利性、证据调取的实现、文书送达渠道通畅程度、语言和沟通的便利性、判决结果的可执行性和效率上。法院在对该条件进行判断时，通常还会根据案件的具体情况，考虑案件审理的便利性以及最大限度地保护当事人合法权益的目的，综合各类因素进行考量，确定域外法院审理是否更为便利。

适用要点

在我国司法实践当中，采纳并适用不方便法院原则的案件数量并不多，法院的态度也较为谨慎。应当注意，若要适用“不方便法院原则”，必须在我国法院对于案件本身有权管辖的前提下，满足本条规定的所有条件时我国法院才可以拒绝行使管辖权，否则不可轻易放弃行使管辖权。不方便法院原则的提出主体是被告，应当由被告举证证明该案适用不方便法院原则。

案例指引

郭叶律师行诉厦门华洋彩印公司代理合同纠纷管辖权异议案[1]

要旨：不方便法院是指受诉法院对于某一涉外纠纷享有管辖权，但因为实际行使不便无法高效解决纠纷，在外国法院同时拥有管辖权时，受诉法院以自身是不方便法院为由拒绝行使管辖权。受诉法院是否适用不方便法院原则会考虑多种因素，如当事人诉讼是否方便、证据获取是否便利、适用法律是否查明、能否便利执行。但即使被告提出管辖异议，以不方便法院为由抗辩原告起诉，是否被采纳仍需由法院决定。法院认为，虽然本案原被告的协议约定了双方纠纷适用香港法律、由香港法院行使管辖权，但是基于本

〔1〕 参见《最高人民法院公报》2004 年第 7 期。

案代理合同纠纷的性质,若判决被告承担义务,被告的住所地和财产均在内地,原告只有在内地提起新诉方能执行该生效判决。为了避免重复诉讼,由被告住所地厦门市中级人民法院审理比较合适,故驳回被告提出的管辖权异议。

第二十五章　送达、调查取证、期间

第二百八十三条　【送达方式】人民法院对在中华人民共和国领域内没有住所的当事人送达诉讼文书，可以采用下列方式：

（一）依照受送达人所在国与中华人民共和国缔结或者共同参加的国际条约中规定的方式送达；

（二）通过外交途径送达；

（三）对具有中华人民共和国国籍的受送达人，可以委托中华人民共和国驻受送达人所在国的使领馆代为送达；

（四）向受送达人在本案中委托的诉讼代理人送达；

（五）向受送达人在中华人民共和国领域内设立的独资企业、代表机构、分支机构或者有权接受送达的业务代办人送达；

（六）受送达人为外国人、无国籍人，其在中华人民共和国领域内设立的法人或者其他组织担任法定代表人或者主要负责人，且与该法人或者其他组织为共同被告的，向该法人或者其他组织送达；

（七）受送达人为外国法人或者其他组织，其法定代表人或者主要负责人在中华人民共和国领域内的，向其法定代表人或者主要负责人送达；

（八）受送达人所在国的法律允许邮寄送达的，可以邮寄送达，自邮寄之日起满三个月，送达回证没有退回，但根据各种情况足以

认定已经送达的，期间届满之日视为送达；

（九）采用能够确认受送达人收悉的电子方式送达，但是受送达人所在国法律禁止的除外；

（十）以受送达人同意的其他方式送达，但是受送达人所在国法律禁止的除外。

不能用上述方式送达的，公告送达，自发出公告之日起，经过六十日，即视为送达。

条文对照

2021年《民事诉讼法》	2023年《民事诉讼法》
第二百七十四条　人民法院对在中华人民共和国领域内没有住所的当事人送达诉讼文书，可以采用下列方式： （一）依照受送达人所在国与中华人民共和国缔结或者共同参加的国际条约中规定的方式送达； （二）通过外交途径送达； （三）对具有中华人民共和国国籍的受送达人，可以委托中华人民共和国驻受送达人所在国的使领馆代为送达； （四）向受送达人委托的**有权代其接受送达的**诉讼代理人送达； （五）向受送达人在中华人民共和国领域内设立的**代表机构或者有权接受送达的分支机构**、业务代办人送达； **（六）**受送达人所在国的法律允许邮寄送达的，可以邮寄送达，自邮寄之日起满三个月，送达回证没有退回，但	**第二百八十三条**　人民法院对在中华人民共和国领域内没有住所的当事人送达诉讼文书，可以采用下列方式： （一）依照受送达人所在国与中华人民共和国缔结或者共同参加的国际条约中规定的方式送达； （二）通过外交途径送达； （三）对具有中华人民共和国国籍的受送达人，可以委托中华人民共和国驻受送达人所在国的使领馆代为送达； （四）向受送达人**在本案中**委托的诉讼代理人送达； （五）向受送达人在中华人民共和国领域内设立的**独资企业、代表机构、分支机构或者有权接受送达的**业务代办人送达； **（六）受送达人为外国人、无国籍人，其在中华人民共和国领域内设立的**

续表

2021 年《民事诉讼法》	2023 年《民事诉讼法》
根据各种情况足以认定已经送达的，期间届满之日视为送达； （七）采用**传真、电子邮件等**能够确认受送达人收悉的方式送达； （八）不能用上述方式送达的，公告送达，自公告之日起满三个月，即视为送达。	**法人或者其他组织担任法定代表人或者主要负责人，且与该法人或者其他组织为共同被告的，向该法人或者其他组织送达；** **（七）受送达人为外国法人或者其他组织，其法定代表人或者主要负责人在中华人民共和国领域内的，向其法定代表人或者主要负责人送达；** （八）受送达人所在国的法律允许邮寄送达的，可以邮寄送达，自邮寄之日起满三个月，送达回证没有退回，但根据各种情况足以认定已经送达的，期间届满之日视为送达； **（九）**采用能够确认受送达人收悉的**电子**方式送达，**但是受送达人所在国法律禁止的除外；** **（十）以受送达人同意的其他方式送达，但是受送达人所在国法律禁止的除外。** 不能用上述方式送达的，公告送达，自**发出**公告之日起，**经过六十日**，即视为送达。

条文解读

本条是关于域外送达诉讼文书方式的规定。

域外送达是制约涉外民事案件审判效率的关键因素。2023 年《民事诉讼法》增加相关自然人与法人或其他组织之间替代送达的适用情形，如本条第 1 款第 6 项、第 7 项，同时将 2021 年《民事诉讼法》中规定的“采用传真、电子邮件等能够确认受送达人收悉的方式”修改为“采用能够确认受送达人收悉的电子方式送达，但是受送达人所在国法律禁止的除外”，赋予以受送达人同意的其他方式送达的法律效力，并缩短公告送达期限，优化涉外公告送达规则。2023年《民事诉讼法》在全面总结涉外案件送达实践经验的基础上，进一步丰富涉外送达手段、优化域外送达制度，主要目的在于提高域外送达的效率，着力解决涉外案件审判中面临的“送达难”问题。

根据本条规定，人民法院对在我国领域内没有住所的当事人送达传票、判决书、裁定书以及起诉状和答辩状副本等诉讼文书，可以采用下列方式：

（一）依照受送达人所在国与我国缔结或者共同参加的国际条约中规定的方式送达

根据《最高人民法院、外交部、司法部关于执行〈关于向国外送达民事或商事司法文书和司法外文书公约〉有关程序的通知》的规定：

1. 凡公约成员国驻华使、领馆转送该国法院或其他机关请求我国送达的民事或商事司法文书，应直接送交司法部，由司法部转递给最高人民法院，再由最高人民法院交有关人民法院送达给当事人。送达证明由有关人民法院交最高人民法院退司法部，再由司法部送交该国驻华使、领馆。

2. 凡公约成员国有权送交文书的主管当局或司法助理人员直接送交司法部请求我国送达的民事或商事司法文书，由司法部转递给最高人民法院，再由最高人民法院交有关人民法院送达给当事人。送达证明由有关人民法院交最高人民法院退司法部，再由司法部送交该国主管当局或司法助理人员。

3. 对公约成员国驻华使、领馆直接向其在华的本国公民送达民事或商事司法文书，如不违反我国法律，可不表示异议。

4. 我国法院若请求公约成员国向该国公民或第三国公民或无国籍人送达民事或商事司法文书，有关中级人民法院或专门人民法院应将请求书和所送司法文书送有关高级人民法院转最高人民法院，由最高人民法院送司法部转送给该国指定的中央机关；必要时，也可由最高人民法院送我国驻该国使馆转送给该国指定的中央机关。

5. 我国法院欲向在公约成员国的中国公民送达民事或商事司法文书，可委托我国驻该国的使、领馆代为送达。委托书和所送司法文书应由有关中级人民法院或专门人民法院送有关高级人民法院转最高人民法院，由最高人民法院径送或经司法部转送我国驻该国使、领馆送达给当事人。送达证明按原途径退有关法院。

6. 我国与公约成员国签订有司法协助协定的，按协定的规定办理。

（二）通过外交途径送达

根据《最高人民法院、外交部、司法部关于我国法院和外国法院通过外交途径相互委托送达法律文书若干问题的通知》的规定，我国法院通过外交途径向国外当事人送达法律文书，应按下列程序和要求办理：

1. 要求送达的法律文书须经省、自治区、直辖市高级人民法院审查，由外交部领事司负责转递。

2. 须准确注明受送达人姓名、性别、年龄、国籍及其在国外的详细外文地址，并将该案的基本情况函告外交部领事司，以便转递。

3. 须附有送达委托书。如对方法院名称不明，可委托当事人所在地区主管法院。委托书和所送法律文书还须附有该国文字或该国同意使用的第三国文字译本。如该国对委托书及法律文书有公证、认证等特殊要求，将由外交部领事司逐案通知。

（三）对具有我国国籍的受送达人，可以委托我国驻受送达人所在国的使领馆代为送达

根据《最高人民法院、外交部、司法部关于我国法院和外国法院通过外交途径相互委托送达法律文书若干问题的通知》的规定，向在外国领域内的中国籍受送达人送达，并且须在该中国籍受送达人驻在国允许我国使领馆直接送达的前提下，人民法院才可以委托我国驻该国使领馆送达。此类法律文书可不必附有外文译本。

（四）向受送达人在本案中委托的诉讼代理人送达

在一般情况下，人民法院将需要送达的诉讼文书交给受送达人委托

的诉讼代理人，即为送达完成。2023 年《民事诉讼法》删除 2021 年《民事诉讼法》中诉讼代理人必须“有权代其接受送达”的限制，这意味着只要是受送达人在本案中委托的诉讼代理人，都应当接受送达，从而排除此前受送达人事前明确表示其诉讼代理人无权代其接受诉讼文书的做法。

（五）向受送达人在我国领域内设立的独资企业、代表机构、分支机构或者有权接受送达的业务代办人送达

相较于 2021 年《民事诉讼法》，2023 年《民事诉讼法》增加向受送达人在我国领域内设立的独资企业送达的规定，删除分支机构接受送达须“有权接受送达”的限定。对于这种送达方式的适用，即使受送达人在我国领域内没有住所，但是其在我国领域内设立独资企业、代表机构、分支机构，就可向其设立的独资企业、代表机构、分支机构送达，特别是向在我国领域内设立的分支机构送达，不再要求该分支机构须“有权接受送达”。而且，受送达人在我国领域内设有有权接受送达业务的代办人的，也可以向代办人送达。

（六）受送达人为外国人、无国籍人，其在我国领域内设立的法人或者其他组织担任法定代表人或者主要负责人，且与该法人或者其他组织为共同被告的，向该法人或者其他组织送达

自然人的替代送达是 2023 年《民事诉讼法》增加的送达方式，其适用对象必须是在我国领域内无住所的外国人、无国籍人，接受送达的主体必须是法人或其他组织，且该法人或其他组织必须要具备以下 3 个条件：一是在我国领域内设立；二是由该自然人担任法定代表人或主要负责人；三是与该自然人作为本案共同被告。只有具备上述条件，才可适用这种送达方式，否则只能通过其他方式送达。

（七）受送达人为外国法人或者其他组织，其法定代表人或者主要负责人在我国领域内的，向其法定代表人或者主要负责人送达

2023 年《民事诉讼法》增加的外国法人或其他组织的替代送达，其适用明显不同于自然人的替代送达之处是，只要其法定代表人或主要负责人在我国领域内，并不要求其在我国领域内有住所，向其送达等同于向该

外国法人或其他组织直接送达。

（八）邮寄送达

采用这种方式的前提条件是，受送达人所在国不反对邮寄送达，才可以将诉讼文书直接邮寄给受送达人。如果受送达人所在国不允许邮寄送达，则不能采用这种方式。由于采用邮寄送达方式有时难以确认诉讼文书于何时送达到受送达人，因此本条还规定，自邮寄之日起满3个月，送达回证没有退回，但根据各种情况足以认定已经送达的，期间届满之日视为送达。

（九）电子方式送达

电子方式送达也是2023年《民事诉讼法》修改的内容。为回应新时期互联网时代的司法需求，2023年《民事诉讼法》将2021年《民事诉讼法》中的“传真、电子邮件”送达方式修改为“电子”送达方式，以缓解现有送达方式相对滞后的困境，进一步提升解决国际民商事争议的效率。

（十）以受送达人同意的其他方式送达

这种送达方式也是2023年《民事诉讼法》增加的内容，赋予受送达人同意以其他方式接受送达的法律效力。在保障受送达人的程序权利的同时，采取受送达人同意的方式进一步增加送达的灵活性，丰富送达方式。但应注意的是，这种送达方式同样也不能为受送达人所在国家所禁止。

以上送达方式都不能采用时，还可使用公告送达方式送达。一般的做法是，将需送达的诉讼文书制成公告内容，在人民法院的公告栏内张贴，并在我国对外发行的报纸上登载。待公告60日法定期间届满，即视为该诉讼文书的内容已经送达到受送达人。2021年《民事诉讼法》第274条第8项规定：“不能用上述方式送达的，公告送达，自公告之日起满三个月，即视为送达。”2023年《民事诉讼法》将“自公告之日起满三个月”修改为“自发出公告之日起，经过六十日”，进一步缩短了公告期限，主要是为了解决公告过度拉长审判期限的问题。

适用要点

根据2021年《全国法院涉外商事海事审判工作座谈会会议纪要》第11条的规定，人民法院向在中华人民共和国领域内没有住所的受送达人送达司法文书，如受送达人所在国法律未禁止电子送达方式的，人民法院可以依据《民事诉讼法》的规定采用电子送达方式，但违反我国缔结或参加的国际条约规定的除外。受送达人所在国系《海牙送达公约》成员国，并在公约项下声明反对邮寄方式送达的，应推定其不允许电子送达方式，人民法院不能采用电子送达方式。

案例指引

祝某与某公司民间借贷纠纷案[1]

要旨：祝某原系该公司高级管理人员，公司审计时发现祝某有多笔借款未还。原审法院未发现祝某下落，将相关文书、开庭传票进行公告送达，公告期2个月，答辩期15日。被告祝某未出庭应诉。原审法院认为，根据某公司提供的借款协议及转账记录，可以确认某公司向祝某出借150万元。原审法院当庭缺席判决，支持某公司全部诉讼请求。

祝某申请再审认为，其在被执行时才知道诉讼存在，原审法院在明知其系外国籍且不在中国的情况下直接用公告方式送达文书，更未按涉外公告送达，剥夺了其参与诉讼的权利，原审判决认定其借款的事实错误，要求原审法院重新审理该案。再审法院认为，原审法院明知被告为外国籍，在无法得到其国内确定住所情况下，未穷尽涉外送达相关程序，径行公告送达，且公告期间只有2个月，未达到涉外送达公告期限3个月的要求，送达程序违反法律规定，剥夺了当事人的辩论权。申请人申请再审，

---

〔1〕 参见江苏省无锡市中级人民法院发布2020－2022年度审判监督十大典型案例之九，载无锡法院网2023年4月20日，http://zy.wxfy.gov.cn/article/detail/2023/04/id/7253114.shtml。

符合《民事诉讼法》第207条第9项规定的情形，裁定：撤销原判，发回原审法院重审。

第二百八十四条　【域外调查取证】当事人申请人民法院调查收集的证据位于中华人民共和国领域外，人民法院可以依照证据所在国与中华人民共和国缔结或者共同参加的国际条约中规定的方式，或者通过外交途径调查收集。

在所在国法律不禁止的情况下，人民法院可以采用下列方式调查收集：

（一）对具有中华人民共和国国籍的当事人、证人，可以委托中华人民共和国驻当事人、证人所在国的使领馆代为取证；

（二）经双方当事人同意，通过即时通讯工具取证；

（三）以双方当事人同意的其他方式取证。

条文对照

2021年《民事诉讼法》	2023年《民事诉讼法》
无	第二百八十四条　当事人申请人民法院调查收集的证据位于中华人民共和国领域外，人民法院可以依照证据所在国与中华人民共和国缔结或者共同参加的国际条约中规定的方式，或者通过外交途径调查收集。 在所在国法律不禁止的情况下，人民法院可以采用下列方式调查收集： （一）对具有中华人民共和国国籍的当事人、证人，可以委托中华人民共和国驻当事人、证人所在国的使领馆代为取证；

续表

2021 年《民事诉讼法》	2023 年《民事诉讼法》
	（二）经双方当事人同意，通过即时通讯工具取证； （三）以双方当事人同意的其他方式取证。

条文解读

本条是关于域外调查取证的规定。

一般而言，涉外调查取证属于司法协助事项，主要通过司法协助途径进行。2023 年《民事诉讼法》对司法协助中的取证行为作出单独规定，主要是为了解决涉外民事案件数量快速攀升，现有调查取证制度难以完全满足公正、高效、便捷解决涉外纠纷需求的问题，同时，也为了回应互联网时代的司法需求。除了通过外交方式及使领馆代为取证之外，在尊重所在国法律及双方当事人同意的前提下，明确可以通过即时通讯工具或其他方式取证。2023 年《民事诉讼法》新增此条规定旨在拓宽法院查明案件事实的渠道，保障人民法院准确查明案件事实，平等保护中外当事人合法权益，营造良好的市场化、法治化、国际化营商环境，维护国家主权、安全和发展利益。

域外取证主要有以下 4 种方式：

（一）按照条约

采用这种方式调查收集证据的前提是，当事人申请的证据位于我国领域之外，人民法院可以根据我国与证据所在国缔结或共同参加的国际条约的规定进行取证。2020 年《最高人民法院关于依据国际公约和双边司法协助条约办理民商事案件司法文书送达和调查取证司法协助请求的规定》第 1 条规定，人民法院应当根据便捷、高效的原则确定依据海牙送达公约、海牙取证公约，或者双边民事司法协助条约，对外提出民商事案件司法文书送达和调查取证请求。具体而言，要向证据所在国法院以请求书的形式提出申请。请求书的内容通常包括:(1)请求法院的名称和地址;(2)诉讼当事人的姓名、国籍以及地址或者法人的名称和地址;(3)必要时,诉讼当事人代理人的姓名和地址;(4)请求所涉及的诉讼的性质和案情摘要;(5)需被调取证据的性质。

(二)外交途径

虽然本条所规定的外交途径取证未明确要求以"没有条约关系"为前提,但仍应注意的是,此前提并未废弃。根据《最高人民法院关于调整通过外交途径转递民商事案件司法文书送达和调查取证请求程序的通知》的规定,我国法院和与我国既没有双边条约关系,也没有海牙送达公约、海牙取证公约关系的国家的法院相互委托送达民商事案件司法文书和进行民商事案件调查取证,通过外交途径办理。

(三)使领馆代为取证

采用使领馆代为取证的方式进行取证,需要注意以下几点:第一,取证对象只能为当事人、证人,而不包括其他证据方法。第二,在我国领域外进行调查取证只能向具有我国国籍的当事人、证人取证,而不能向当事人、证人所在国或第三国国民调查取证。第三,其他任何国家机关、组织以及个人,均不得擅自对域外当事人证人进行调查取证。

(四)即时通讯工具或其他方式取证

即时通讯工具或其他方式取证是2023年《民事诉讼法》增加的取证方式,这一取证方式在互联网时代背景之下能够有效拓展域外取证的途径。其适用遵循"双重尊重"原则,即既要尊重证据所在国,取证不得违反所在国禁止性规定;同时也要尊重双方当事人意愿,取证须获得双方当事人的同意。

适用要点

值得注意的是,按照条约取证需要两国之间缔结或共同参加国际公约。例如,根据我国与巴西的民商事司法协助条约,调查取证的执行应当遵行以下规定:(1)被请求方应当根据本国法律执行调查取证的请求。(2)在不违背本国法律的范围内,被请求方应当按照请求方明示要求的特殊方式执行调查取证的请求。(3)被请求机关如果无权执行请求,应当将该项请求移送有权执行的主管机关,以便执行。(4)被请求方如果难以按照请求方指明的地址调取证据,应当采取必要措施确定地址,必要时可以要求请求方提供补充材料。如果仍然无法确定地址或者因为其他原因无法执行请求,被请求方应当将请求书及所附文件退回请求方,并说明妨碍执行的原因。(5)如果请求方明示要求,被请求方应当向请求方通知执行请求的时间和地点,以便有关当事人或者其代理人到场。上述当事人或者代理人到场时应当遵守被请求方的法律。

案例指引

阿根廷共和国布宜诺斯艾利斯自治市商业事务初审国家法院司法协助调查取证案[1]

要旨:阿根廷共和国布宜诺斯艾利斯自治市商业事务初审国家法院于2020年受理原告ALCALIS DE LA PATAGONIA S. A. I. C.诉被告RACING CLUB ASOCIACIÓN Civil一案。该案中,原告ALCALIS DE LA PATAGONIA S. A. I. C.诉请被告RACING CLUB ASOCIACIÓN Civil支付180万美元,请求基础为因足球运动员Giovani Andrés Moreno Cardona转会(转换足球俱乐部)而产生的经济权利的相应转让。由于该足球运动员曾系上海申花联盛足球俱乐部签约运动员,阿根廷法院需要了解上海申花联盛足球俱乐部向该案被告RACING CLUB ASOCIACIÓN Civil曾经支付的转会价款、罚款或与该球员相关的其他款项支付情况和索赔情况。布宜诺斯艾利斯自治市商业事务初审国家法院于2021年10月依据

[1] 参见上海市浦东新区人民法院发布7起涉外及涉外商投资企业商事典型案例之二。

1970年《关于从国外调取民事或商事证据的公约》(即1970年《海牙取证公约》)向我国司法部提出司法协助调查取证请求,经最高人民法院国际合作局、上海市高级人民法院转递,浦东法院于2021年12月29日收到[2021]司协函168号司法协助调查取证函。

收到协助调查取证函后,浦东法院快速且审慎对该调查取证请求依次进行形式审查与实质审查:首先查明,阿根廷共和国为1970年《海牙取证公约》的缔约国,我国与阿根廷共和国之间无双边民商事司法协助条约;其次查明,因受新冠肺炎疫情影响,其中央机关依据该公约以电子邮件形式向我国递交司法协助调查取证请求书及附件材料,并逐级转递至浦东法院,符合我国依公约办理司法协助调查取证请求的形式要件;再次查明,前述调查取证请求事项属于1970年《海牙取证公约》规定的范围,不具有损害我国国家主权、国家安全、公共利益等得以拒绝提供协助的情形,且调查取证办理方式符合我国《民事诉讼法》的相关规定。因此,本案应当及时回应请求,尽快协助进行调查取证。2022年1月10日,本案承办法官前往被调查人上海申花联盛足球俱乐部有限公司经营地址进行材料送达及调查取证。调查取证过程中,承办法官积极向被调查人履行释明义务,就阿根廷法院在函件中列明的内容一一进行调查询问,并制作调查笔录,由被调查人确认签字。2022年1月17日,被调查人依法向法院提交调查取证内容的补充佐证材料,浦东法院对材料是否符合我国法律规定的证据形式、是否存在损害国家安全、国家主权、社会公共利益的情形进行后续审查,确保可以对外提交。本案于2022年1月21日成功办结,办理期限仅23天。

第二百八十五条　【答辩期间】被告在中华人民共和国领域内没有住所的,人民法院应当将起诉状副本送达被告,并通知被告在收到起诉状副本后三十日内提出答辩状。被告申请延期的,是否准许,由人民法院决定。

第二百八十六条 【上诉期间】在中华人民共和国领域内没有住所的当事人，不服第一审人民法院判决、裁定的，有权在判决书、裁定书送达之日起三十日内提起上诉。被上诉人在收到上诉状副本后，应当在三十日内提出答辩状。当事人不能在法定期间提起上诉或者提出答辩状，申请延期的，是否准许，由人民法院决定。

第二百八十七条 【审理期限】人民法院审理涉外民事案件的期间，不受本法第一百五十二条、第一百八十三条规定的限制。

第二十六章　仲　　裁

第二百八十八条　【涉外仲裁与诉讼关系】涉外经济贸易、运输和海事中发生的纠纷，当事人在合同中订有仲裁条款或者事后达成书面仲裁协议，提交中华人民共和国涉外仲裁机构或者其他仲裁机构仲裁的，当事人不得向人民法院起诉。

当事人在合同中没有订有仲裁条款或者事后没有达成书面仲裁协议的，可以向人民法院起诉。

第二百八十九条　【涉外仲裁保全】当事人申请采取保全的，中华人民共和国的涉外仲裁机构应当将当事人的申请，提交被申请人住所地或者财产所在地的中级人民法院裁定。

第二百九十条　【涉外仲裁效力】经中华人民共和国涉外仲裁机构裁决的，当事人不得向人民法院起诉。一方当事人不履行仲裁裁决的，对方当事人可以向被申请人住所地或者财产所在地的中级人民法院申请执行。

第二百九十一条　【涉外仲裁裁决不予执行】对中华人民共和国涉外仲裁机构作出的裁决，被申请人提出证据证明仲裁裁决有下列情形之一的，经人民法院组成合议庭审查核实，裁定不予执行：

（一）当事人在合同中没有订有仲裁条款或者事后没有达成书面仲裁协议的；

（二）被申请人没有得到指定仲裁员或者进行仲裁程序的通知，或者由于其他不属于被申请人负责的原因未能陈述意见的；

（三）仲裁庭的组成或者仲裁的程序与仲裁规则不符的；

（四）裁决的事项不属于仲裁协议的范围或者仲裁机构无权仲裁的。

人民法院认定执行该裁决违背社会公共利益的，裁定不予执行。

第二百九十二条 【救济途径】仲裁裁决被人民法院裁定不予执行的，当事人可以根据双方达成的书面仲裁协议重新申请仲裁，也可以向人民法院起诉。

第二十七章　司 法 协 助

第二百九十三条　【协助原则】根据中华人民共和国缔结或者参加的国际条约，或者按照互惠原则，人民法院和外国法院可以相互请求，代为送达文书、调查取证以及进行其他诉讼行为。

外国法院请求协助的事项有损于中华人民共和国的主权、安全或者社会公共利益的，人民法院不予执行。

第二百九十四条　【协助途径】请求和提供司法协助，应当依照中华人民共和国缔结或者参加的国际条约所规定的途径进行；没有条约关系的，通过外交途径进行。

外国驻中华人民共和国的使领馆可以向该国公民送达文书和调查取证，但不得违反中华人民共和国的法律，并不得采取强制措施。

除前款规定的情况外，未经中华人民共和国主管机关准许，任何外国机关或者个人不得在中华人民共和国领域内送达文书、调查取证。

第二百九十五条　【文字要求】外国法院请求人民法院提供司法协助的请求书及其所附文件，应当附有中文译本或者国际条约规定的其他文字文本。

人民法院请求外国法院提供司法协助的请求书及其所附文件，应当附有该国文字译本或者国际条约规定的其他文字文本。

第二百九十六条 【协助程序】人民法院提供司法协助,依照中华人民共和国法律规定的程序进行。外国法院请求采用特殊方式的,也可以按照其请求的特殊方式进行,但请求采用的特殊方式不得违反中华人民共和国法律。

第二百九十七条 【申请外国法院承认和执行】人民法院作出的发生法律效力的判决、裁定,如果被执行人或者其财产不在中华人民共和国领域内,当事人请求执行的,可以由当事人直接向有管辖权的外国法院申请承认和执行,也可以由人民法院依照中华人民共和国缔结或者参加的国际条约的规定,或者按照互惠原则,请求外国法院承认和执行。

在中华人民共和国领域内依法作出的发生法律效力的仲裁裁决,当事人请求执行的,如果被执行人或者其财产不在中华人民共和国领域内,当事人可以直接向有管辖权的外国法院申请承认和执行。

条文对照

2021 年《民事诉讼法》	2023 年《民事诉讼法》
第二百八十七条 人民法院作出的发生法律效力的判决、裁定,如果被执行人或者其财产不在中华人民共和国领域内,当事人请求执行的,可以由当事人直接向有管辖权的外国法院申请承认和执行,也可以由人民法院依照中华人民共和国缔结或者参加的国际条约的规定,或者按照互惠原则,请求外国法院承认和执行。	**第二百九十七条** 人民法院作出的发生法律效力的判决、裁定,如果被执行人或者其财产不在中华人民共和国领域内,当事人请求执行的,可以由当事人直接向有管辖权的外国法院申请承认和执行,也可以由人民法院依照中华人民共和国缔结或者参加的国际条约的规定,或者按照互惠原则,请求外国法院承认和执行。

续表

2021 年《民事诉讼法》	2023 年《民事诉讼法》
中华人民共和国涉外仲裁机构作出的发生法律效力的仲裁裁决，当事人请求执行的，如果被执行人或者其财产不在中华人民共和国领域内，**应当由当事人**直接向有管辖权的外国法院申请承认和执行。	**在中华人民共和国领域内依法**作出的发生法律效力的仲裁裁决，当事人请求执行的，如果被执行人或者其财产不在中华人民共和国领域内，**当事人可以**直接向有管辖权的外国法院申请承认和执行。

条文解读

本条是关于对涉外判决、裁定以及仲裁裁决承认和执行的规定。本条系 2023 年《民事诉讼法》修改的条款，在承袭 2021 年《民事诉讼法》规定的基础上，将“应当”由当事人直接向外国法院申请承认和执行改为“可以”，不再将此方法作为唯一途径。

第一，在国际商事争议解决领域，国际商事诉讼的作用正日益得到重视，其中裁判文书能否得到承认与执行是攸关当事人合法权益能否得到确切保护的命题。但一国法院作出的具有法律效力的裁判文书，效力范围只能及于本国范围内，不能当然地对外国法院发生法律效力。如果想要外国法院承认并执行本国法院作出的具有法律效力的裁判文书，则需要通过当事人申请的方式或者人民法院依照国家缔结或者加入的相应的国际条约或互惠原则，通过司法部或外交部请求外国法院承认与执行。

第二，申请外国法院予以承认与执行我国法院作出的具有法律效力的裁判文书必须具备以下条件：(1)人民法院作出的判决、裁定必须是已经发生法律效力的判决、裁定；(2)必须是被执行人或者执行人的财产不在我国领域内；(3)申请承认和执行判决、裁定，可以由当事人直接向有管辖权的外国法院提出；(4)在我国与有关国家存在条约或互惠关系的基础上，也可以由人民法院请求外国法院承认和执行。值得注意的是，我国《民事诉讼法》借鉴世界上多数国家所采用的方式，考虑我国与有关国家司法协助协定中的相关内容,明确规定当事人可以直接向外国法院申请承认和执行,这种方式既简化了程序、方便了当事人,同时也有助于我国法院的判决、裁定能够在外国得到及时的承认与执行。

第三,2023 年《民事诉讼法》对仲裁条款的部分进行修改,完善承认与执行涉外仲裁裁决制度。仲裁的条款参照申请判决、裁定的承认与执行的条款进行修改,请求外国法院承认和执行我国法院的判决、裁定以及仲裁机构的裁决的条件和方式趋于同质性,将“应当”由当事人直接向外国法院申请承认和执行改为“可以”。这体现出我国当前对于涉外仲裁裁决的尊重,更加注重对于权利人的保护,权利保护方式趋于多元化。这也有助于我国的生效仲裁裁决能够在外国得到承认与执行,为当事人诉讼目的的实现提供更多的保障,从而推动我国涉外法治进程,以便更好地与国际社会接轨,推进国际司法协助,提高我国的司法竞争力。亦即,对我国仲裁机构作出的发生法律效力的仲裁裁决,当事人请求执行的,如果被执行人或者其财产不在我国领域内,则当事人可以向有管辖权的外国法院申请承认和执行。仲裁裁决在外国的承认与执行这一途径是依据《承认及执行外国仲裁裁决公约》(以下简称《纽约公约》)设立,如双方都是公约成员国,当事人直接向被执行人所在国法院申请承认和执行,无须通过中央机关。

适用要点

我国仲裁裁决在外国的承认和执行主要有以下三种情况:(1)我国仲裁裁决在《纽约公约》缔约国的承认和执行。当事人可根据该公约的规定,向有关缔约国法院或者其他执行机关申请承认和执行。缔约国法院接到申请后,应当按照公约的规定给予承认和执行。(2)我国仲裁裁决在虽非《纽约公约》缔约国但与我国有双边条约或者协定的国家的承认和执行。在此种情况下,当事人依据双边条约或者协定,向该外国法院和执行机关申请承认和执行的,这些国家的有关机构应当依据有关条约和协定予以承认和执行。(3)我国仲裁裁决在既非《纽约公约》缔约国又未与中国签订双边条约或者协定的国家的承认和执行。在此种情况下,当事人可以向这些国家或地区的有关机构要求协助承认和执行,也可向有管辖权的法院起诉,在取得法院的判决后予以承认和执行。

案例指引

上海某机械制造有限公司申请执行瑞士某公司债务案〔1〕

要旨:涉外仲裁裁决确定的债务人在我国境内既无住所也无财产的,我国法院对此类案件无执行管辖权;裁决确定的债务履行期限届满后,债权人发现债务人在我国境内有住所或可供执行的财产的,我国法院有管辖权;债权人申请我国法院执行的期限,自其发现或应当发现债务人在我国境内有住所或可供执行的财产时起算。

法院认为,我国涉外仲裁机构作出的发生法律效力的仲裁裁决,当事人请求执行的,如被执行人住所地或者其财产不在我国领域内的,应当直接向有管辖权的外国法院申请承认和执行。本案申请执行人向法院申请强制执行,并未超过法律规定的申请执行期限,法院据此予以立案并强制执行并无不当,被执行人瑞士公司提出的执行异议难以成立。据此,裁定驳回被执行人瑞士公司提出的执行异议。瑞士公司不服裁定,向上海市高级人民法院申请复议。

上海市高级人民法院认为,我国涉外仲裁机构作出裁决后,一方当事人不履行仲裁裁决的,被执行人有可供执行的财产在我国领域内的,对方当事人可以向财产所在地的中级人民法院申请执行。涉外案件的申请执行期限,应当从发现被执行人可供执行财产之日起算。本案中,申请执行人向瑞士法院申请承认与执行仲裁裁决被驳回后,发现被执行人在上海

〔1〕 参见上海市第一中级人民法院(2012)沪一中执恢复第12号。

市有可供执行的财产，即向执行法院申请执行，应予准许。执行法院受理本案并依法执行，并无不当。因此，依照法律规定，裁定驳回瑞士公司复议申请。上海市高级人民法院的裁定生效后，二审法院依法恢复了对瑞士公司的执行。执行过程中，机械公司与瑞士公司在瑞士达成执行和解协议，机械公司向法院申请撤回所有执行措施，本案以和解方式结案。

第二百九十八条　【申请对外国法院判决、裁定的承认和执行】外国法院作出的发生法律效力的判决、裁定，需要人民法院承认和执行的，可以由当事人直接向有管辖权的中级人民法院申请承认和执行，也可以由外国法院依照该国与中华人民共和国缔结或者参加的国际条约的规定，或者按照互惠原则，请求人民法院承认和执行。

条文对照

2021年《民事诉讼法》	2023年《民事诉讼法》
第二百八十八条　外国法院作出的发生法律效力的判决、裁定，需要**中华人民共和国**人民法院承认和执行的，可以由当事人直接向**中华人民共和国**有管辖权的中级人民法院申请承认和执行，也可以由外国法院依照该国与中华人民共和国缔结或者参加的国际条约的规定，或者按照互惠原则，请求人民法院承认和执行。	**第二百九十八条**　外国法院作出的发生法律效力的判决、裁定，需要人民法院承认和执行的，可以由当事人直接向有管辖权的中级人民法院申请承认和执行，也可以由外国法院依照该国与中华人民共和国缔结或者参加的国际条约的规定，或者按照互惠原则，请求人民法院承认和执行。

条文解读

本条是关于申请对外国法院判决、裁定的承认和执行的规定。本条系 2023 年修改的条款,将“中华人民共和国人民法院”改为“人民法院”,其他内容并无变化。

本条属于特殊司法协助条款。特殊司法协助,是指两国法院之间按照国际条约或者互惠关系,相互承认并执行对方法院作出的生效裁判和仲裁裁决的司法活动。一般而言,各国法院的生效裁判仅在本国领域内生效。但是,为保证当事人的权益得以实现,各国法院在一定条件下会承认和执行对方法院的生效裁判。

根据本条规定,外国法院作出的生效判决、裁定需要我国人民法院承认和执行的,可以由当事人直接向我国有管辖权的中级人民法院申请承认和执行。申请人向人民法院申请承认和执行外国法院作出的发生法律效力的判决、裁定,应当提交申请书,并附外国法院作出的发生法律效力的判决、裁定正本或者经证明无误的副本以及中文译本。外国法院判决、裁定为缺席判决、裁定的,申请人应当同时提交该外国法院已经合法传唤的证明文件,但判决、裁定已经对此予以明确说明的除外。此外,当事人向中华人民共和国有管辖权的中级人民法院申请承认和执行外国法院作出的发生法律效力的判决、裁定的,如果该法院所在国与中华人民共和国没有缔结或者共同参加国际条约,也没有互惠关系的,裁定驳回申请,但当事人向人民法院申请承认外国法院作出的发生法律效力的离婚判决的除外。

适用要点

当事人仅申请承认而未同时申请执行的,申请执行的期间自法院对承认申请作出的裁定生效之日起重新计算。与我国没有司法协助条约又无互惠关系的国家的法院,未通过外交途径,直接请求法院提供司法协助的,法院应予退回,并说明理由。

案例指引

崔某申请承认和执行外国法院民事判决案[1]

要旨:青岛市中级人民法院认为,根据《民事诉讼法》的规定,外国法院作出的发生法律效力的判决、裁定,需要我国法院承认和执行的,可以由当事人直接向我国有管辖权的中级人民法院申请承认与执行。被申请人十年前即来到我国,其经常居所地位于山东省青岛市城阳区,故青岛市中级人民法院对本案有管辖权。涉案民事判决系韩国水原地方法院对当事双方的借贷关系作出的判决,承认该民事判决并不违反我国法律的基本原则和不损害国家主权、安全、社会公共利益。故青岛市中级人民法院裁定:承认和执行韩国水原地方法院该民事判决。

第二百九十九条 【申请对外国法院判决、裁定的承认和执行的审查】人民法院对申请或者请求承认和执行的外国法院作出的发生法律效力的判决、裁定,依照中华人民共和国缔结或者参加的国际条约,或者按照互惠原则进行审查后,认为不违反中华人民共和国法律的基本原则且不损害国家主权、安全、社会公共利益的,裁定承认其效力;需要执行的,发出执行令,依照本法的有关规定执行。

〔1〕《建立司法互惠关系》,载《人民法院报》2019年9月9日,第3版。

条文对照

2021 年《民事诉讼法》	2023 年《民事诉讼法》
第二百八十九条　人民法院对申请或者请求承认和执行的外国法院作出的发生法律效力的判决、裁定,依照中华人民共和国缔结或者参加的国际条约,或者按照互惠原则进行审查后,认为不违反中华人民共和国法律的基本原则**或者**国家主权、安全、社会公共利益的,裁定承认其效力,需要执行的,发出执行令,依照本法的有关规定执行。**违反中华人民共和国法律的基本原则或者国家主权、安全、社会公共利益的,不予承认和执行。**	**第二百九十九条**　人民法院对申请或者请求承认和执行的外国法院作出的发生法律效力的判决、裁定,依照中华人民共和国缔结或者参加的国际条约,或者按照互惠原则进行审查后,认为不违反中华人民共和国法律的基本原则**且不损害**国家主权、安全、社会公共利益的,裁定承认其效力;需要执行的,发出执行令,依照本法的有关规定执行。

条文解读

本条是关于申请对外国法院判决、裁定的承认和执行的审查的规定。本条系 2023 年《民事诉讼法》修改的条款,将“不违反中华人民共和国法律的基本原则”后面的“或者”改为“且不损害”,表明法院的审查标准相较于之前更为全面以及严格。

我国法院接到申请或者请求后,应当组成合议庭进行审查。法院应当将申请书送达被申请人,被申请人可以陈述意见。合议庭依照我国缔结或者参加的国际条约,或者按照互惠关系进行审查。我国只对是否符合我国《民事诉讼法》规定的承认和执行外国法院裁判的条件进行审查,对外国法院裁判中事实和法律的适用问题不予审查。在审查之后,如果认为符合承认与执行条件的,裁定承认其效力;需要执行的,发出执行令。人民法院经审查作出的裁定,一经送达即发生法律效力。如果认为不符合承认与执行条件的,人民法院需将申请书或者请求书退回申请人或者提出申请的外国法院。当事人仅申请承认而未同时申请执行的，人民法院仅对应否承认进行审查并作出裁定。

我国对外国法院作出的判决、裁定不予以承认和执行的通常情况大致有以下几种：(1)根据我国法律，判决、裁定作出国法院对案件无管辖权；(2)被申请人未得到合法传唤或者虽经合法传唤但未获得合理的陈述、辩论机会，或者无诉讼能力的当事人未得到适当代理；(3)判决、裁定通过欺诈方式取得；(4)人民法院已对同一纠纷作出判决、裁定，或者已经承认和执行第三国就同一纠纷作出的判决、裁定；(5)外国法院作出的判决、裁定违反我国法律的基本原则或者损害我国国家主权、安全、社会公共利益。

适用要点

承认外国法院的判决、裁定和执行外国法院的判决、裁定，是一个既有联系又有区别的问题。承认外国法院的判决、裁定是认可外国法院的判决、裁定在确定当事人权利义务方面与本国法院的判决、裁定具有同等效力，是执行此判决、裁定的前提条件。但是，承认并非必然伴随执行，只有具有执行内容的判决、裁定才发生执行的问题。例如，外国法院单纯准许离婚的判决(不牵涉财产分割)、确认收养关系的判决等有关身份关系的判决，就只存在承认的问题，而不发生执行的问题。

案例指引

高尔集团股份有限公司申请承认和执行新加坡法院民事判决案[1]

要旨：南京市中级人民法院经审查认为，案涉民事判决系新加坡法院作出，我国与新加坡共和国之间并未缔结或者共同参加关于相互承认和

〔1〕 参见江苏省南京市中级人民法院(2016)苏01协外认3号。

执行生效裁判文书的国际条约，但由于新加坡共和国高等法院曾于2014年1月对我国江苏省苏州市中级人民法院的民事判决进行了执行，根据互惠原则，我国法院可以对符合条件的新加坡法院的民事判决予以承认和执行。且案涉判决亦不违反我国法律的基本原则且不损害国家主权、安全、社会公共利益，故依照《民事诉讼法》之规定，南京市中级人民法院于2016年12月9日作出(2016)苏01协外认3号民事裁定，承认和执行新加坡共和国高等法院013号民事判决。

第三百条　【对外国法院判决、裁定不予承认和执行的审查】对申请或者请求承认和执行的外国法院作出的发生法律效力的判决、裁定，人民法院经审查，有下列情形之一的，裁定不予承认和执行：

（一）依据本法第三百零一条的规定，外国法院对案件无管辖权；

（二）被申请人未得到合法传唤或者虽经合法传唤但未获得合理的陈述、辩论机会，或者无诉讼行为能力的当事人未得到适当代理；

（三）判决、裁定是通过欺诈方式取得；

（四）人民法院已对同一纠纷作出判决、裁定，或者已经承认第三国法院对同一纠纷作出的判决、裁定；

（五）违反中华人民共和国法律的基本原则或者损害国家主权、安全、社会公共利益。

条文对照

2021 年《民事诉讼法》	2023 年《民事诉讼法》
无	第三百条　对申请或者请求承认和执行的外国法院作出的发生法律效力的判决、裁定，人民法院经审查，有下列情形之一的，裁定不予承认和执行： （一）依据本法第三百零一条的规定，外国法院对案件无管辖权； （二）被申请人未得到合法传唤或者虽经合法传唤但未获得合理的陈述、辩论机会，或者无诉讼行为能力的当事人未得到适当代理； （三）判决、裁定是通过欺诈方式取得； （四）人民法院已对同一纠纷作出判决、裁定，或者已经承认第三国法院对同一纠纷作出的判决、裁定； （五）违反中华人民共和国法律的基本原则或者损害国家主权、安全、社会公共利益。

条文解读

本条为 2023 年《民事诉讼法》新增条文，规定了对外国法院作出的发生法律效力的判决、裁定不予承认和执行的事由，并对最高人民法院 2021 年公布的《全国法院涉外商事海事审判工作座谈会会议纪要》中的内容进行了吸收与巩固，调整了《全国法院涉外商事海事审判工作座谈会会议纪要》第 46 条第 1 款第 3 项仅有判决的表述，将判决与裁定置于并列的地位。

海牙《承认与执行外国民商事判决公约》第 4 条第 2 款确立了不对外国判决实质性问题进行审查的一般原则，即非实质审查原则。但出于必要时可以考虑实质审查，从而在涉及公约其他条款适用时出现对原审判决实质审查的情形。由此,不对外国判决进行实质性审查是国际通行规则。我国法律虽然没有作出明确规定,司法实践大多遵循非实质审查原则。本条可视为非实质审查的例外情形,规定有下列情形之一的,我国人民法院经审查裁定不予承认和执行:

第一,依据本法第 301 条的规定,外国法院对案件无管辖权。作出判决、裁定的外国法院具有管辖权是承认和执行外国判决、裁定的必要条件。在对外国判决、裁定进行审查时,间接管辖权审查是其中一项重要的程序问题。间接管辖权,是指一国法院在承认与执行外国民商事判决时,适用某种标准,判断作出判决的外国法院是否具有管辖权。本条第 1 项补充了对外国法院管辖权审查的规定,是间接管辖权的制度功能的体现。

第二,被申请人未得到合法传唤或者虽经合法传唤但未获得合理的陈述、辩论机会,或者无诉讼行为能力的当事人未得到适当代理。正当程序规范作为承认与执行外国判决法律体系的重要组成部分,是指外国法院的判决是经过公正有效的审判程序,在充分保障当事人诉讼权利的情况下作出的。通常情况下,向被请求国申请承认和执行判决、裁定的当事人是胜诉的原告方,被请求国在对正当程序问题进行审查时,败诉的被告的诉讼权利是否得到保障是关注的重点。被告诉讼权利被侵犯主要表现在以下几个方面:(1)被告未得到合法传唤;(2)被告虽经合法传唤但未获得合理的陈述、辩论机会;(3)被告无诉讼行为能力且未得到适当代理。因此,当外国判决、裁定存在以上情形,即违反正当程序,理应拒绝承认与执行外国判决,这也是各国在民事司法协助领域普遍接受的规则。

第三,判决、裁定是通过欺诈方式取得。欺诈,是指故意试图欺骗以获取不公平、非法的收益或剥夺他人权利的行为。无论通过言词还是行动,只要有意欺骗他人,并造成或企图造成对他人的损害,均可纳入欺诈的范畴。欺诈作为一种不正当和非法的手段,以该种方式获得的判决、裁定自然不应该获得法律的保护。如果这种判决是外国法院作出的,则对其也不应该予以承认与执行。

第四,人民法院已对同一纠纷作出判决、裁定,或者已经承认第三国法院对同一纠纷作出的判决、裁定。本条第4项是基于一事不再理的诉讼基本原则所作出的规定。同时,也是为了避免外国法院的判决、裁定与我国法院就同一争讼案件作出的判决、裁定相冲突,或者与第三国法院对同一争讼案件所作出的且已得到我国法院承认的判决、裁定相矛盾,规范诉讼竞合现象。

第五,违反中华人民共和国法律的基本原则或者损害国家主权、安全、社会公共利益。本条第5项以承认与执行的结果为审查内容,当对外国法院判决的承认与执行违反我国法律的基本原则或对我国国家利益、社会利益、善良风俗等造成严重后果时,方可适用。同时,本条第5项是防止承认或执行被认为不符合我国公共秩序的外国判决的最后保障,在与其他条款相竞合时,优先适用其他条款。

适用要点

外国判决、裁定具备终局性和确定性,这是外国判决、裁定获得承认和执行的必要条件。向人民法院申请承认和执行的外国判决、裁定须已经发生法律效力,有待上诉或者处于上诉审理过程中的外国判决、裁定不属于终局、确定的判决、裁定。此外,互惠原则也是承认和执行外国判决、裁定的前提条件,即本国承认外国法院判决、裁定,应当以外国在同等条件下也承认本国法院判决、裁定为要件。

案例指引

法国K诉郴州华录数码科技有限公司RG2013F00048号商事判决案[1]

要旨:本案的争议焦点为承认和执行法兰西共和国贡比涅商业法院RG2013F00048号民事判决书所需法律文件是否完备。《中华人民共和国

[1] 参见湖南省郴州市中级人民法院(2016)湘10协外认1号。

和法兰西共和国关于民事、商事司法协助的协定》第21条规定："依照本章规定请求承认或执行裁决的一方，须提出下列文件：（一）裁决的副本。如果副本中没有明确指出裁决已经确定，则应附有由法院出具的证明其已经确定的正式文件。（二）证明裁决已经送达的送达回证原本或者其它证明文件。如果是缺席判决的，应当提供证明已经合法传唤缺席一方当事人出庭应诉的传票副本。（三）前两项所指文件经证明无误的译本。"本案中，申请人未提出已向被申请人送达法兰西共和国贡比涅商业法院RG2013F00048号民事判决书的送达回证原本或者其他证明文件。同时，法院依申请人的申请前往中华人民共和国司法部及中华人民共和国最高人民法院调查该判决书的送达情况，经中华人民共和国最高人民法院负责涉外案件送达的法官查询，自2013年4月之后中华人民共和国最高人民法院再无任何关于该案的法律文书接收及送达记录，而该案的判决时间为2013年4月23日，因此，无证据证实涉案判决书已送达被申请人。另，《民事诉讼法》第8条规定："民事诉讼当事人有平等的诉讼权利。人民法院审理民事案件，应当保障和便利当事人行使诉讼权利，对当事人在适用法律上一律平等。"第282条规定："……违反中华人民共和国法律的基本原则或者国家主权、安全、社会公共利益的，不予承认和执行。"本案中，被申请人未收到涉案判决书，客观上剥夺了其上诉的权利，有违《民事诉讼法》规定的平等诉讼原则，故法院对法兰西共和国贡比涅商业法院作出的RG2013F00048号民事判决书不予承认和执行。

第三百零一条 【认定外国法院无管辖权的事由】有下列情形之一的，人民法院应当认定该外国法院对案件无管辖权：

（一）外国法院依照其法律对案件没有管辖权，或者虽然依照其法律有管辖权但与案件所涉纠纷无适当联系；

（二）违反本法对专属管辖的规定；

（三）违反当事人排他性选择法院管辖的协议。

条文对照

2021 年《民事诉讼法》	2023 年《民事诉讼法》
无	第三百零一条　有下列情形之一的，人民法院应当认定该外国法院对案件无管辖权： （一）外国法院依照其法律对案件没有管辖权，或者虽然依照其法律有管辖权但与案件所涉纠纷无适当联系； （二）违反本法对专属管辖的规定； （三）违反当事人排他性选择法院管辖的协议。

条文解读

本条是关于外国法院无管辖权的具体认定标准的规定，是 2023 年《民事诉讼法》新增的条款。

第一，有外国法院依照其法律对案件没有管辖权，或者虽然依照其法律有管辖权但与案件所涉纠纷无适当联系的情形，应当认定该外国法院对案件无管辖权。管辖权系指某诉讼案件在确定民事法院具有审判权后，决定由哪一个民事法院进行审理的权限，故管辖权又被称为“具体的审判权”。如果外国法院依据其国内法律对案件没有管辖权，或者虽然依照其法律有管辖权但与案件所涉纠纷无适当联系而行使管辖权，与法院管辖权的行使规定是不相符合的，故人民法院应当认定该外国法院无管辖权。

第二，有违反本法对专属管辖的规定的情形，应当认定该外国法院对案件无管辖权。专属管辖是地域管辖的一种，具体是指对某些特殊案件，我国法律明确规定只能由特定人民法院管辖，其他法院无权管辖，当事人也不能以协议方式变更，其具有强制性和排他性。法院在对当事人提起的诉讼作出审查时，往往会先对管辖问题进行审查，也就是看本院是否对该案件享有管辖权，如果不具有管辖权，就不予受理案件。如果某类案件专属于中国法院管辖，而外国法院受理该等案件与专属管辖的内在要求也是不相契合的。

第三，有违反当事人排他性选择法院管辖的协议的情形，应当认定该外国法院对案件无管辖权。协议管辖又称合意管辖或约定管辖，是指双方当事人在合同纠纷或财产权益纠纷发生之前或发生之后，以协议的方式选择解决他们之间纠纷的管辖法院。且按照大多数国家立法和司法实践，承认协议管辖不以案件与选择国家的法院有关联为条件。协议管辖按其功能分为排他性协议管辖与非排他性协议管辖两类。排他性协议管辖兼具授权与排他双重功能，授予约定的法院以管辖权的同时排除其他法院的管辖。2005 年 6 月 30 日由海牙国际私法会议第二十次外交大会通过、2015 年 10 月 1 日生效的《选择法院协议公约》第 3 条“排他性选择法院协议”第 2 项中规定“除非当事人另有明示约定，指定某个缔约国的法院或者某个缔约国的一个或者多个特定法院的法院选择协议应被视为排他性的”，为本公约的目的。我国于 2017 年 9 月 12 日签署该公约，如果某类案件当事人排他性选择法院管辖进而选择中国法院管辖，而外国法院行使管辖权的，则与排他性选择法院管辖的规定相违背。

适用要点

1. 管辖权是一国主权的象征，国家通过管辖权对自身的主权进行塑造，具体表现为有权机关制定本国法律以确定其所适用的人、地域范围和事项，并通过司法机关等来执行本国法律。

2.《选择法院协议公约》的制定目的是，本公约缔约国，希望通过加强司法合作增进国际贸易和投资，相信在民商事项的管辖和外国判决承认与执行上统一规则能够加强这种合作，相信增进这种合作尤其需要国际法律机制提供确定性，并保障商业交易当事人达成的排他性选择法院协议的有效性以及根据这种协议进行诉讼产生的判决的承认和执行。

案例指引

中国水电建设集团国际工程有限公司、江苏普泽环境工程有限公司建设工程施工合同纠纷管辖权异议案[1]

要旨:2015年《民诉法解释》第522条规定,有下列情形之一,人民法院可以认定为涉外民事案件:(1)当事人一方或者双方是外国人、无国籍人、外国企业或者组织的;(2)当事人一方或者双方的经常居所地在中华人民共和国领域外的;(3)标的物在中华人民共和国领域外的;(4)产生、变更或者消灭民事关系的法律事实发生在中华人民共和国领域外的;(5)可以认定为涉外民事案件的其他情形。双方当事人签订的《越南芹苴固废(生活垃圾)处理厂绿化景观工程分包合同》中载明工程地点:越南芹苴市,故本案标的物为越南芹苴固废(生活垃圾)处理厂,绿化景观工程位于越南芹苴市,因此本案属于涉外民事案件。2015年《民诉法解释》第531条规定,"涉外合同或者其他财产权益纠纷的当事人,可以书面协议选择被告住所地、合同履行地、合同签订地、原告住所地、标的物所在地、侵权行为地等与争议有实际联系地点的外国法院管辖。根据《民事诉讼法》第三十三条和第二百六十六条规定,属于中华人民共和国法院专属管辖的案件,当事人不得协议选择外国法院管辖,但协议选择仲裁的除外"。因涉案合同约定"对履行合同所发生的一切争议,协商或调解不成的依法向工程所在地法院起诉",该管辖约定不违反上述规定,故属有效。因工程所在地在越南芹苴市,因此我国法院对本案没有管辖权。我国《民事诉讼法》第33条中关于不动产纠纷由不动产所在地人民法院专属管辖

[1] 参见江苏省常州市中级人民法院(2020)苏04民辖终137号。

的规定适用于不动产在我国境内的情形，而案涉不动产位于越南芹苴市，因此本案不适用该规定。上诉人的上诉理由成立，一审裁定予以撤销。因此，当事人应向案涉不动产所在地的人民法院提起诉讼。

第三百零二条　【外国法院的判决、裁定在我国的承认和执行】当事人向人民法院申请承认和执行外国法院作出的发生法律效力的判决、裁定，该判决、裁定涉及的纠纷与人民法院正在审理的纠纷属于同一纠纷的，人民法院可以裁定中止诉讼。

外国法院作出的发生法律效力的判决、裁定不符合本法规定的承认条件的，人民法院裁定不予承认和执行，并恢复已经中止的诉讼；符合本法规定的承认条件的，人民法院裁定承认其效力；需要执行的，发出执行令，依照本法的有关规定执行；对已经中止的诉讼，裁定驳回起诉。

条文对照

2021年《民事诉讼法》	2023年《民事诉讼法》
无	第三百零二条　当事人向人民法院申请承认和执行外国法院作出的发生法律效力的判决、裁定，该判决、裁定涉及的纠纷与人民法院正在审理的纠纷属于同一纠纷的，人民法院可以裁定中止诉讼。 外国法院作出的发生法律效力的判决、裁定不符合本法规定的承认条件的，人民法院裁定不予承认和执行，并恢复已经中止的诉讼；符合本法规定的承认条件的，人民法院裁定承认其效力；需要执行的，发出执行令，依照本法

续表

2021 年《民事诉讼法》	2023 年《民事诉讼法》
	的有关规定执行；对已经中止的诉讼，裁定驳回起诉。

条文解读

本条是 2023 年《民事诉讼法》新增的条款，规定了在当事人将外国判决、裁定提交承认与执行时，我国法院正在审理同一争议时的处置方式。这体现了我国法律允许平行管辖的存在，外国法院一方先行出具判决、裁定时，符合条件的外国法院判决、裁定将产生中止我国诉讼审理的效果。本条提升了解决争议的效率，有利于完善承认与执行外国法院判决、裁定的制度规则，促进稳定国际民商事法律秩序。

本条规定涉及将原审国法律作为原审法院管辖权审查依据的内容，体现了对我国专属管辖规定的尊重。对于原审法院管辖权的审查依据，我国法院在司法实践中倾向于采取以本国法律为主，兼采原审国法律的立场。但就避免管辖权问题成为民商事判决、裁定承认与执行的障碍而言，依照原审国法律审查该国法院的管辖权较为适当。

关于承认和执行外国法院判决的具体适用条件，各国规定不尽相同。综观有关条约和各国国内立法，可概括为以下几个方面：(1)作出判决的法院对案件有合格的管辖权，这几乎是国际社会公认的承认和执行外国法院判决的条件；(2)判决须已生效或具有执行力，外国法院判决必须已经生效或具有执行力是其能获得承认和执行的基本前提条件；(3)判决是依据公正的审判程序作出的；(4)判决不与其他相关判决相抵触；(5)不违反被请求国的公共秩序；(6)判决作出国与被请求国之间存在互惠关系。

承认和执行外国法院判决需历经以下程序：(1)向被请求国提出申请；(2)对申请事项进行审查；(3)承认和执行外国法院判决。

以全球治理为视域审视民商事判决承认与执行问题具有以下意义：一是缓解各国在民商事判决承认与执行问题上狭隘地致力于贯彻本国政策和价值的局限性，确立维护国际社会共同利益的新目标。二是加强各国在民商事判决承认与执行问题上的司法互信，加大私人民商事利益的保护力度。三是强化国际私法与其他部门法的联系与合作，有效发挥民商事判决承认与执行制度的监管功能。民商事判决承认与执行，需要各国竭诚合作，并尽可能跨越意识形态和政治制度差异性的障碍，充分回应全球治理中国际民商事交往和私人权益保护的需要。在此方面，相关国家应成为海牙国际私法会议框架下多边主义方案的积极倡导者、善意使用者和国际社会共同利益的维护者。

适用要点

1. 一国法院所作判决的效力仅限于该国境内，即使判决具有涉外因素，其效力也不能当然及于他国，这是对他国司法主权的应有尊重，也是国际社会所公认的准则。但是，国际民商事案件的国际性使判决结果经常涉及位于他国的人或物。如果教条地理解司法主权原则，对外国法院的判决一概不予承认和执行，某些情形下甚至会损害本国当事人的利益。因此，目前各国的国内立法几乎都存在承认和执行外国法院判决的制度。

2. 本条明确指出，当事人申请承认和执行外国法院判决、裁定所涉争议与我国法院正在审理的案件属于同一争议的，我国法院可以中止审理。此外，本条符合平行诉讼的相关规定。平行诉讼，是指相同当事人基于相同事实引发的争议，在有管辖权的两个或两个以上法域的法院进行诉讼的现象。一般来说，平行诉讼由三个基本要素构成。一是诉讼的当事人相同，包括重复诉讼和对抗诉讼两种。前者是指当事人及诉讼地位完全相同；后者是指当事人完全相同，但诉讼地位发生逆转，原被告位置颠倒。二是基于相同事实引发的争议，主要指诉讼请求或诉讼标的一致。三是诉讼在两个以上有管辖权的不同法域的法院同时或先后进行。由此可见，形成平行诉讼的根本原因是两个以上法域的法院对同一纠纷根据各自的法律均具有管辖权。

3. 本条属于外国法院判决在先，我国法院正在审理的情形。因此，需注意以下三点：第一，就同一争议，当事人向我国法院申请承认和执行外国判决时，我国法院正在审理的，可以中止诉讼。第二，如果争议和我国的联系更为紧密，或者外国判决不符合承认条件，则驳回承认外国判决的申请。第三，如果符合承认条件，则对外国判决予以承认，并驳回原告在我国法院的起诉。

第三百零三条　【承认和执行或不予承认和执行的裁定的救济】当事人对承认和执行或者不予承认和执行的裁定不服的，可以自裁定送达之日起十日内向上一级人民法院申请复议。

条文对照

2021 年《民事诉讼法》	2023 年《民事诉讼法》
无	第三百零三条　当事人对承认和执行或者不予承认和执行的裁定不服的，可以自裁定送达之日起十日内向上一级人民法院申请复议。

条文解读

本条是关于对承认和执行或者不予承认和执行的裁定的救济方式的规定，是 2023 年《民事诉讼法》新增的条款。

2019 年 7 月 2 日，海牙国际私法会议第 22 届外交大会通过了《承认与执行外国民商事判决公约》，该公约通常也被称为《海牙判决公约》。中国及其他各国代表对最终的公约文本予以了确认。

承认或执行缔约国判决的一般原则和基本要件。对于缔约国法院作出的有效的、可执行的判决，另一缔约国应予承认或执行，这是《承认与执行外国民商事判决公约》的一项基本要求。而且被请求国法院对请求承认或执行的判决以形式审查为原则，不得作实质性审查，除非是出于适用《承认与执行外国民商事判决公约》的需要。对于承认或执行判决应满足的基本要件，《承认与执行外国民商事判决公约》第5条和第6条进行了详细规定。其中第5条规定了申请承认与执行的基础，如被申请执行人在成为判决案件程序中的被告人（被反诉人）之时，其住所地在判决国、被申请执行人在判决国明示认可了判决作出法院的管辖权等以及一些例外条款。第6条规定了判决内容如果是基于不动产的对物权利，仅当在该不动产坐落于判决作出国境内时，才能根据《承认与执行外国民商事判决公约》承认与执行。

不予承认或执行的事由。如果被请求国不予承认或执行缔约国的判决，其不予承认或执行的理由应仅限于《承认与执行外国民商事判决公约》规定的范围：第一，送达或通知程序存在瑕疵。包括对被告进行送达或通知时未预留足够时间致使被告未能应诉答辩，以及对于被请求国境内的被告的送达或通知方式违反了被请求国的基本制度。第二，判决是通过欺诈方式获得。第三，承认或执行判决将明显违背被请求国的公共政策。第四，当事人通过协议约定或信托文书指定了其他国家的法院而非判决作出国法院为管辖法院。第五，就同一争议，待承认的判决与被请求国法院作出的判决存在冲突。第六，就同一争议，待承认的判决与第三国法院所作出的判决存在冲突，而第三国法院所作出的判决符合被请求国所规定的承认条件。

本条规定了当事人对承认和执行或者不予承认和执行的裁定的救济方式：可以自裁定送达之日起10日内向上一级人民法院申请复议。由于承认和执行或者不予承认和执行的裁定直接决定了外国法院作出的判决、裁定的效力问题，因此立法赋予了当事人可以申请复议的权利。并且，为了保证复议应有的效果，当事人有权向上一级人民法院申请复议。

适用要点

我国法院对外国判决承认与执行的程序，是人民法院对当事人申请或者请求承认和执行的外国法院作出的生效裁判进行审查后，认为不违反我国法律的基本原则或者国家主权、安全、社会公共利益的，裁定承认其效力，需要执行的，发出执行令予以执行。违反我国法律的基本原则或者国家主权、安全、社会公共利益的，则不予承认和执行。

第三百零四条　【外国仲裁裁决的承认与执行】在中华人民共和国领域外作出的发生法律效力的仲裁裁决，需要人民法院承认和执行的，当事人可以直接向被执行人住所地或者其财产所在地的中级人民法院申请。被执行人住所地或者其财产不在中华人民共和国领域内的，当事人可以向申请人住所地或者与裁决的纠纷有适当联系的地点的中级人民法院申请。人民法院应当依照中华人民共和国缔结或者参加的国际条约，或者按照互惠原则办理。

条文对照

2021 年《民事诉讼法》	2023 年《民事诉讼法》
第二百九十条　国外仲裁机构的裁决，需要**中华人民共和国**人民法院承认和执行的，**应当由当事人**直接向被执行人住所地或者其财产所在地的中级人民法院申请，人民法院应当依照中华人民共和国缔结或者参加的国际条约，或者按照互惠原则办理。	**第三百零四条　在中华人民共和国领域外作出的发生法律效力的仲裁**裁决，需要人民法院承认和执行的，**当事人可以**直接向被执行人住所地或者其财产所在地的中级人民法院申请。**被执行人住所地或者其财产不在中华人民共和国领域内的，当事人可以向申请人住所地或者与裁决的纠纷有适当联系的地点的中级人民法院申请。**人

续表

2021 年《民事诉讼法》	2023 年《民事诉讼法》
	民法院应当依照中华人民共和国缔结或者参加的国际条约,或者按照互惠原则办理。

条文解读

本条是关于在中华人民共和国领域外作出的发生法律效力的仲裁裁决需要承认和执行的规定。2023 年修正后最大的变化是仲裁裁决的国籍判断标准的改变:将认定仲裁裁决籍属的标准由仲裁机构(国外仲裁机构)标准修改为裁决地(在中国领域外)标准。当依照我国缔结或者参加的国际条约,或者按照互惠原则办理。根据《民诉法解释》第 543 条的规定,对临时仲裁庭在我国领域外作出的仲裁裁决,一方当事人向人民法院申请承认和执行的,人民法院应当依照《民事诉讼法》的规定处理。《民诉法解释》之所以增加关于对临时仲裁裁决的承认与执行的规定,是因为我国已经加入了《纽约公约》,而该公约中的仲裁裁决,既包括仲裁机构作出的仲裁裁决,也包括临时仲裁庭作出的仲裁裁决。目前,美国、英国、法国、日本、韩国、瑞士等许多国家都建立了临时仲裁制度。临时仲裁,是指当事人协商一致确定由某一临时组成的仲裁庭来解决纠纷的仲裁。尽管我国仲裁法尚未建立临时仲裁制度,但是,依据《纽约公约》的规定,我国负有承认和执行在他国作出的临时仲裁裁决的义务。由此可见,需要承认和执行的外国仲裁裁决既包括国外仲裁机构作出的仲裁裁决,也包括临时仲裁庭作出的仲裁裁决。因此,2023 年修改《民事诉讼法》时将“国外仲裁机构的裁决”修改为“在中华人民共和国领域外作出的发生法律效力的仲裁裁决”,以此将临时仲裁庭作出的仲裁裁决也涵盖在内。

我国于 1987 年 1 月 22 日申请加入《纽约公约》,该公约于 1987 年 4 月 22 日起对我国生效,是目前最完善、最全面的国际间承认与执行外国仲裁裁决的公约。在加入《纽约公约》时，我国提出了“互惠保留”和“商事保留”，即我国只承认在缔约国境内作出的对属于契约性和非契约性商事法律关系所引起的争议所作的裁决。1987 年《最高人民法院关于执行我国加入的〈承认及执行外国仲裁裁决公约〉的通知》第 2 条对“契约性和非契约性商事法律关系”作了解释。所谓“契约性和非契约性商事法律关系”，具体是指由于合同、侵权或者根据有关法律规定而产生的经济上的权利义务关系，如货物买卖、财产租赁、工程承包、加工承揽、技术转让、合资经营、合作经营、勘探开发自然资源、保险、信贷、劳务、代理、咨询服务和海上、民用航空、铁路、公路的客货运输以及产品责任、环境污染、海上事故和所有权争议等，但不包括外国投资者与东道国政府之间的争端。根据我国加入《纽约公约》时所作的互惠保留声明，我国对在另一缔约国领土作出的仲裁裁决的承认和执行适用该公约，该公约与我国《民事诉讼法》有不同规定的，按该公约的规定办理。

在中华人民共和国领域外作出的发生法律效力的仲裁裁决，需要人民法院承认和执行的，如果仲裁裁决是《纽约公约》的缔约国作出的，应当按照该公约的规定办理。如果仲裁裁决不是《纽约公约》的缔约国作出的，但该国同我国订有双边司法协助协定的，应当按照协定的规定办理；如果该国既不是《纽约公约》的缔约国，与我国又没有双边司法协助条约关系，则应按照互惠原则办理。

适用要点

1.《最高人民法院关于人民法院进一步为“一带一路”建设提供司法服务和保障的意见》指出，针对外国仲裁裁决的承认与执行，需采取积极举措，便利外国法院民商事判决的承认和执行。并且要采取推定互惠的司法态度，以点带面不断推动国际商事法庭判决的相互承认与执行。

2.《全国法院涉外商事海事审判工作座谈会会议纪要》（最高人民法院 2021 年发布）第 44 条指出，人民法院在审理申请承认和执行外国法院判决、裁定案件时，有下列情形之一的，可以认定存在互惠关系：

（1）根据该法院所在国的法律，人民法院作出的民商事判决可以得到该国法院的承认和执行；

（2）我国与该法院所在国达成了互惠的谅解或者共识；

（3）该法院所在国通过外交途径对我国作出互惠承诺或者我国通过外交途径对该法院所在国作出互惠承诺，且没有证据证明该法院所在国曾以不存在互惠关系为由拒绝承认和执行人民法院作出的判决、裁定。

人民法院对于是否存在互惠关系应当逐案审查确定。

案例指引

利奇食品株式会社、元某某申请承认与执行法院判决、仲裁裁决案[1]

要旨：2017 年 4 月 13 日，大韩商事仲裁院就利奇会社诉元某某的纠纷作出第 16113 – 0017 号仲裁裁决，该裁决已于作出之日生效。本案所涉仲裁裁决由大韩商事仲裁院在韩国境内作出，由于中国与韩国均为纽约公约的缔约国，根据该公约规定，利奇会社作为仲裁裁决的一方当事人可以向我国法院提出承认与执行缔约国仲裁裁决的申请，对于本案申请，应当适用《纽约公约》进行审查。利奇会社向法院提交了《纽约公约》第 4 条规定的文件，包括仲裁裁决以及双方当事人之间的仲裁协议的经公证认证的副本，并提交了中文译本，对此法院予以确认。因此，在韩国作出的适用外国法律仲裁的裁决，可以在中国承认与执行。

〔1〕 参见天津市第一中级人民法院（2018）津 01 协外认 1 号。

第三百零五条 【外国国家豁免】涉及外国国家的民事诉讼，适用中华人民共和国有关外国国家豁免的法律规定；有关法律没有规定的，适用本法。

条文对照

2021 年《民事诉讼法》	2023 年《民事诉讼法》
无	**第三百零五条 涉及外国国家的民事诉讼，适用中华人民共和国有关外国国家豁免的法律规定；有关法律没有规定的，适用本法。**

条文解读

本条是关于外国国家豁免的规定，是 2023 年《民事诉讼法》修正时新增的条款。

根据本条规定，涉及外国国家的民事诉讼，优先适用中华人民共和国有关外国国家豁免的法律规定。如果有关法律没有规定的，则适用《民事诉讼法》。这里的有关外国国家豁免的法律规定主要是指《外国国家豁免法》。《外国国家豁免法》经第十四届全国人民代表大会常务委员会第五次会议于 2023 年 9 月 1 日通过，并自 2024 年 1 月 1 日起施行。

外国国家豁免制度是指对涉及外国国家及其财产的民事案件，基于一定原则所确定的法院不予管辖或者在特定情形下予以管辖的专门制度安排。一般情况下，属地管辖是一国法院行使管辖权的基本原则；同时，辅之以其他一些必要的管辖原则。20 世纪 50 年代以前，对涉及外国国家及其财产的民事案件，各国基于国家主权平等、“平等者之间无管辖权”的理念，普遍采取绝对豁免原则，即不论外国国家从事活动或者行为的性质如何，一国法院都不予管辖。20 世纪 50 年代以后，由于国家越来越多地以民商事主体身份参与国际经济活动,为了保护本国公民和法人的利益,一些国家逐渐转向实行限制豁免原则。所谓限制豁免原则,是指根据国家行为的性质,将外国国家行为区分为“主权行为”和“非主权行为”,相应地,将外国国家财产区分为“主权财产”和“商业财产”,据此明确对外国国家的主权行为和主权财产给予管辖豁免,对非主权行为和国家商业财产不再给予管辖豁免。目前,世界上许多国家通过缔结国际条约、制定国内法律等方式实行限制豁免原则和制度,还有些国家通过司法实践确立了限制豁免原则。1972 年《国家豁免欧洲公约》和 2004 年《联合国国家及其财产管辖豁免公约》均明确规定了限制豁免制度。

就《外国国家豁免法》和《民事诉讼法》之间的关系而言,《外国国家豁免法》主要解决对涉及外国国家及其财产民事案件的司法管辖问题,同时对法院有关文书送达、缺席判决等诉讼程序作出特别规定,为法院审理涉及外国国家及其财产民事案件提供了较为明确的程序法依据。《民事诉讼法》是规范民事诉讼制度的基本法律,是民事诉讼领域的“一般法”,其对民事案件的管辖、审判、执行等作出全面规定。《外国国家豁免法》的内容具有特定性,是对以外国国家为诉讼当事人的民事案件作出的特别规定,是民事诉讼领域的“特别法”。就法理而言,有特别法规定的,先适用特别法的规定;特别法未尽事项,适用一般法的规定。《外国国家豁免法》内容相对单一、指向特定,法院具体审理涉及外国国家的民事案件时,很多程序和问题需要适用《民事诉讼法》的规定。因此,《外国国家豁免法》第 16 条规定:“对于外国国家及其财产民事案件的审判和执行程序,本法没有规定的,适用中华人民共和国的民事诉讼法律以及其他相关法律的规定。”

适用要点

根据《外国国家豁免法》的规定,外国国家包括:(1)外国主权国家;(2)外国主权国家的国家机关或者组成部分;(3)外国主权国家授权行使主权权力且基于该项授权从事活动的组织或者个人。外国国家及其财产在我国法院享有管辖豁免,但是《外国国家豁免法》另有规定的除外。如果外国国家通过下列方式之一明示就特定事项或者案件接受我国法院管辖的,对于就该事项或者案件提起的诉讼,该外国国家在我国法院不享有管辖豁免:(1)国际条约;(2)书面协议;(3)向处理案件的我国法院提交书面文件;(4)通过外交渠道等方式向我国提交书面文件;(5)其他明示接受我国法院管辖的方式。

第三百零六条　【施行日期】本法自公布之日起施行,《中华人民共和国民事诉讼法(试行)》同时废止。

附录

《民事诉讼法》新旧条文序号对照表[1]

1991 年文本	2007 年修正文本	2012/2017 年修正文本	2021 年修正文本	2023 年修正文本
第 1 条	第 1 条	第 1 条	第 1 条	第 1 条
第 2 条	第 2 条	第 2 条	第 2 条	第 2 条
第 3 条	第 3 条	第 3 条	第 3 条	第 3 条
第 4 条	第 4 条	第 4 条	第 4 条	第 4 条
第 5 条	第 5 条	第 5 条	第 5 条	第 5 条
第 6 条	第 6 条	第 6 条	第 6 条	第 6 条
第 7 条	第 7 条	第 7 条	第 7 条	第 7 条
第 8 条	第 8 条	第 8 条	第 8 条	第 8 条
第 9 条	第 9 条	第 9 条	第 9 条	第 9 条
第 10 条	第 10 条	第 10 条	第 10 条	第 10 条
第 11 条	第 11 条	第 11 条	第 11 条	第 11 条
第 12 条	第 12 条	第 12 条	第 12 条	第 12 条
第 13 条	第 13 条	第 13 条	第 13 条	第 13 条
第 14 条	第 14 条	第 14 条	第 14 条	第 14 条
第 15 条	第 15 条	第 15 条	第 15 条	第 15 条

〔1〕 2017 年《民事诉讼法》修改时只有部分条文内容发生了变动,条文序号没有变化,同 2012 年修正文本一致。——编者注

续表

1991 年文本	2007 年修正文本	2012/2017 年修正文本	2021 年修正文本	2023 年修正文本
第 16 条	第 16 条			
			第 16 条	第 16 条
第 17 条	第 17 条	第 16 条	第 17 条	第 17 条
第 18 条	第 18 条	第 17 条	第 18 条	第 18 条
第 19 条	第 19 条	第 18 条	第 19 条	第 19 条
第 20 条	第 20 条	第 19 条	第 20 条	第 20 条
第 21 条	第 21 条	第 20 条	第 21 条	第 21 条
第 22 条	第 22 条	第 21 条	第 22 条	第 22 条
第 23 条	第 23 条	第 22 条	第 23 条	第 23 条
第 24 条	第 24 条	第 23 条	第 24 条	第 24 条
第 25 条	第 25 条	(第 34 条)		
第 26 条	第 26 条	第 24 条	第 25 条	第 25 条
第 27 条	第 27 条	第 25 条	第 26 条	第 26 条
		第 26 条	第 27 条	第 27 条
第 28 条	第 28 条	第 27 条	第 28 条	第 28 条
第 29 条	第 29 条	第 28 条	第 29 条	第 29 条
第 30 条	第 30 条	第 29 条	第 30 条	第 30 条
第 31 条	第 31 条	第 30 条	第 31 条	第 31 条
第 32 条	第 32 条	第 31 条	第 32 条	第 32 条
第 33 条	第 33 条	第 32 条	第 33 条	第 33 条
第 34 条	第 34 条	第 33 条	第 34 条	第 34 条
(第 25 条)	(第 25 条)	第 34 条	第 35 条	第 35 条
第 35 条	第 35 条	第 35 条	第 36 条	第 36 条
第 36 条	第 36 条	第 36 条	第 37 条	第 37 条
第 37 条	第 37 条	第 37 条	第 38 条	第 38 条

续表

1991 年文本	2007 年修正文本	2012/2017 年修正文本	2021 年修正文本	2023 年修正文本
第 38 条	第 38 条	（第 127 条）		
第 39 条	第 39 条	第 38 条	第 39 条	第 39 条
第 40 条	第 40 条	第 39 条	第 40 条	第 40 条
第 41 条	第 41 条	第 40 条	第 41 条	第 41 条
			第 42、43 条	第 42、43 条
第 42 条	第 42 条	第 41 条	第 44 条	第 44 条
第 43 条	第 43 条	第 42 条	第 45 条	第 45 条
第 44 条	第 44 条	第 43 条	第 46 条	第 46 条
第 45 条	第 45 条	第 44 条	第 47 条	第 47 条
第 46 条	第 46 条	第 45 条	第 48 条	第 48 条
第 47 条	第 47 条	第 46 条	第 49 条	第 49 条
第 48 条	第 48 条	第 47 条	第 50 条	第 50 条
第 49 条	第 49 条	第 48 条	第 51 条	第 51 条
第 50 条	第 50 条	第 49 条	第 52 条	第 52 条
第 51 条	第 51 条	第 50 条	第 53 条	第 53 条
第 52 条	第 52 条	第 51 条	第 54 条	第 54 条
第 53 条	第 53 条	第 52 条	第 55 条	第 55 条
第 54 条	第 54 条	第 53 条	第 56 条	第 56 条
第 55 条	第 55 条	第 54 条	第 57 条	第 57 条
		第 55 条	第 58 条	第 58 条
第 56 条	第 56 条	第 56 条	第 59 条	第 59 条
第 57 条	第 57 条	第 57 条	第 60 条	第 60 条
第 58 条	第 58 条	第 58 条	第 61 条	第 61 条
第 59 条	第 59 条	第 59 条	第 62 条	第 62 条
第 60 条	第 60 条	第 60 条	第 63 条	第 63 条

续表

1991 年文本	2007 年修正文本	2012/2017 年修正文本	2021 年修正文本	2023 年修正文本
第 61 条	第 61 条	第 61 条	第 64 条	第 64 条
第 62 条	第 62 条	第 62 条	第 65 条	第 65 条
第 63 条	第 63 条	第 63 条	第 66 条	第 66 条
第 64 条	第 64 条	第 64 条	第 67 条	第 67 条
		第 65 条	第 68 条	第 68 条
		第 66 条	第 69 条	第 69 条
第 65 条	第 65 条	第 67 条	第 70 条	第 70 条
第 66 条	第 66 条	第 68 条	第 71 条	第 71 条
第 67 条	第 67 条	第 69 条	第 72 条	第 72 条
第 68 条	第 68 条	第 70 条	第 73 条	第 73 条
第 69 条	第 69 条	第 71 条	第 74 条	第 74 条
第 70 条	第 70 条	第 72 ~ 74 条	第 75 ~ 77 条	第 75 ~ 77 条
第 71 条	第 71 条	第 75 条	第 78 条	第 78 条
第 72 条	第 72 条	第 76 ~ 78 条	第 79 ~ 81 条	第 79 ~ 81 条
		第 79 条	第 82 条	第 82 条
第 73 条	第 73 条	第 80 条	第 83 条	第 83 条
第 74 条	第 74 条	第 81 条	第 84 条	第 84 条
第 75 条	第 75 条	第 82 条	第 85 条	第 85 条
第 76 条	第 76 条	第 83 条	第 86 条	第 86 条
第 77 条	第 77 条	第 84 条	第 87 条	第 87 条
第 78 条	第 78 条	第 85 条	第 88 条	第 88 条
第 79 条	第 79 条	第 86 条	第 89 条	第 89 条
		第 87 条	第 90 条	第 90 条
第 80 条	第 80 条	第 88 条	第 91 条	第 91 条
第 81 条	第 81 条	第 89 条	第 92 条	第 92 条

续表

1991 年文本	2007 年 修正文本	2012/2017 年 修正文本	2021 年 修正文本	2023 年 修正文本
第 82 条	第 82 条	第 90 条	第 93 条	第 93 条
第 83 条	第 83 条	第 91 条	第 94 条	第 94 条
第 84 条	第 84 条	第 92 条	第 95 条	第 95 条
第 85 条	第 85 条	第 93 条	第 96 条	第 96 条
第 86 条	第 86 条	第 94 条	第 97 条	第 97 条
第 87 条	第 87 条	第 95 条	第 98 条	第 98 条
第 88 条	第 88 条	第 96 条	第 99 条	第 99 条
第 89 条	第 89 条	第 97 条	第 100 条	第 100 条
第 90 条	第 90 条	第 98 条	第 101 条	第 101 条
第 91 条	第 91 条	第 99 条	第 102 条	第 102 条
第 92 条	第 92 条	第 100 条	第 103 条	第 103 条
第 93 条	第 93 条	第 101 条	第 104 条	第 104 条
第 94 条第 1 款	第 94 条第 1 款	第 102 条	第 105 条	第 105 条
第 94 条 第 2、3、4 款	第 94 条 第 2、3、4 款	第 103 条	第 106 条	第 106 条
第 95 条	第 95 条	第 104 条	第 107 条	第 107 条
第 96 条	第 96 条	第 105 条	第 108 条	第 108 条
第 97 条	第 97 条	第 106 条	第 109 条	第 109 条
第 98 条	第 98 条	第 107 条	第 110 条	第 110 条
第 99 条	第 99 条	第 108 条	第 111 条	第 111 条
第 100 条	第 100 条	第 109 条	第 112 条	第 112 条
第 101 条	第 101 条	第 110 条	第 113 条	第 113 条
第 102 条	第 102 条	第 111 条	第 114 条	第 114 条
		第 112 条	第 115 条	第 115 条
		第 113 条	第 116 条	第 116 条

续表

1991 年文本	2007 年修正文本	2012/2017 年修正文本	2021 年修正文本	2023 年修正文本
第 103 条	第 103 条	第 114 条	第 117 条	第 117 条
第 104 条	第 104 条	第 115 条	第 118 条	第 118 条
第 105 条	第 105 条	第 116 条	第 119 条	第 119 条
第 106 条	第 106 条	第 117 条	第 120 条	第 120 条
第 107 条	第 107 条	第 118 条	第 121 条	第 121 条
第 108 条	第 108 条	第 119 条	第 122 条	第 122 条
第 109 条	第 109 条	第 120 条	第 123 条	第 123 条
第 110 条	第 110 条	第 121 条	第 124 条	第 124 条
		第 122 条	第 125 条	第 125 条
第 112 条	第 112 条	第 123 条	第 126 条	第 126 条
第 111 条	第 111 条	第 124 条	第 127 条	第 127 条
第 113 条	第 113 条	第 125 条	第 128 条	第 128 条
第 114 条	第 114 条	第 126 条	第 129 条	第 129 条
（第 38 条）	（第 38 条）	第 127 条	第 130 条	第 130 条
第 115 条	第 115 条	第 128 条	第 131 条	第 131 条
第 116 条	第 116 条	第 129 条	第 132 条	第 132 条
第 117 条	第 117 条	第 130 条	第 133 条	第 133 条
第 118 条	第 118 条	第 131 条	第 134 条	第 134 条
第 119 条	第 119 条	第 132 条	第 135 条	第 135 条
		第 133 条	第 136 条	第 136 条
第 120 条	第 120 条	第 134 条	第 137 条	第 137 条
第 121 条	第 121 条	第 135 条	第 138 条	第 138 条
第 122 条	第 122 条	第 136 条	第 139 条	第 139 条
第 123 条	第 123 条	第 137 条	第 140 条	第 140 条
第 124 条	第 124 条	第 138 条	第 141 条	第 141 条

续表

1991 年文本	2007 年修正文本	2012/2017 年修正文本	2021 年修正文本	2023 年修正文本
第 125 条	第 125 条	第 139 条	第 142 条	第 142 条
第 126 条	第 126 条	第 140 条	第 143 条	第 143 条
第 127 条	第 127 条	第 141 条	第 144 条	第 144 条
第 128 条	第 128 条	第 142 条	第 145 条	第 145 条
第 129 条	第 129 条	第 143 条	第 146 条	第 146 条
第 130 条	第 130 条	第 144 条	第 147 条	第 147 条
第 131 条	第 131 条	第 145 条	第 148 条	第 148 条
第 132 条	第 132 条	第 146 条	第 149 条	第 149 条
第 133 条	第 133 条	第 147 条	第 150 条	第 150 条
第 134 条	第 134 条	第 148 条	第 151 条	第 151 条
第 135 条	第 135 条	第 149 条	第 152 条	第 152 条
第 136 条	第 136 条	第 150 条	第 153 条	第 153 条
第 137 条	第 137 条	第 151 条	第 154 条	第 154 条
第 138 条	第 138 条	第 152 条	第 155 条	第 155 条
第 139 条	第 139 条	第 153 条	第 156 条	第 156 条
第 140 条	第 140 条	第 154 条	第 157 条	第 157 条
第 141 条	第 141 条	第 155 条	第 158 条	第 158 条
		第 156 条	第 159 条	第 159 条
第 142 条	第 142 条	第 157 条	第 160 条	第 160 条
第 143 条	第 143 条	第 158 条	第 161 条	第 161 条
第 144 条	第 144 条	第 159 条	第 162 条	第 162 条
第 145 条	第 145 条	第 160 条	第 163 条	第 163 条
第 146 条	第 146 条	第 161 条	第 164 条	第 164 条
		第 162 条	第 165 条	第 165 条
			第 166 ~ 169 条	第 166 ~ 169 条

续表

1991 年文本	2007 年修正文本	2012/2017 年修正文本	2021 年修正文本	2023 年修正文本
		第 163 条	第 170 条	第 170 条
第 147 条	第 147 条	第 164 条	第 171 条	第 171 条
第 148 条	第 148 条	第 165 条	第 172 条	第 172 条
第 149 条	第 149 条	第 166 条	第 173 条	第 173 条
第 150 条	第 150 条	第 167 条	第 174 条	第 174 条
第 151 条	第 151 条	第 168 条	第 175 条	第 175 条
第 152 条	第 152 条	第 169 条	第 176 条	第 176 条
第 153 条	第 153 条	第 170 条	第 177 条	第 177 条
第 154 条	第 154 条	第 171 条	第 178 条	第 178 条
第 155 条	第 155 条	第 172 条	第 179 条	第 179 条
第 156 条	第 156 条	第 173 条	第 180 条	第 180 条
第 157 条	第 157 条	第 174 条	第 181 条	第 181 条
第 158 条	第 158 条	第 175 条	第 182 条	第 182 条
第 159 条	第 159 条	第 176 条	第 183 条	第 183 条
第 160 条	第 160 条	第 177 条	第 184 条	第 184 条
第 161 条	第 161 条	第 178 条	第 185 条	第 185 条
第 162 条	第 162 条	第 179 条	第 186 条	第 186 条
第 163 条	第 163 条	第 180 条	第 187 条	第 187 条
第 164 条	第 164 条	第 181 条	第 188 条	第 188 条
第 165 条	第 165 条	第 182 条	第 189 条	第 189 条
第 166 条	第 166 条	第 183 条	第 190 条	第 190 条
第 167 条	第 167 条	第 184 条	第 191 条	第 191 条
第 168 条	第 168 条	第 185 条	第 192 条	第 192 条
第 169 条	第 169 条	第 186 条	第 193 条	第 193 条
				第 194 ~ 197 条

续表

1991 年文本	2007 年修正文本	2012/2017 年修正文本	2021 年修正文本	2023 年修正文本
第 170 条	第 170 条	第 187 条	第 194 条	第 198 条
第 171 条	第 171 条	第 188 条	第 195 条	第 199 条
第 172 条	第 172 条	第 189 条	第 196 条	第 200 条
第 173 条	第 173 条	第 190 条	第 197 条	第 201 条
第 174 条	第 174 条	第 191 条	第 198 条	第 202 条
第 175 条	第 175 条	第 192 条	第 199 条	第 203 条
第 176 条	第 176 条	第 193 条	第 200 条	第 204 条
		第 194 条	第 201 条	第 205 条
		第 195 条	第 202 条	第 206 条
		第 196 条	第 203 条	第 207 条
		第 197 条	第 204 条	第 208 条
第 177 条	第 177 条	第 198 条	第 205 条	第 209 条
第 178 条	第 178 条	第 199 条	第 206 条	第 210 条
第 179 条第 1 款	第 179 条	第 200 条	第 207 条	第 211 条
第 180 条	第 182 条	第 201 条	第 208 条	第 212 条
第 181 条	第 183 条	第 202 条	第 209 条	第 213 条
	第 180 条	第 203 条	第 210 条	第 214 条
第 179 条第 2 款	第 181 条	第 204 条	第 211 条	第 215 条
第 182 条	第 184 条	第 205 条	第 212 条	第 216 条
第 183 条	第 185 条	第 206 条	第 213 条	第 217 条
第 184 条	第 186 条	第 207 条	第 214 条	第 218 条
第 185 条	第 187 条	第 208 条	第 215 条	第 219 条
		第 209 条	第 216 条	第 220 条
		第 210 条	第 217 条	第 221 条
第 186 条	第 188 条	第 211 条	第 218 条	第 222 条

续表

1991 年文本	2007 年修正文本	2012/2017 年修正文本	2021 年修正文本	2023 年修正文本
第 187 条	第 189 条	第 212 条	第 219 条	第 223 条
第 188 条	第 190 条	第 213 条	第 220 条	第 224 条
第 189 条	第 191 条	第 214 条	第 221 条	第 225 条
第 190 条	第 192 条	第 215 条	第 222 条	第 226 条
第 191 条	第 193 条	第 216 条	第 223 条	第 227 条
第 192 条	第 194 条	第 217 条	第 224 条	第 228 条
第 193 条	第 195 条	第 218 条	第 225 条	第 229 条
第 194 条	第 196 条	第 219 条	第 226 条	第 230 条
第 195 条	第 197 条	第 220 条	第 227 条	第 231 条
第 196 条	第 198 条	第 221 条	第 228 条	第 232 条
第 197 条	第 199 条	第 222 条	第 229 条	第 233 条
第 198 条	第 200 条	第 223 条	第 230 条	第 234 条
第 199 ~ 206 条				
第 207 条	第 201 条	第 224 条	第 231 条	第 235 条
	第 202 条	第 225 条	第 232 条	第 236 条
	第 203 条	第 226 条	第 233 条	第 237 条
第 208 条	第 204 条	第 227 条	第 234 条	第 238 条
第 209 条	第 205 条	第 228 条	第 235 条	第 239 条
第 210 条	第 206 条	第 229 条	第 236 条	第 240 条
第 211 条	第 207 条	第 230 条	第 237 条	第 241 条
第 212 条	第 208 条	第 231 条	第 238 条	第 242 条
第 213 条	第 209 条	第 232 条	第 239 条	第 243 条
第 214 条	第 210 条	第 233 条	第 240 条	第 244 条
第 215 条	第 211 条	第 234 条	第 241 条	第 245 条
		第 235 条	第 242 条	第 246 条

续表

1991 年文本	2007 年修正文本	2012/2017 年修正文本	2021 年修正文本	2023 年修正文本
第 216 条	第 212 条	第 236 条	第 243 条	第 247 条
第 217 条	第 213 条	第 237 条	第 244 条	第 248 条
第 218 条	第 214 条	第 238 条	第 245 条	第 249 条
第 219 条	第 215 条	第 239 条	第 246 条	第 250 条
第 220 条	第 216 条	第 240 条	第 247 条	第 251 条
	第 217 条	第 241 条	第 248 条	第 252 条
第 221 条	第 218 条	第 242 条	第 249 条	第 253 条
第 222 条	第 219 条	第 243 条	第 250 条	第 254 条
第 223 条	第 220 条	第 244 条	第 251 条	第 255 条
第 224 条	第 221 条	第 245 条	第 252 条	第 256 条
第 225 条	第 222 条	第 246 条	第 253 条	第 257 条
第 226 条	第 223 条	第 247 条	第 254 条	第 258 条
第 227 条	第 224 条	第 248 条	第 255 条	第 259 条
第 228 条	第 225 条	第 249 条	第 256 条	第 260 条
第 229 条	第 226 条	第 250 条	第 257 条	第 261 条
第 230 条	第 227 条	第 251 条	第 258 条	第 262 条
第 231 条	第 228 条	第 252 条	第 259 条	第 263 条
第 232 条	第 229 条	第 253 条	第 260 条	第 264 条
第 233 条	第 230 条	第 254 条	第 261 条	第 265 条
	第 231 条	第 255 条	第 262 条	第 266 条
第 234 条	第 232 条	第 256 条	第 263 条	第 267 条
第 235 条	第 233 条	第 257 条	第 264 条	第 268 条
第 236 条	第 234 条	第 258 条	第 265 条	第 269 条
第 237 条	第 235 条	第 259 条	第 266 条	第 270 条
第 238 条	第 236 条	第 260 条	第 267 条	第 271 条

续表

1991 年文本	2007 年修正文本	2012/2017 年修正文本	2021 年修正文本	2023 年修正文本
第 239 条	第 237 条	第 261 条	第 268 条	第 272 条
第 240 条	第 238 条	第 262 条	第 269 条	第 273 条
第 241 条	第 239 条	第 263 条	第 270 条	第 274 条
第 242 条	第 240 条	第 264 条	第 271 条	第 275 条
第 243 条	第 241 条	第 265 条	第 272 条	第 276 条
				第 277、278 条
第 244 条	第 242 条			
第 245 条	第 243 条			
第 246 条	第 244 条	第 266 条	第 273 条	第 279 条
				第 280～282 条
第 247 条	第 245 条	第 267 条	第 274 条	第 283 条
				第 284 条
第 248 条	第 246 条	第 268 条	第 275 条	第 285 条
第 249 条	第 247 条	第 269 条	第 276 条	第 286 条
第 250 条	第 248 条	第 270 条	第 277 条	第 287 条
第 251 条	第 249 条			
第 252 条	第 250 条			
第 253 条	第 251 条			
第 254 条	第 252 条			
第 255 条	第 253 条			
第 256 条	第 254 条			
第 257 条	第 255 条	第 271 条	第 278 条	第 288 条
第 258 条	第 256 条	第 272 条	第 279 条	第 289 条
第 259 条	第 257 条	第 273 条	第 280 条	第 290 条
第 260 条	第 258 条	第 274 条	第 281 条	第 291 条

续表

1991 年文本	2007 年修正文本	2012/2017 年修正文本	2021 年修正文本	2023 年修正文本
第 261 条	第 259 条	第 275 条	第 282 条	第 292 条
第 262 条	第 260 条	第 276 条	第 283 条	第 293 条
第 263 条	第 261 条	第 277 条	第 284 条	第 294 条
第 264 条	第 262 条	第 278 条	第 285 条	第 295 条
第 265 条	第 263 条	第 279 条	第 286 条	第 296 条
第 266 条	第 264 条	第 280 条	第 287 条	第 297 条
第 267 条	第 265 条	第 281 条	第 288 条	第 298 条
第 268 条	第 266 条	第 282 条	第 289 条	第 299 条
				第 300～303 条
第 269 条	第 267 条	第 283 条	第 290 条	第 304 条
				第 305 条
第 270 条	第 268 条	第 284 条	第 291 条	第 306 条